浙江省哲学社会科学规划
后期资助课题成果文库

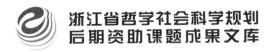浙江省哲学社会科学规划
后期资助课题成果文库

企业家社会网络与技术创新绩效研究：基于双元性创新的理论与实证

Qiyejia Shehui Wangluo Yu Jishu Chuangxin Jixiao Yanjiu: Jiyu Shuangyuanxing Chuangxin De Lilun Yu Shizheng

吴俊杰　著

中国社会科学出版社

图书在版编目（CIP）数据

企业家社会网络与技术创新绩效研究：基于双元性创新的理论
与实证／吴俊杰著.—北京：中国社会科学出版社，2016.7
ISBN 978 - 7 - 5161 - 7797 - 6

Ⅰ.①企… Ⅱ.①吴… Ⅲ.①企业创新 - 研究 Ⅳ.①F270

中国版本图书馆 CIP 数据核字（2016）第 052856 号

出 版 人	赵剑英
责任编辑	宫京蕾
责任校对	王　影
责任印制	何　艳

出　　版	中国社会科学出版社
社　　址	北京鼓楼西大街甲 158 号
邮　　编	100720
网　　址	http：//www.csspw.cn
发 行 部	010 - 84083685
门 市 部	010 - 84029450
经　　销	新华书店及其他书店

印刷装订	北京市兴怀印刷厂
版　　次	2016 年 7 月第 1 版
印　　次	2016 年 7 月第 1 次印刷

开　　本	710×1000　1/16
印　　张	16.25
插　　页	2
字　　数	267 千字
定　　价	62.00 元

凡购买中国社会科学出版社图书，如有质量问题请与本社营销中心联系调换
电话：010 - 84083683

目　　录

第一章

绪　　论

第一节　研究背景

一　现实背景

（1）高技术产业转型升级的关键行动者是企业，重点在于推进企业识别创新源和开展创新活动。

2011年我国GDP约为48万亿元，其中高新技术制造产业占GDP的比重约为8.8%①，与此同时，服务业也实现了高速增长，约占GDP的40%。由此可以认为，高技术产业在我国得到迅速发展，一方面得益于我国政府提出了建设"自主创新型国家"，注重加大集成创新、原始创新以及引进再创新的力度，形成了以民营企业为主体、以市场为导向的协同创新体系；另一方面得益于民营企业本身的制度创新和技术创新双重优势。实践表明，以技术知识为战略资源要素构成的高技术民营企业已具备了一定的创新能力，能制造和生产在国际上具有竞争力的高新技术产品。

但是，我国高技术民营企业②的大部分设计和制造技术仍然依靠引进。在目前国际贸易格局下，作为全球价值链体系中主导方的发达国家跨国公司不断对中国本土高技术企业的创新能力提升进行限制和控制。以知识产

① 资料来源：人民网天津视窗. 以中国88个国家高新区2011年的生产总值为例。

② 本书对象是非国有企业，即民营企业。国有企业因其与各级政府之间有着的天然联系，往往具有资源禀赋的优势（江雅雯、黄燕、徐雯，2012），同时也体现了民营企业寻求各类资源的主动性。进一步地，Xin和Pearce（1996）的研究发现，与国有企业相比，民营企业非常注重"关系"的构建，在关系网络的建立上投入了更多的资源，以期得到相应的支持与保护。此外，党的十四大以后就没有集体企业这个称呼了。

权为例，具有自主知识产权的技术少，原创性产品和技术更少。与发达国家相比，高技术产业竞争能力的最大差距是缺乏自主创新能力以及自主知识产权的核心技术。具体来说，一是跨国公司在生物、医药、通信、半导体以及计算机行业，拥有专利数占专利总量的 60% 以上，拥有绝对优势（肖高、刘景江，2007）；二是跨国公司通过对总体设计、核心技术、采购和营销环节的控制权，利用各地的廉价资源，保持和增强其竞争优势，国内企业缺乏自主知识产权而缺乏竞争力；三是技术装备对外依存度较高，即对外技术依存度在 50% 以上。同时在地方政府"政绩与晋升"锦标赛式的粗放型 GDP 增长竞争机制和收入不平等所造成的本土市场内需不足等因素的交互作用下，电信、医药等高技术企业之间存在过度竞争，企业难以有效提升创新能力（赵航，2011）。

在当今科技日新月异、创新成果不断涌现、科技竞争日益激烈的现实背景下，我国社会经济发展方式实现根本转变的关键应该是产业的转型与升级，转变的重要内容也应该是转向创新驱动的发展方式。但是，产业结构和产业体系所呈现的战略抉择和产业体系的战略走势仅仅是总体特征变化。事实上，这样的宏观特征归根结底是依托企业微观战略行为调整来完成的，即企业是整个产业结构调整与经济发展方式转变的关键行动者（张振刚等，2012；戴维奇等，2013）。《国家中长期科学和技术发展规划纲要（2006—2020）》提出，以建立企业为主体、产学研结合的技术创新体系为突破口，全面推进国家创新体系建设。由于高技术企业侧重于不同技术间的交叉，从而产生激进式创新，实际上衡量高技术企业生命力的一个关键方面就是看企业是否迅速地进行知识吸收并应用更新的技术。因此特别需要产学研之间近距离的技术知识交流网络，只有确立企业技术创新主体地位，才能从企业层面探讨转型升级的途径与策略，为宏观产业转型升级奠定基础（魏江等，2011）。那么高技术企业如何走创新驱动的发展道路？具体途径应该是什么？有的企业遵守"扑克规则"，购买先进技术设备、增加研发投入、设立研发中心、引入科研团队与技术领军人物等，这种"一招鲜吃遍天"的做法，却成为推动企业实现创新发展的常用手段。此外，有的企业遵循"象棋规则"，竞争博弈中信息的逐渐对称使原有的发展模式不可持续。在技术创新速度日益加快与消费者需求偏好不断发生变化催使着产品生命周期不断缩短，以及知识的分布性特征逐渐增强的现实情况之下，企业单靠自身内部技术创新难以跟上技术进步的节奏，寻求外部新的异质性知识和合作正成为企业增强竞争优势和市场地位的战略举措（樊霞、任畅翔、刘炜，2013）。可见，高技术企业提升技术创新能力唯一要做的事情就是去获取散落的知识，借助熊彼特创新精神，通过创新改变资源位势。

（2）创新范式网络化是目前高技术企业成功践行技术创新的基础，必须突出企业家社会网络这一资源通道，通过企业家这一代理机制实现企业外部创新资源的整合。

随着信息技术经济范式的形成，企业的技术创新行为也越来越嵌入一个巨大的社会网络中，只有基于网络视角才能真正理解技术创新（王大洲，2006）。原因是：一方面，科技的迅猛发展和市场环境的复杂多变迫使高技术企业需要建立适合自身创新驱动成长的生态系统，在此生态系统内企业与外部供应商、客户、政府、金融机构甚至是竞争对手之间存在一定程度相互依赖性，正是这样的相互依存关系形成了企业社会网络①（薛伟贤，2009）；另一方面，社会网络作为一种外部资源满足了企业技术创新对资源投入要求不断增长的需求，企业作为一个适应性主体，其技术创新范式向网络化、开放式创新演变。

鲍威尔（Powell）、科格特（Kogut）和史密斯－多尔（Smith-Doerr，2004）认为，企业技术创新更可能存在于利益相关者之间的交互关系中。实践表明，国内外企业已经开始注重与利益相关者之间的合作和交流。实际上，企业与外部环境的联系已经成为一种具有建设意义的活动。阿门多拉和布鲁诺（Amendola & Bruno，1990）通过对创新型企业与外部环境之间关系的研究发现，企业在技术创新过程中，其本身与环境之间的边界将会消失，企业可以通过与利益相关者之间的强联结途径来获取网络资源。而作为企业网络创造者——企业家，与利益相关者的关系网络更容易形成企业创新所需的一种资源。同时，格兰维特（1995）认为，企业的经济活动理应置于人际关系背景下予以考虑。中国社会最大特点就是关系本位。贺远琼、田志龙（2008）的研究表明，中国企业家对建构与利益相

---

① 学界已经基本认可企业之间的技术创新网络对于企业竞争优势获取的重要性，然而对于此类网络特征的描述有待进一步探究，在此类研究中，有学者巧借了社会网络理论。例如 Uzzi（1996，1997）采用格兰维特的嵌入性思想，将组织理论与社会网络理论进行结合，并提出企业之间的社会纽带通过产生相应的创新机会来影响企业的经济行为。

关者关系活动的参与度极高，这些非市场活动占据了他们60%的时间。从社会学角度来看，由企业家个人血缘、地缘等关系决定的企业家个体关系网络，有助于缩短个体成员之间的心理距离与建立彼此之间信任关系，进而给企业带来了更多的创新机会（李淑芬，2011）。魏江（2007）认为，企业家在企业中是"关键学习代理人"，直接决定着企业生存及发展与否，通过其自身的社会网络不断以线性学习和非线性学习方式与外界交互，从而获取资源、存储资源，并对自身以及他人经验进行解剖、反应以及行为改变，最终通过代理机制使企业整体获得这种能力，最终实现企业原有状态的改变和现有创新能力的跃迁。现有研究主要关注企业层面的网络有利于促进持续创新的利益协调机制（李玲，2008；彭新敏，2011），然而从企业网络的创造者——企业家个体层面的信任、创新知识共享与关系网络，以及企业家作为企业的主角如何促进企业技术创新的利益协调机制，是目前企业创新亟待解决的关键问题（Dvir et al.，2010；Baron & Tang，2011；姜卫韬，2012）。

总之，外部网络逐渐成为驱动企业创新的一种组织形式，企业如何更好地利用外部资源，并且将网络关系资本纳入企业创新能力提升范畴具有现实的迫切性。但无论是现实的关注抑或是已有的研究，都似乎对彭罗斯（Penrose）论述的企业家这一关键角色的重视程度不够。本书在考虑高技术民营企业特性的前提下，重点关注高技术产业转型升级中我国高技术企业如何使企业家社会网络中的资源通过组织的双元性创新提升企业技术创新绩效，并为高技术企业实现创新能力提升提供可操作性方案。

二　理论背景

早在40多年之前，布鲁诺提出一个形象说法：如果脱离企业家这个角色去理解企业，就好比甩开哈姆雷特来揣摩莎士比亚的创作意图一样。其实，这样的评价揭示了企业家对创业、创新领域的成功起着关键性的影响作用。追溯相关理论，企业家与技术创新发展就像是孪生姐妹，两者理论都得到了长足发展。具体来说，以熊彼特、柯兹纳为代表的奥地利学派极力推崇技术创新、企业家等理论。其中，熊彼特假设的Mark I和Mark II两个创新模型都离不开企业家在实践中的创新努力。同时，柯兹纳提出关于人类行为中都包含企业家要素与企业家警觉的观点也已成为奥地利学派的基本假设。作为一种理论派别，奥地利学派虽然是非主流经济学派，但由于其旗帜鲜明、观点独到，所产生的理论与现实意义却影响深远。后人基于奥地利理论学派诠释的企业家对企业技术创新的内在机理做出了不同视角的剖析，并涌现了丰富的研究成果。

（1）企业家社会网络研究的兴起

在早期的创业网络研究中，伯利（Birley，1985）就提出企业家从正式与非正式的关系网络中得到的道义上的支持对新创企业进一步发展起到了显著性的影响作用。由此，西方学界兴起了用企业家社会网络概念来阐释企业的创业行为（Birley，1985；Aldrich & Zimmer，1986；Dubini & Aldrich，1991；Hansen & Witkowski，1995；Honig & Davidsson，2000；Amit & Zott，2001；Hoang & Antoncic，2003；Witt，2004；Mateja & Kardeljeva，2008；Sonata，2011）。究其原因可以发现，通过企业家社会网络，新创企业获取了企业创新成长所必需的知识、信息等资源协助。正如格兰诺维特（Granovetter，1973）所言，企业家创业是一个被社会关系网络所包含的网络活动，在创业初始阶段，网络拓展行为与网络深化行为是不可避免的。随着创业活动深入开展，此类商业网络活动又丰富了企业家社会网络。换句话来说，企业家社会网络即是一种社会资源通道，社会性的交互活动为企业家进行信息与资源的有效交换创造了条件。由此企业家社会网络成为企业家获取创业资源的通道与重要的工具方法（Hoang & Antoncic，2003；Abuja & Katila，2004；Gilsing & Nooteboom，2005）。

事实上，关系网络对中国人的社会行动有着特殊的地位和重要的影响、与西方相比，华人社会关系网络更复杂，正如费孝通（1947）所概括的"差序格局"，愈近愈亲，愈远则愈薄。由此可以推测：企业能否进行成功的创新成长，很大程度上依赖于企业家被嵌入的关系网络的广度与深度。其实，中国人的社会关系状态与西方的社会网络范式存在不谋而合之处。然而遗憾的是，国内学者对企业家社会网络的研究却不多。本书以"企业家社会网络"为篇名对中国知识资源总库（CNKI）（2001—2012）中文期刊全文数据库进行检索，发现此类研究共18篇，又进行主题搜索发现共51篇，考虑到企业家社会网络与企业家社会资本的联系性，再以"社会网络、企业家社会资本"为主题共计搜索出108篇，各年论文总计如图1-1所示。

这些研究大致可分为两类，一方面，关注企业家社会网络维度的划分、功效、测量以及演化形成分析；同时，也关注了自变量对因变量的影响作用，比如企业家社会网络对企业绩效、创新绩效或成长绩效的直接影响研究；另一方面，由于受到西方学者对企业家社会网络研究兴起的影响，国内学者的研究对象也开始偏向于中国的创业型企业。但是，对于发展中的民营高技术企业而言，企业家社会网络是否仍然对企业技术创新绩效产生同样的影响机理？相关研究文献鲜有涉猎。彭和希斯（Peng & Heath，1996）提出，在中国经济转轨的情景之下，民营企业采取基于社会关系网络的成长方式是明智的选择。由此，激发了作者对企业家社会网络与高技术民营企业技术创新绩效关系的研究兴趣。

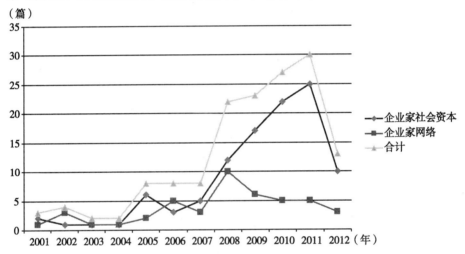

（篇）

图1-1　CNKI中有关企业家社会网络与企业家社会资本书论文历年发表情况

（2）开放式创新背景下对企业家社会网络与技术创新绩效关系的关注

由于对企业家的忽视，资源基础理论、战略管理理论制约了自身理论的发展（Barney，2001）。在知识经济背景下，组织的网络化与创新过程日益复杂（Powell et al.，2004），企业需要将各类利益相关者纳入创新生态群落（Pedersen et al.，2011），由此企业能够从被动的价值提供者走向主动的价值创造者（王海花、谢富纪，2012）。但是因企业所处的经营环境纷繁复杂，企业所嵌入的网络能提供对创新有利的资源往往成本高昂或者无法获取，每个重大决策背后都具有不确定性，而企业家在其中能做出最好的战略决策，他是保证较大成功概率的那一部分人（石秀印，1998）。因此，企业家社会网络与技术创新绩效的相关性研究应该成为学界关注的热点与核心问题。

值得注意的是，已有文献对企业家社会网络的研究相对较少，大部分关注企业家个人特质对企业绩效的影响。如有学者进行了企业家与创新关系的实证研究（Smith et al.，2005；Hmieleski & Baron，2009；Baron & Tang，2011）。部分学者的研究对这一问题有所涉及，如储小平（2004）关注了企业家的内部纵向关系网络，探讨内部纵向关系网络与企业战略决策的关系。蔡（Tsai，2002）认为，企业内部社会网路构建是基于信任的组织文化，其对内部社会资本网络的构建是基于信任与共享的企业文化，将对企业内知识转移、整合与创造具有积极的推进作用，即企业家良好的内部关系网络可以更迅速有效地整合资源（Oh et al.，2004）。一些学者从企业家嵌入于社会关系网络的视角探讨了企业家社会网络与创新绩效之间的关系。唐娜玛丽（Donna Marie）等（2006）认为，企业家人际关系就是一种资源，这样的社会资源可以带来大量的创新机会。李明和亚兰（Liming & Aram，1995）通过对中关村科技园区的实证研究发现，企业家嵌入于多样化的关系网络，可以获取有价值的异质性资源，使企业能够实现理想的商业效果，进而赢得企业的竞争力。

可见，已有研究从企业家与企业家嵌入于社会网络的视角探讨企业技术创新绩效的获取，即关注创新的结果。虽然存在一定的定性与定量文献，但学界针对企业家社会网络影响企业绩效的中介机制讨论较少（白璇等，2012），且双元性创新研究正处于范式形成阶段（李忆等，2010）。综上所述，现有研究鲜有涉猎企业家社会网络与双元性创新的相关性研究，以及关注创新过程的双元性创新对于企业家社会网络与技术创新绩效之间关系的中介作用研究。而且以高技术企业为研究对象探讨企业家社会网络与双元性创新关系的研究更为少见。

（3）企业家社会网络两面性问题

梳理相关研究发现，企业家社会网络是一种特殊的资源通道，对企业尤其是新创企业技术创新绩效提升具有重要的促进作用（Janssen，2001；Brass et al.，2004；Ozgen & Baron，2007；Batjargal，2007）。这些研究表明，企业家社会网络有助于企业家获得知识、取得合法性、改善管理资源的依赖性，这对企业技术创新绩效的获取非常有利（Joel & Karen，1998）。于是，学界进行了企业家社会网络与技术创新绩效的相关性研究，但此类相关研究并不多见（李淑芬，2011）。其中，有些研究认为企业家社会网络与技术创新绩效之间的关系是直接的（Baron，2008），也有学者认为两者是间接的关系（Foo & Baron，2009）。

随着学界研究的深入，发现尽管企业家社会网络对信息获取的关键作用已得到承认和证实，但是选取不同区域和研究对象的矛盾性的实证研究结论导致并没有证据证明企业家社会网络对技术创新绩效有显著的正相关关系（Ostgaard & Birley 1996；Lee，2001；Brown & Butler，1995）。艾德勒和权（Adler & Kwon，2002）认为，有关社会网络负效应的研究文献很少，且实证研究更为缺乏。进一步的，波特斯（Portes，1998），加贝和林德斯（Gabbay & Leenders，1999），白璇等（2012），李永强等（2012），吴宝（2012）等学者认为，由于交易成本等因素的存在，企业家社会网络未必对技术创新绩效产生积极效应。

针对社会网络的两面性问题，顾和希金斯（Gulati & Higgins，2003）认为大部分有关社会网络的研究只侧重于其他网络成员联结的绝对效应，而忽视了关系联结的条件效应。于是，伦普金等（Lumpkin et al.，1996）引入了权变管理思想，认为创业导向与企业技术创新绩效之间的关系可能受环境与组织这两个变量的调节，因而学界将此权变思想引入了网络与企业技术创新绩效的关系领域。如 Hint 等（2007）认为，从环境变量来看，动态环境对企业家社会网络与绩效之间起着相应的调节作用。此外，部分学者也认为可以从跨层次角度来理解企业创新这一复杂现象（Schindehutte & Morris，2009）。如从组织变量角度来看，Hite 和 Hesterly（2001）提出，任何企业的发展都具有周期性，在不同的生命周期阶段企业家的工作重点会呈现出不同特点，企业家网络关系可能会按照企业的发展方式去调整，最终有利于技术创新绩效产出。

总的来说，学界提出应该从积极性一面来理解企业家网络与创新能力的关系（Baum & Locke，2004）。但具体该如何解决"企业家社会网络的两面性问题"，是一个值得深入研究的理论问题。

（4）企业家社会网络对技术创新绩效获取的作用机理有待进一步挖掘，企业双元性创新在其中所起的解析作用有待深化与探索

目前，企业家社会网络对技术创新绩效影响的中介作用是组织学习能力（Alexander，2008；魏江等，2005；邓学军，2009）。但事实上，知识的吸收与转移到最终的创新产出是一个复杂的过程，那些从组织外部获取的显性知识虽然容易获得，然而如何将显性知识背后所隐藏的非编码化知识，如技术诀窍、经验累积以及管理诀窍等应用到企业自身并创造价值，

的确是一个难题（Alessia & Lucio，2008）。对此，徐蕾（2012）提出，组织学习仅仅是获取外部知识的一种手段，需要与企业的其他资源与活动相结合才能成为组织的有机知识体系，才能保证企业获取持续竞争优势。而有关双元性创新的研究方面，Nooteboom（2005）通过一个启发性的"发现循环"机制，即可以通过"情景多样化"的探索式创新与利用式创新的交替工作来实现外部知识的固化、归纳化、微调以及交互的进程。由此王耀德等（2011）预言，双元性创新在未来管理学领域将会成为一种新的研究范式。同样，针对社会网络的两面性问题，艾德勒和权认为，如果主体过度嵌入社会关系网络中则会阻碍创新思想的引入，也可能会造成某种锁定性效应（吴结兵，2006）。由上可以窥见，将企业家社会网络的两面性问题与双元性创新进行匹配来提升技术创新绩效是一个极具挑战性但又有理论意义的研究问题。①

总之，由企业家社会网络对创新绩效的复杂作用过程（Park & Luo，2001），以及现有理论研究结论不统一的事实表明，企业家社会网络理论依然不够成熟（Balagopal，2011）。因此，企业家社会网络或许有纳入具体的情境之下来加以再审视和澄清的必要。但现有关于企业家社会网络的研究是在西方情景之下展开的，其实中国企业家在企业技术创新过程中会面临独特文化与社会环境的影响。基于此，本书认为，探究是否、如何以及何种情景下修正不同种类的企业家社会网络是一项重要的任务。与此同时，也需要深入考察企业家社会网络中究竟有哪些相互依存又相互对立的两面性？这些两面性对企业双元性创新及技术创新绩效有何影响？所有这些正是本书的理论研究缘由，并认为揭示企业家社会网络影响技术创新绩

---

① 变量选择说明：一是理查德·斯威德伯格（2005）针对 Granovetter 的社会结构观点指出，拥有社会背景的任何个体的行为都对经济行为产生根本的影响。魏江等（2005）认为通过企业家这种代理机制，使得企业在现有能力基础上获得跃迁。同时，Galaskiewicz 和 Maher（1999）认为人员之间的关系网络内容远比企业网络丰富，只有组织内部创新能力与其外部网络结构优势产生联合效应时，才使得企业比其他企业获取更好的绩效（Zaheer & Bell，2005）。二是有学者提出，将企业家个体嵌入的社会网络与组织高层次嵌入的创新绩效联系起来，是否存在还原谬误问题。对此，王凤彬、李奇会（2007）认为，"还原谬误"和"类推谬误"均产生于组织嵌入性研究中跨层次问题的处理，比如企业网络与个体网络二者难以等同。但是，目标的协同、人格化联结向制度化联结的转变以及社会网络资源与企业能力的匹配，这些都可以为个体社会网络向对组织绩效提升有正影响的企业社会网络资本转化提供必要的机制和手段。三是本书选择企业家社会网络这一自变量说明详见第二章文献评述部分。

效提升的机理"黑箱"应该是未来关注点之一。本书思路对于企业家社会网络理论、技术创新理论都存在着一定的补充作用，由此可以洞悉本书的理论意义所在。

第二节   研究问题

基于上述现实背景与理论逻辑，本书以高新技术企业为研究对象，探讨企业家这一关键学习代理人网络所带来的资源，通过组织双元性创新影响技术创新绩效的作用机理。为揭示其机理过程，本书从探索式创新与利用式创新两个构念来提出双元性创新在企业家社会网络与技术创新绩效之间充当的中介角色。构建起"企业家社会网络（行动者被观察到的某种属性作为网络中的地位功能，即网络结构特征）—双元性创新（探索式创新与利用式创新的行为分类）—技术创新绩效的提升"的理论逻辑以及完整的S—C—P范式。具体探讨以下四个问题：

子问题一：探讨基于社会资源视角的企业家社会网络特征维度构成

管理学领域的现有研究强调了企业家行为是一种管理行为，此行为一定是机会导向的，只要资源还未处于最佳使用状态，便有创新机会。但现有研究鲜有从社会资源的视角对企业家社会网络的概念、特征维度构成以及测量等基础性的问题展开系统研究。本书通过文献梳理与理论推演，明确提出基于社会资源视角下的企业家社会网络究竟是什么，包括哪些特征维度，在此基础上提出企业家社会网络特征维度的测量量表。

子问题二：考察企业家社会网络与技术创新绩效的关系

企业家社会网络结构带来的信息与资源对技术创新绩效有着重要的影响。然而企业家社会网络有着不同的网络特征，其分别是对技术创新绩效的影响是负向、正向还是倒"U"型的？本书结合国内高技术企业的实际情况，同时采用企业家社会网络的结构特征分析方法，通过探索性案例研究建构企业家社会网络的达高性、广泛性、异质性以及网络关系强度等四大特征对技术创新绩效影响的概念模型，并结合半结构化访谈、规范研究与实证研究对此概念模型做出进一步实证分析。

子问题三：考察双元性创新与技术创新绩效的关系

结合本书主题，对双元性创新的理论内涵和要素构成进行了理论综述。同时在前人研究基础上，通过半结构化的访谈与进一步理论分析，提出高技术企业的双元性创新的关键变量与技术创新绩效的假设，通过收集大样本问卷数据，实证检验双元性创新对技术创新绩效的影响作用，并讨论其理论与实践意义。

子问题四：从探索式创新与利用式创新这两个构念来检验双元性创新的中介作用

以往的研究将重点放在企业家社会网络对于结果变量的直接影响上，虽有少量研究涉及两者之间的过程机理，但结论不一。不过，揭示企业家社会网络对结果变量的作用机理，打开两者之间"黑箱"，应是未来的研究趋势。具体到本书，已有文献对有关企业家社会网络如何支持双元性创新以及两者间联结机制的论述并不多见。由此引发本书的第四个研究问题——企业家社会网络影响企业技术创新绩效的作用机理如何？

第三节　关键概念

一　企业家社会网络

从 20 世纪 80 年代中后期开始，企业网络理论被经济学界广泛应用于企业家行为的研究。卡森（Casson，1982）认为企业家社会网络是一种高度性的人际关系网络，以直接或间接的方式将社会系统中的人联结在一起，这个联结机制包括双向的信息流与知识流，使不同的联结机制构成了不同的企业家社会网络。根据联结机制的思想，魏江等（2005）认为，企业家社会网络可理解为在交易过程中与企业家活动直接相关的一切人际关系且由所有信息单元组成的 n 维向量空间（见图 1 - 2）。在图中，个体 1 带来的信息被传递给其他三个"守门人"，然后通过最终使用者和"守门人"接触的网络到达最终使用者手中。其实，守门人之一的社会关系网络类似于一个寻求异质性资源的"论坛"（耿新，2010）。

米切尔（Mittchell，1969）提出，所谓社会关系网络就是特定的人群间的关系的集合，这个集合具有一个综合的特征可以用于解释集合中人的行为。此外，汉森（1999）、巴特勒（2001）是获取信息的桥梁人物，虽然他们没有给企业家网络下定义，不过从他们的观点中可以发现企业家是嵌入社会网络中的，并且可以划分为竞争网络与利益相关者网络，前者带来技术资源，而后者带来其他资源。基于网络特征及企业独特地位思想，

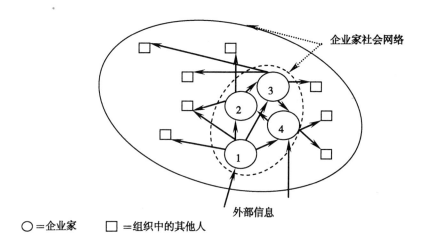

企业家社会网络

外部信息

○=企业家　□=组织中的其他人

图 1 - 2　企业家社会网络的阐释

邓学军（2009）认为，那些因血缘或地缘关系先天具备的或后天在交往过程中形成与其他成员之间的联系网络，是企业获得外部资源的重要通道。石秀印（1998）、李路路（1995）、林（2005）、李孔岳（2011）等学者认为，企业家社会网络资源是一个个体层面的概念，对企业发展而言，此种充当资源交换通道的企业家社会关系网络就是企业发展所需的一种宝贵资源。基姆和奥德里奇（Aldrich，2003）也认为，企业家社会网络结构决定了可为其所用资源的丰富程度。

　　本书认同企业家社会网络资源的观点，并将企业家社会网络界定为企业家与企业外部网络成员间的关系集合①，这个关系集合中所蕴含的资源为企业赢得技术创新绩效提供了行动机会，而企业家则通过这种关系集合获取创新机会开发和企业经营所需的信息、资源、服务以及实质性的支持。就企业家社会网络的外延而言，则包括了个人网络（亲属、朋友、同事、熟人等）和社会网络（同行、政府等规制机构人员、供应商及客户）两种类型。

――――――――

　　①　由于企业家拥有组织内部与外部两类社会网络（钱锡红等，2009），与此同时 Fu、Ane 和 Gregory（2006）认为企业家与内部员工之间的社会网络也有利于企业成长，然而谢洪明等（2012）提出企业外部网络中的知识资源才能真正支撑企业的可持续创新。笔者认同谢洪明等研究观点并认为，企业家外部社会网络对于企业获取持续的技术创新优势具有重要的作用，因此本书主要从企业家外部社会网络的视角展开研究。

二 双元性创新

现有研究为了避免概念理解上的混乱，对创新进行了分类，如经济学上通常划分为技术创新和制度创新，从管理学则更多地将创新分为技术创新和管理创新。从管理学角度来看，企业创新是指为获取更大价值，对企业的各要素、各环节，不断地进行新的构想、新的调整和新的组合的行为及其过程，包括企业的技术创新和管理创新（盛亚，2005）。由于创新有侧重于过程与结果的不同分类界定（Li，Vanhaverbeke & Schoenmakers，2008），本书将侧重于创新过程的研究。因此主要根据 He 和 Wang（2004）等的观点，将组织的双元性创新分为利用式创新和探索式创新，从而更体现出组织对外部社会网络环境变化的主动适应，其中利用式是指组织在已有的知识基础上对产品或服务进行主导设计，探索式创新是寻找新的技术发展轨迹，是对全新商业机会的尝试。

三 技术创新绩效

以往研究中对于技术创新绩效的论述较多。本书认为，新产品产出及产品市场竞争力应该作为高技术企业最核心的表现，此指标应该纳入创新绩效评价之中。因此，本书对技术创新绩效的理解将参照哈格多恩等（Hagedoorn et al.）的观点，主要用新产品开发数量、产品市场表现以及新产品销售额所占销售总额的比重等指标衡量。

四 高技术企业

高技术一词首次出现于《高格调技术》（20 世纪 60 年代）一书中，这一术语在我国的"863"计划中首次出现。本书将高技术企业作为样本对象是基于以下两点考虑：一是高技术企业在学界已经受到很大重视，特别是能力理论的支持者将此类企业作为案例研究对象（Rosenbloom，2000）；二是高技术企业具有广泛的代表性与激烈的市场竞争性（贺小刚，2006）。

有关高技术企业的概念，国内学者金星（2010）以及 2009 年颁布的《高新技术企业认定管理办法》中认为，那些在生产过程中使用高技术的企业就是高技术企业，主要是由含有高技术产品的企业与使用高技术工艺生产的企业两类构成。本书的样本范围指的是前者。而高技术企业所属的高技术行业主要包括医药制造、电子通信设备等 8 大类与 61 小类。除此之外，本书的样本范围还包括了在全球制造网络中那些具有不同行业特点、不同规模、不同年龄的民营高技术企业。

Lundvall（2008）认为，在全球化制造业背景下，高技术企业被嵌入多样性的创新网络中，其中包括了科学网络、专业网络、政治网络以及企业间网络，它们构成了全球价值链上、中、下游的各个环节（Shi & Gregory，2005）。而企业家这一关键学习代理人被嵌入竞争对手、供应商、客户、政府机构、研发机构、中介机构、行业协会等具有多重背景与身份的人际关系网络中。因此，在这样的行业中成长的高技术企业更加能够反映出企业家的创新精神（贺小刚，2006）。

第四节　研究方法与技术路线

一　研究方法

本书将力求将规范研究与实证研究相结合、质性研究与定量研究相结合、文献梳理与调研访谈相结合，总体上遵循"文献梳理与理论推演—质性研究（探索性案例研究）—提出假设—问卷调研—实证分析—形成结论"的研究思路。具体研究方法如下：

（1）文献梳理与逻辑推演

为探讨企业家社会网络以及关键网络维度特征构成对技术创新绩效的作用机制，首先需要对与本书主题相关的前人研究进行系统的收集整理和阅读分析。通过广泛查阅技术创新理论、高技术企业成长理论、资源观理论、社会网络与社会资本理论、利益相关者理论、双元性创新研究等国内外文献，对影响技术创新绩效的企业家社会网络进行了系统的梳理，基本归纳出社会关系网络的数学表达、各种衡量角色、属性及地位。同时，通过重点精读与泛读，对以下权威管理学杂志：AMJ、AMR、SMJ、JOM、OS、MS、ASQ、ARS、Research Policy 等近 15 年涉及企业创新成长、双元性创新、社会网络、社会资本的文献进行阅读，在此基础上准备综述社会资本与社会网络的基本内涵、两者之间的逻辑关系以及企业家社会网络的内涵、关键维度特征构成与技术创新绩效的关系。结合本书主题与现实背景，进一步收集有关"企业家社会网络、双元性创新、技术创新绩效"

三者关系的国内外文献，剖析企业家社会网络通过双元性创新对技术创新绩效的内在影响机理，为研究企业家社会网络影响高技术企业技术创新绩效的作用机制奠定文献基础。

（2）案例研究

本书根据艾森哈特（Eisenhardt）、殷·罗伯特（Yin）、锡格尔科（Siggelkow）等学者关于案例研究的观点，采用了探索性案例研究方法。在大量田野调研工作之基础上，选择4个典型的探索性案例研究得出企业家社会网络各维度特征、双元性创新与技术创新绩效间关系的初步研究结果，并提出初始概念模型，同时在案例内与案例间分析的基础上，初步验证了理论假设。

（3）定量实证研究

在文献研究、探索性研究的基础上，界定相关变量的类型及特点，结合规范分析和探索性研究结果推断出各变量之间的关系，提出了本书概念模型与假设。采用大样本问卷调查和统计分析方法检验命题假设的合理性及其适用条件。在问卷发放与数据整理的基础上，运用SPSS19.0软件进行相关统计分析和假设检验。

二 技术路线

本书紧密围绕"从企业家社会网络的结构维度特征提升企业技术创新绩效"这一基本问题，从社会网络、社会资本的理论视角，逐步深入剖析企业家社会网络对技术创新绩效的作用机理。本书技术路线如图1–3所示。根据研究问题，结合相关文献梳理，初步提出企业家社会网络与技术创新绩效关系的理论构想，并通过对4家浙江等地的高技术制造企业的探索性案例研究进行分析归纳，推导出企业家社会网络、双元性创新与技术创新绩效关系的初始命题。在探索性案例研究基础上进一步结合实际背景与理论推演，并设计问卷与调研，对所获数据进行统计上的定量分析，逐步对相应的理论假设进行实证检验。本书结论对相关理论研究进行了补充与完善，为我国各级政府在创新政策的制定以及企业家在企业管理的创新实践方面提供了理论指导。

三 结构安排

按照上述研究方法和技术路线的逻辑安排，本书从七个章节展开分析，具体章节安排及内容如下：

第一章　绪论。首先从现实与理论两方面引出本书的背景，针对中国高技术企业有效开展创新活动的迫切性与技术创新理论、企业家社会网络研究的新趋势等背景提出本书所要解决的主要问题。界定企业家社会网络、双元性创新、技术创新绩效以及高技术企业概念，并对全文的技术路线、章节安排、研究方法以及创新点等进行了介绍。

第二章　文献与理论研究述评。本书较为系统地回顾了社会资本理论以及社会网络理论之间血脉相承的逻辑联系，并专题讨论企业社会资本的思想、功效、挑战，进一步地从利益相关者价值网络视角对其进行批判性的解读，揭示企业家社会网络对绩效的两面性效应。最后，本章还就社会网络、企业家以及双元性创新之间的关系研究成果进行了梳理。此部分的文献梳理为后文的深入研究奠定理论基础。

第三章　企业家社会网络与技术创新绩效关系：探索性案例研究。基于第二章的文献梳理所提供的切入点，本部分选择 4 个典型的高技术企业案例进行深入的探索性案例研究。经过理论预设、案例选择、数据收集、案例内分析与多案例之间的数据研究，探究关于企业家社会网络、双元性创新与技术创新绩效关系的 14 个初始假设命题，为后续研究提供源于实践的构想。

第四章　企业家社会网络与技术创新绩效关系的理论模型。基于前一章节的探索性案例研究提出的初始研究命题，结合已有相关研究与实地访谈情况进行更深层次的理论推演，分别针对企业家社会网络与创新绩效之间的关系及两者之间的作用机制提出相应的研究假设。

第五章　企业家社会网络与技术创新绩效关系的实证研究方法论。在本章，首先从调研问卷设计、数据收集、变量刻画及实证分析方法做出相应的说明。在调研问卷设计中，说明了调研问卷设计的过程以及偏差避免的相关防范措施。其次对自变量、中介变量以及因变量的可操作性测量进行翔实的解释。最后对样本和数据收集过程、相应的实证工具和方法做了逐一说明。

第六章　企业家社会网络与技术创新绩效关系的实证研究。在前面研究的基础上，首先运用描述性统计、因子分析以及信度分析对本书所获取的有效样本进行了定量分析，其中运用 SPSS19.0 软件对数据进行相应的预处理，分析了样本的分布情况。最后，运用多元线性回归模型等实证分析方法对第四章提出的假设进行逐一验证，并针对统计处理结果进行深入的讨论与分析。

　　第七章　结论与展望。对本书的重要研究结论进行总结；阐述本书的理论贡献与实践意义；同时指出本书中存在的不足和有待改进方面，以及进一步深入研究的方向，为本领域后续的研究工作提出建议。

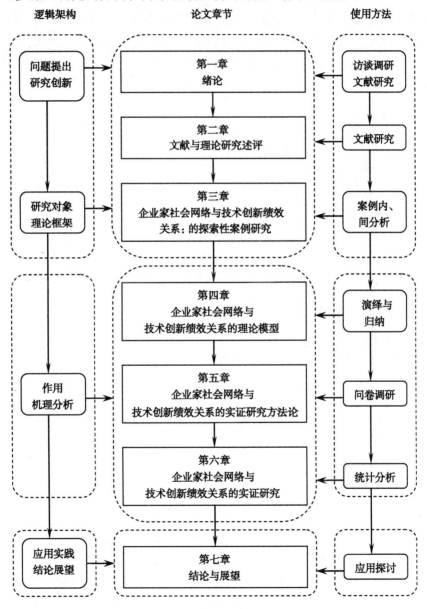

图1－3　本书的研究框架与技术路线

本 章 小 结

　　本章首先介绍了本书的现实背景和理论背景，阐述了我国高技术企业转型升级的紧迫性、企业创新范式网络化以及面临的相关问题；在分析企业家社会网络对双元性创新及技术创新绩效重要意义的基础上，本章明确了研究对象、研究方法、技术路线以及篇章布局，为本书后续章节的展开做了较为充分的铺垫。

第二章

文献与理论研究述评

本章将针对前一章中提出的研究问题，对本书所涉及的主要理论及相关文献进行梳理，厘清本书与已有文献之间的逻辑传承，明确本书的理论切入点。主要包括社会资本理论综述、企业家社会网络理论综述与双元性创新理论综述。

第一节　关于社会资本理论研究

一　社会资本理论的历史脉络

纵观社会资本百年发展历程，其思想可追溯到亚当·斯密。斯密在《道德情操论》这本巨著中提出，市场交换需要社会规范来支撑，之后马克思提出了"有限度团结、社会参与"思想，齐美尔提出了"互惠交易"的概念。截至目前，为社会资本理论做出突出贡献的代表人物有简·雅格布斯（Jane Jacobs）、皮埃尔·布迪厄（Pierre Bourdieu）、詹姆斯·科尔曼（James S. Coleman）、罗伯特·帕特南（Robert D. Putnam）等。正是他们的研究，社会资本思想在社会科学学科中才得以推广与应用。与此同时，社会资本也成为解释各种社会现象的新范式。

学界至今对究竟何谓社会资本尚未形成统一界定（Adler & Kwon，2002；Durlauf & Fafchamps，2004）。但网络社会学研究领域的开创性研究已经发展出了几大概念（科尔曼，1990；博特，1992；帕特南，1993）。事实上，对社会资本首次系统表达是由布迪厄提出的，社会资本是一种通过对"体制化社会网"占有而获取现实或潜在的资源集合体。针对社会资本内容，其包括了经济、社会及文化资本，并且三者之间存在转换关系。Coleman 的成果极其丰富，他被称为关于社会资本理论的第一个系统阐述者，其研究成果得到了学术界的广泛关注。但由于 Coleman 过于强调社会资本的积极功效，忽视了其消极影响，因此受到了波茨（1993）的批判。不过，Coleman 的社会资本概念宽度却反映了社会生活的最本质特征，且提供了一个概念化的策略。由此，后续的学者们纷纷基于各自的研究目的阐释了社会资本概念（Adler & Kwon，2002）。例如，Burt（1992）的结构洞理论为人所感叹与折服，他对于社会资本的理解是一种机会。Burt 认为，由于资源在配置中存在各种不确定性，谁拥有机会便获取了重要的社会资本。再例如，在 Nan Lin（1999）看来，社会资本根植于社会关系网络是镶嵌于一种社会结构中的可以在有目的的行动中获取的资源，即 Lin 认为社会资本是获取资源的动态的过程。Nahapiet 和 Ghoshal（1998）、Leenders 和 Gabbay（1999）的研究提出，社会资本是能为企业可控制的，有利于企业目标实现的，嵌入于企业网络结构中那些现实的与潜在的资源集合。总的来说，有关社会资本概念与发展的历史脉络见表2-1。

表2-1　　　　　　　　　　　社会资本概念与发展的历史脉络

社会资本概念	发展脉络
社会资本思想渊源： Karl Heinrich Marx、Émile Durkheim（1897）的有限度团结	首次将社会资本引入经济学分析： Loury（1977） 促进或帮助获得市场中有价值的技能或特点的人之间自然产生的社会关系
早期社会资本的概念： Hanifan（1920）、Jacobs（1961） 用社会资本替代个人或家庭在日常互动中的资产	社会资本的第一个系统阐述者： Coleman（1990） 用宏观现象解释宏观现象的逻辑忽略了微观层次上的人的行为，需要从微观层次上寻求答案
首次系统地阐释社会资本： 皮埃尔·布迪厄（1986） 是一种制度化的关系网络，此网络集体拥有，因而其拥有实际或潜在的资源集合体，这些资源与一种持久性的网络密不可分	社会资本理论的兴起： Putnam（1992） 社会资本的首要任务是信任，社会信任可以通过互惠和公民参与网络两方面建立
基于结构洞视角提出社会资本概念： 博特（1992） 你接近的是谁？你以何种方式接近？	群体层面上为社会资本理论化奠定了基础： Woolcock（1998） 将信任视为社会资本的结果

续表

社会资本概念	发展脉络
基于网络资源视角定义社会资本： Nahapiet & Ghoshal（1998）、Leenders & Gabbay（1999） 是可利用的嵌入在个体或社会单元拥有的关系网络中实际和潜在的资源	社会资本是群体的规范： Fukuyama（1998） 社会资本可以看作一种有助于两个或更多体之间互相合作
社会资本是现实或潜在资源的集合体： Ports（1998） 这些资源拥有与制度化的共同熟识与认可的关系网络有关，即与一个群体中的成员身份有关	社会资本对区域经济的发展作用： OECD（2001） 包括网络、共享的规范、价值观念以及理解，其有助于促进群体内部或群体之间的合作
社会资本是某种资源： Lin Nan（2001） 镶嵌在关系网络中的资源是社会资本价值实现的前提，行动者要有机会去获取这个网络资源	社会关系角度理解社会资本： Cohen（2002） 人们之间积极地联系，可以把人际网络紧密地联系在一起，从而促使社群活动变为可能

资料来源：根据相关资料整理。

　　尽管学界分别从不同的视角对社会资本进行了定义，但是 Adler 和 Kwon（2002）、Rostila（2010）认为，各家思想是相似的，不过它们也表现出了一些有意义的细微差别，这些差异表现为是行动者与其他行动者之间维持的关系，还是集体行动中行动者之间的关系结构，或者是两者兼而有之。因而其可以分为外部的社会资本、内部的社会资本和内外社会资本概念。其中，关注外部联系的部分称为社会资本的"桥接"形式，关注内部联系构成了社会资本的"联结"形式。内外社会资本并不是完全冲突的，一个行动者可能受到两方面社会资本的影响。因此，行动者有效的行动能力应该是两类型社会资本的函数。

　　社会资本理论的兴起与 Putnam 的理论贡献有着紧密的联系，正如 Kenneth Arrow（1999）所言，在社会资本领域研究中，Putnam 总是与社会资本最深远的部分联系在一起。在 Putnam 看来，社会资本是社会组织中的某些特征，例如网络、规范以及信任。不过 Putnam 关于社会资本的论述引起了政治学界的强烈反响及经济学界的浓厚兴趣。于是，社会资本的概念呈现出了"百家争鸣"的现象，其中在管理学领域，社会资本被广泛应用到智力资本、知识管理、战略联盟及客户关系管理等诸多领域。

　　国内学者吴宝（2012）针对社会资本的社会学起源和经济学起源进行了追溯。他认为，首先，从三种有代表性的视角来理解社会资本的本质：从社会资源观来看，社会资本是社会结构中存在的资源，可以创造价值，总体而言各种资源要素顺利实现了增值，资源要素可以体现为社会网络、成员身份以及个人关系；从社会规范观来看，可以从规则、信任、制度三个方面来阐释社会资本；从资源摄取利益的视角来看，社会资本可以帮助网络成员接触更为广泛的资源流，并且提高了资源获取的数量、质量与及时性。其次，社会资本具有公共物品性、使用的强化性、不可转让性、可传递性以及可转化性等特征。最后，由于社会资本定义的意见百家争鸣，其构成要素与表现形式往往存在着多样性问题，这样可能不利于社会资本的测量，不过总的来说可以从微宏观层次、结构型与认知型的视角来进行。

二　社会资本理论的主要争议

据统计，从 20 世纪 90 年代到 21 世纪初，社会资本的学术文献由不足 100 篇上升到了 6000—7000 篇（Piotr Sztompka，2005）。遗憾的是，国外学者大多是从多层面性视角来定义社会资本，在概念或者理论上仍然存在很大分歧。与此同时，在国内为数不多的社会资本实证研究中，社会资本的概念也多数是沿用了国外学者的观点，可以说缺乏相应的反思与批判。

（1）社会资本概念上的争议

首先，吴宝（2012）指出，社会资本无论是在个体还是集体层面的内涵界定不清。虽然 Coleman、Burt、Nan Lin 等人把特定的社会结构视为社会资本，此网络结构也确实给网络结构中的行动者提供了知识、技能等资源，然而对是什么样的资源与信息可以构成社会资本却没有阐释。因此，有必要把与网络中获取的资源（无论在数量还是在质量上）和社会资本本身相分开。但是，基于功能视角给出的社会资本定义，也很容易将社会资本的来源与收益混为一谈，此举不仅存在循环论证，而且存在同类重复之嫌（周小虎，2006）。

其次，从集体角度来阐释社会资本更加存在缺陷。如从微观个体视角来探究社会资本表现、原因及后果的这一流派，最主要的问题是，社会资本既然是一种"生产性"资本，那么它必然会增进一个社会财富的效率与效应，但一些事实表明，其至少在宏观层面没有体现，或许这些理论似乎也只是证明社会关系网络促进了个体层面财富的增加与社会地位的提高（马得勇，2008）。帕特南（Putnam）、诺里斯（Norris）、霍尔（Hall）与帕里斯顿（Paxton）等学者从政治学视角来关注宏观层面，探讨了社会资本对经济发展的作用，然而其仍然受到了 Portes（1998）的批评。在此基础上，罗家德、赵延东（2005）认为，将社会资本分为"个体"与"集体"是一种取向，但就 Portes 集体社会资本概念的引入缺乏相应的理论框架。

最后，从经济学视角来看，Dasgupta（1988）、Knack（1997）、Woolcock（1998）等学者认为，社会资本不仅是制度的加总，也是制度之间的一种黏合剂。特别的，马克·沃伦（2004）批评此视角并没有超越新制度主义的理论范畴。

（2）社会资本存在负功能现象

Portes（1998）批评 Coleman 的研究只强调社会资本积极性的一面，却忽视了社会资本消极性的一面。张文宏（2003）认为，学界将社会资本理论视为解释或解决一切社会问题的灵丹妙药，但对于其可能产生的消极论述却为数不多。Collins 和 Clark（2003）提出，尽管一些评论者认为社会资本的概念化代表着它是一种只带来正面收益的资源，但是，社会资本的风险有时可能会超出它对研究主体的利益。有学者认为，将信息、影响与协同合作结合在一起，社会资本潜在的负外部性是相当大的（Adler & Kwon，2002）。

首先，从社会资本构建的成本来看，有些类型的社会资本构建需要进行大量投资，而这样的投资付出未必有效，且很多社会资本并非一次奏效性地确立，需要加以维护才能保证其功效（吴宝，2012）。Hansen（1998）对社会资本信息效益的研究显示，尽管强联结具有信息优势，但其维持的成本太高，这意味着弱联结往往比强联结更有效，因为维持弱联结所需的成本较低。基于此，周小虎（2006）提出，社会资本不等同于其他资本，例如金融资本、社会资本的价值在于维护，组织内外的社会关系网络也会因长期不使用而出现贬值。

其次，社会资本的权利在信息利益方面存在此消彼长现象。Emerson（1972）研究指出，权利是社会结构的一个重要属性，而社会结构的本质是网络化的，其中的权力—依赖关系的分析框架蕴含了交换主体为权衡权利结构而寻求网络拓展。此观点被 Ahuja（1998）所认同，他研究证实如果一个主体有较多的联络者，这些联络人自身也有其他的联络人，那么此主体可以得到相应的信息利益，在这种情况之下，主体的直接联系人就相对不会太依赖于主体，同样，如果主体直接的联系人所具有的联系人较少的话，它们比较依赖于主体。

再次，社会资本中协同合作对主体来说可能存在负面影响。Adler 和 Kwon（2002）认为，团体内部成员之间的强联结可能会使主体过于内嵌入网络关系中，这种过度嵌入减少了新信息流的引入，正如 Powell 和 Smith（1994）所言，过紧的联结或许会成为盲目的联结。Kern（1998）曾针对德国产业现状指出，企业过度信任原有的供应链关系对突破性创新是不利的。Portes（1998）发现，联系紧密的群体最容易产生"搭便车"现象，妨碍企业的创业活动以及正常运营。正是由于团体中强烈要求的规范性导致了在更大的扩张性群体成员中分享资源的要求，但这往往会降低企业运营中的激励效应，由此也减缓了企业社会资本的积累。

最后，低度协同合作也会给主体带来负面影响。Skaggs（1998）分析了社会网络怎样促使不道德行为及同谋的产生。社会资本的低协同合作往往导致总体分裂成为"敌对的派系"或是堕落成寻求"特殊利益"的集聚体（Foley & Edwards，1996）。Portes（1998）也指出，如果把那些具有不满情绪的主体集聚在一起，那么参与者在社会协同活动中将加深社会的分裂。

总之，无论在微观层面还是在宏观层面，社会资本的负效应现象在学界还缺乏足够的认识。不过，国内学者罗家德（2008）指出，由于社会资本的定义就是"带来资源"，它应该是正面的，假如存在负面功效问题，那就是根据 Coleman 封闭观点与 Burt 限制观点做出的论断，即造成负面效果的原因是信息不流畅及在高密度网络中揽客的位置是不存在的。

三　社会网络与社会资本之间的逻辑

20 世纪 90 年代初，国外学者开始对社会网络或社会资本与组织成长和发展的关系进行研究。关于社会网络与社会资本之间的逻辑关系，孙剑平（2008）认为，社会资本起源于社会关系，并镶嵌于社会网络中。不同的社会关系网络将创造不同的社会资本，且两者都以关系为核心，强调因关系联结能给相应的主体带来社会资源。因此，社会网络重结构，社会资本旨在利益的获取。就网络降低交易费用和获取资源的功效来说，社会网络创造社会资本的能力一直是学界讨论的热点。如 Grabby 和 Leenders（2001）提出，社会资本是由社会交换而形成的一种利益、价值或资产，是社会网络的生产性结果之一。不过 Burt（1992）、Coleman（1990）、Oliver 等（2007）关于社会资本与社会网络之间的关系［闭合—开放

（close—open）] 存在三类观点：

首先，结构洞理论（开放结构）提倡稀疏网络创造社会资本。结构洞偏好于用最少的关系投资能联系起一批彼此稀疏相连的有权势的行动者节点，因此稀疏网络中更可能出现结构洞。Krackhardt（1995）认为，占据"掮客"的位置，可为行动者影响那些想要获取更宽泛网络的其他网络成员提供机会，或者为其发挥权力提供机会。结构洞代表了两个网络行动者之间存在一种非冗余性关系，于是二者之间的关系构成了一种特殊结构，此类特殊结构就成为社会资本。

其次，社会闭合理论（闭合结构）强调密集黏着网络创造社会资本。Burt（2004）认为，稀疏网络与密集黏着网络这两个观点并不存在冲突，因为在稀疏网络中，可以通过桥接形式联结在一起，中间人可以实现其价值。然而这个过程需要被桥接的两个行动者的信任来支撑，其实信任恰恰是靠网络的封闭性来实现的，即当信任占优时，网络的封闭性创造了社会资本。

最后，处于结构洞理论与社会闭合理论两者之间的观点。当网络结构处于不均衡状态时，无论是闭合还是开放，其中的某些节点联系可能尤为紧密，另外节点之间却是甚少的联系，由此行动者在网络中占据的位置决定了其获取社会资本的多少。进一步的，罗家德（2005）认为，中心位置与居间位置有利于企业获取社会资本，原因是中心性位置赋予了行动者正式的权力或非正式的社会影响（Brass & Burkhart，1992），而居间位置是以第三方身份出现且能够更好地控制其他两个行动者所拥有的资源（Prell，2003）。

此外，个体层面研究社会资本的代表人物边燕杰（2004）认为：其一，社会资本就是社会网络结构，密度高的社会网络有助于约束个体遵从团体规范，而密度低的社会网络则可以减少此类约束，为占据结构洞位置的个体获取信息利益和控制利益提供机会；其二，社会网络关系即社会资本，个体的社会网络关系与其社会资本存量成正比；其三，社会资本就是一种网络资源，它是个体所建立的社会关系网络，个人在社会关系网络中的位置能帮助个体动员社会关系网络资源。但是，刘林平（2006）提出，社会资本虽然蕴含于社会关系网络之中，但是这种关系网络的使用是为此支付交易费用的，可以认为社会网络不能简单地等同于社会资本。

Koka 和 Prescott（2002）认为，社会资本是行为者从社会关系网络中所获取的资源，企业是典型的行为者，据此社会资本的逻辑不可避免地要被学界拓展到企业层次。本书认同这一观点。

第二节　关于社会网络理论研究

社会网络分析（SNA）目前炙手可热，如图 2 - 1 中所示，引用"社会网络"的文献随着时间的推移已成倍数增加。

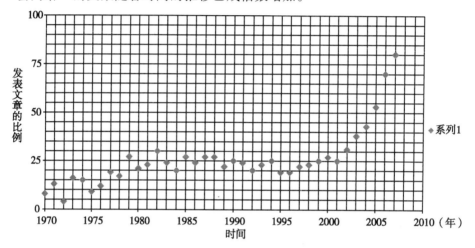

图 2 - 1　以"社会网络"作为主题系列的谷歌学术文献分布

资料来源：Borgatti 和 Halgin（2011）。

关于社会网络分析可以追溯到 20 世纪 70 年代，社会网络学派一度十分活跃，在社会关系网络与组织间关系方面提出了一系列有意义的课题与研究方向（周雪光，2003）。但 Kilduff 和 Tasi（2003）提出了质疑：社会网络分析是否只是各种具体分析方法的集合？抑或仅仅代表一个独特的理论视角？随着格兰诺维特"嵌入性理论"的提出，又将社会网络理论的思想重新引入了社会学的主流研究中。例如威廉姆森（Williamson）注意到了这些成果并开始对话，Coleman 提出社会资本理论推动了学界对社会网络的关注。Burt 的《结构洞》这一力作推动了社会网络在管理组织领域的发展。总之，社会网络理论已被广泛引入组织理论领域的研究，并以此来探讨其对工作绩效表现（Sparrowe et al.，2001）、经营业绩（Kilduff & Krackhardt，1994）、技术创新（Obstfeld，2005）、创造力（Burt，2004）以及非伦理行为（Bras-set al.，1998）等方面的影响作用。由此可见，社会网络思想在管理学界的推广显然带动了组织间关系网络理论的发展。但需指出的是，关于"网络为何会存在"的问题，学界分别从资源依赖理论、交易费用理论、制度理论以及社会理论等方面给出了不同的逻辑解释。

一　社会网络形成动因研究

(1) 社会网络形成基础：资源依赖理论

资源依赖理论的主要代表人物是 Pfeffer 和 Salancik。Pfeffer 和 Salancik (2002) 在《组织的外部控制》中提出，任何组织均根植于各种各样联系的网络中，组织发展所需的各种资源要素都是从环境中获取的，组织也因此依赖于这些资源的外部提供者，组织管理者应该采取积极行动以降低组织对外部环境的依赖性。

为秉承开放系统的组织观，资源依赖理论强调，企业竞争优势不仅受到组织内部所拥有资源和能力的影响，且还受到组织与外部社会制度环境、产业环境之间相互渗透的影响。需要指明的是，资源依赖理论与资源基础论是有所不同的，后者强调，企业之所以能够提供解决问题的方案，是源于组织可以凭借其异质性资源结构，或者正是对这些资源的获取、独占和利用为组织提供了独特的竞争优势（Welnerfelt，1984；Barney，1986）。而前者认识到了组织知识基础的有限性，组织是外部环境资源的消费者，需要从其所处的外部环境中获得合法性认可，组织因获取资源的需要从而组织与外部行动者之间形成相应的依赖关系。总之，资源依赖理论包括三个方面：一是组织是个开放系统；二是组织必须和那些外部资源的控制者之间进行交互；三是资源的重要性、资源的使用程度以及资源与服务的替代性程度。当企业自身资源不能满足生存发展需求时，它必须与外部组织竞争者、供应商、客户、债权人、政府规制机构或其他利益相关者处理好资源流的问题（耿新，2010）。

事实上，组织之间关系网络是一种为组织生存发展提供互补性资产的创新性合作。Hite 和 Hesterly（2001）、李淑芬（2011）认为，企业是被嵌入社会网络之中的，同样，企业家社会网络是组织间关系在领导者层面的反映，它体现了外部环境与组织之间建立的正式与非正式关系，并在组织运营方面发挥了重要影响。镶嵌于外部社会关系网络中那些难以被竞争者所模仿的各种异质性网络成员的关系，是企业获取资源形成竞争优势的主要来源（Dyer & Singh，1998）。也就是说，行动者之间的关系链是物质性和非物质性的资源或信息的主要通道，组织的领导层面与提供这些资源的外部行动者之间建立的密切联系保证了企业的成功经营。并且组织租金的来源，一部分来源于组织内部与组织之间的关系网络所构成的一种能力，它增加了企业价值（Kogut，2000）；另一部分是来自于企业所处的网络结构，从各种网络关系而非低度社会化视角出发，可以发现组织绩效的差异之源（Gulati，Nohria & Zaheer，2000）。

（2）社会网络形成基础：交易费用理论

交易费用的方法在理论上一直将注意力集中在研究行为者之间的联结交易上，因此它与关系网络之间存在相容性逻辑（Kilduff & Tasi，2003）。

Coase（1937）提出，交易成本应该包括度量、界定和保障产权的成本，发现交易对象和交易价格的成本、讨价还价、订立契约的成本以及督促契约条款严格履行的成本等（引自于永慧、丘海雄，2010）。Fukuyama（1995）提出，社会纽带和行动者之间的信任可以降低契约执行的交易费用，也有助于契约的实施。交易费用理论所关注的恰恰是企业成长动因。

刘仁军（2006）认为，关系契约可以作为解释组织之间网络形成和运行的微观基础。Macneil（1974）认为，关系契约是一种不完全的长期契约，尽管无须考虑所有未来的具体情况，然而契约方之间过去、目前和将来关系却影响着契约的长期安排。针对此，交易费用理论从两个方面给出了解释：首先，是什么激发了企业创造双边的联系？其次，如果保持这些稳定的联系，其背后的机制又是什么？针对后者的提问，Gulati（1995）、Badaracco（1991）、Gomes-Casseres 等（2006）认为可以从两个方面进行治理结构设计：一是基于产权均衡的治理结构，有利于降低合作伙伴之间的机会主义行为；二是企业之间的联系必然能作为一种沟通渠道来降低信息的不对称性。同时，对于前者的提问，Williamson（1998）曾明确地提出，企业间的合作情境有助于降低综合交易成本，也正因为如此，组织之间的双边关系就会形成。

事实上，Williamson（1998）认为治理结构的方式与交易的特点之间是有联系的，交易的特点主要由不确定性、资产专用性以及交易次数三方面构成，当不存在专用性投资且交易次数不多的情况时，交易双方没有意义维持长期性关系，此时市场治理的方式具有有效性。同理，如果存在高度专用性资产且必须多次交易的情况时，交易失败则会导致专用性资产的拥有者损失更大，因此关系的持久性是有价值的。类似的，Uzzi（1997）认为，当组织面临不确定性环境影响时，关系契约比市场交易更具有机性。Jarillo（1988）认为，关系网络能更有效地最小化参与企业的交易费用，当行动者之间的信息流、资源流与个体成员的承诺、信任关系因网络行动者之间的目标而趋一致时，那些重复交易动机得以驱动，机会主义行为发生的概率也越发减少（Todeva & Knoke，2005）。

根据威廉姆森抵押品模型隐含的两个假设，刘仁军（2006）针对发展中国家的情景提出，个体社会资本不仅可以作为抵押品保证双边交易的顺利，而且也降低了搜寻与履约的交易成本；从宏观层面来说，社会资本在内涵、功能及发生机制上与非正式制度内涵非常吻合。进一步地，刘仁军又提出了社会资本、交易成本关系契约的分析框架：当宏观社会资本充裕时，人与人之间关系普遍存在信任，此时的专用性资产——技术 $k>0$ 的交易采用关系契约，否则市场治理选择成为必然；当宏观社会资本面临稀缺时，交易中存在机会主义，人与人之间的交易偏向于个体社会资本[①]。因此，只有当资产专用性落在 $k_1 < k < k_2$ 的区间时，个体社会资本产生关系契约才是合理的。同理，如果当 $0 < k < k_1$ 或者 $k > k_2$ 时，行动者之间的交易则会放弃个体社会资本，转向选择关系契约的交易对象（见图 2-2）。

总的来说，面临网络化竞争情境，企业间联盟与网络化发展筑起的特定组织结构形式所带来的价值不只是停留在双边的交易费用层面，更为重要的是网络组织促进了行动者各方的生产与创新功能。但是，经典的交易费用理论无法全面理解网络组织功效，即制度学派认为企业之间战略联盟或者构建的合作网络所带来的优势并不局限于经济原因（邓学军等，2009）。

（3）社会网络形成基础：制度理论

周雪光（2003）认为，组织社会学中的制度学派存在两个学术派别，一是早期的制度学派，二是新制度学派。前者认为，组织并非一个封闭系

---

① Lin（2005：25）指出，当把社会资本作为集体物品甚至是公共物品，与信任、规范和其他集体或公共物品一起时，困难就出现了，此时的社会资本背离了个体互动和网络运作的根基，变成了在促进或构建社会整合和社会团结的广泛背景下所使用或展开的另一个时髦的术语，因此社会资本必须与财产物品等分开。

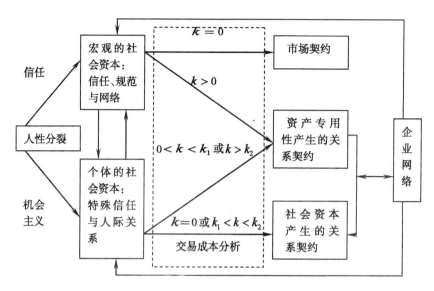

图2－2　社会资本、交易成本的关系契约分析框架

资料来源：刘仁军（2006）。

统，它受到组织所处环境的影响，因此在研究组织时，需要走出理性模式，要超越所谓的效率，也要超越组织本身。组织并非一个简单的效率机制，而是受外部环境的影响。新制度学派指出，必须从组织环境的视角去解释各类组织现象，如果要关注环境，不能仅仅考虑技术环境，也必须要考虑它的制度环境。针对组织如何获得合法性问题，制度环境要求企业必须服从合法性机制。其中合法性指的是一个组织的形式或行为能够符合惯例、法律及社会习俗，以获得其他企业、组织和个人的认可。合法性机制是指那些诱使或迫使组织采纳具有合法性的组织结构和行为的观念力量。如果说技术环境要求效率，那么制度环境则要求组织耗费资源去满足合法性，当两者产生矛盾时，新制度学派认为，正式结构是适应制度环境的产物，而非正式行为规范是组织运作的实际机制。基于此，社会网络正是实现组织效率机制的一种工具或手段。此外，根据制度理论，网络组织将会得到以下三个收益：

一是网络是组织获取外部隐性知识的通道。组织学习理论认为，企业是一个知识的集成者，其创新能力的提升与已有知识的存量及外部知识的获取存在明显的相关关系。对此，Kogut（1988）指出，缄默信息的有效转移与企业间的关系网络是不可分离的；二是合法性地位的获取。Lin（2005）认为，个体喜欢把他们与某种更高社会地位的人相联系的偏好称作是声望原则，那么此类个体通过与那些声誉较好的网络组织进行交往促进了组织经济效益的产生，其实，合法性本身也是网络层面的一个内容，因为许多制度的影响是通过社会关系网络来传播的（周雪光，2003）；三是企业间协调的经济效益贡献。Podolny 和 Page（1998）、Uzzi 和 Gillespie（2002）认为，与交易成本理论所不同的是，制度学派认为经济收益是通过与网络成员持续稳定的沟通交流而产生的，而非外部市场机制的作用效果。

此外，制度理论还主张组织以某种不稳定状态存在，因为组织所处的社会系统受到熵的规律支配（Zucker，1987）。因而，DiMaggio（1988）认为，面对外部社会系统动态性，组织一方面可以通过重构来保持组织整体性的竞争优势；另一方面，如果组织处于稳定的环境中，则说明其与所处的社会系统是紧密相连的。

（4）社会网络形成基础：社会理论

马得勇（2008）认为，社会学视角的社会资本概念可以把社会关系网络或特定的社会结构作为社会资本来界定，这种网络结构可以给网络结构中的个体提供信息等各种资源，其中主要代表人物有 Coleman、Burt、林等人。本部分将分别从嵌入社会结构视角、社会联系缺乏的视角、社会结构资源视角来阐释组织网络的形成问题。

首先，Coleman：社会结构资源视角。

Coleman（1990）从功能视角定义了社会资本：社会资本和其他资本一样，具有生产性，即拥有社会资本人们可能会实现既定目标。Coleman又提出，通过识别社会结构，有助于解释微观现象之差异，也有助于实现从宏观层次到个体层次行为的逻辑过度，即 Coleman 基于微观与宏观视角、个体行动与社会结构相结合的视角阐释了社会资本的理论含义。

Coleman 认为，社会资本是社会结构的一个方面，在结构内它便利了个体的某些行动，当这些社会关系在个体行动者的行动中发挥了重要功能时，它们便形成了社会资本的基础。为了使社会资本概念得以更清晰地阐释，Coleman 提出了社会资本的三个特性与五种表现形式。三个特性包括：①不可转让性，社会资本是一种社会关系，并非一种私有财产；②公共物品性，如信息网络、规范及信任等；③生产性。五种表现形式是指：①用兑换信用卡来比喻义务与期望间的关系，当行动者之间的交互关系足够稳定的时候便产生了社会资本；②网络会给他人提供信息，如果个体能从其关系网络中获取资源，那么这样的关系网络便形成了社会资本；③规范与有效惩罚，个体行动受到规范的约束，引导个体从事公共利益，由此实现对个人行动有影响的社会资本；④权威关系，当共性问题解决需要社会资本时，把权力授予某个代理人；⑤多功能组织与有意识创建的组织等，多功能组织的出现会成为组织成员的重要社会资本。Coleman 还强调了社会资本的集体性质，其将信任、规范、准许、权威和封闭等方面作为社会资本构成。

可以说，Coleman 第一个系统地将社会资本从以个人层次行动为中心的概念转向了资本主义精神产生的分析中来（吴军、夏建中，2012）。然而，Portes（1995）认为，从功能的视角下定义很容易将来源与收益混为一谈，这样不仅存在同义反复现象，而且社会资本理论过于简单与缺乏概念。据此，Portes（1998）提出了更为精确的概念：社会资本是嵌入的结果。

其次，Burt：社会联系缺乏视角。

与 Coleman 从功能主义考察集团之间关系内涵作为基本要素相比，Burt（1992）认为，社会资本作为一种隐喻，指的是个体能够从自身所处的特定社会关系网络中获得优势。基于结构洞理论，Burt 又将社会资本定义为，网络结构能给那些行动者提供信息和资源控制的程度，即经纪人能否从结构洞中获得信息优势与控制优势，其中，信息优势是源于占据结构洞的个体能得到更多的非冗余性信息，控制优势指的是占据结构洞的个体可以决定能够为提供回报的哪些人服务。总的来说，Burt 的一个基本思想是不重复的信息源更有效率。如果说 Coleman 强调紧密联系的网络是社会资本出现的前提，那么在 Burt 看来，正是结构洞推动了个体之间信息流与资源的摄取。同时，Burt 认为，企业家社会网络的构建应当遵循效率与效能的统一：其一，企业家尽量将非重复性的交往数量最大化；其二，企业家应该尽量将资源集中于初级的接触者身上。

Burt 反映了弗拉普（Flap）的思想，他认为网络位置代表了竞争优势，对那些处在结构洞位置的占据者及接近他们其他位置的占据者，都构成了有价值的资本。但是，Burt 的结构洞理论并非无懈可击，比如，节点的资源反过来对网络结构的影响却未涉及；再如，Burt 始终秉承网络个体是利用特殊的熟人关系来获得可发展机会的这一思想，但网络结构背后的动机却未被纳入结构洞理论框架，且相似背景的行动者能否产生信任关系也是问题（周小虎，2006）。同样，Xiao 和 Tusi（2007）认为，目前学界还不太清楚信息优势与控制优势能否在所有的条件下实现。例如文化对结构洞就有潜在的抑制作用。对此 Burt、Hogarth 和 Michaud（2000）明确提出，情景是结构洞理论的支柱。具体就中国的情景而言，社会关系网络都是特殊主义的，社会联系对象是"谁"往往决定了网络中行动者能否与其建立社会关系以及何种资源可以获取，此时对"谁"这个问题的讨论显然无法回避（耿新，2008）。在中国，与社会资本最为接近的概念应该是关系，它意味着信任、义务和互惠性在中国人社会互动中的重要性。建立良好关系、成为"自己人"网络中的成员，对企业经营成败至关重要（Redding & Wong，1986；Xiao & Tusi，2007）。但现有社会资本的文献研究仍然没有权变地考虑中国的特殊情景。

再次，Lin：嵌入社会结构中的资源视角。

Lin 是当今最杰出的华裔社会学家之一。他在《社会资本书》中独树一帜，从个体理性选择行为出发，在行动与结构的互动关系中，力图将网络位置与嵌入性资源两种不同的社会资本思想结合起来。他认为，"社会资本指的是嵌入社会结构中的可以在有目的的行动中获取或动员的资源"（Lin，1999）。紧接着，Lin 认为，嵌入社会结构中的资源能促进企业绩效提升，具体可从以下三个方面来阐释其对绩效的影响机理：一是社会网络关系促进了信息流，能够为企业提供有用信息；二是处在战略性位置的行动者，可以对组织代理人的决策施加影响；三是社会关系可以强化身份和认同感，这样的关系网络不仅为个体提供了情感支持，而且为个体提供了某些资源的权利诉求。

总之，Lin 关于社会资本的思想，不只是 Coleman 视野下的关系和集体，也不仅仅是 Burt 所提出的特定网络结构，他认为社会资本就是获取关系资源的动态过程。Lin 提出的观点可以归结为三个方面：资源（物质财产以及象征性资源）、社会结构（地位、权威、规则以及代理人）与个体行动。这些贡献不仅体现了社会资本理论特点，也体现了对社会资本的一种推进，这种推进的意义在于社会资本不再是一种单纯的客观对象，更重要的是一种实践（Lin，2005；耿新，2010）。

二　社会网络形成动因的评述

首先，对外部资源的依赖决定了企业必须与其他网络行动者构建关系。战略管理学派提出的价值链理论表明，企业总是处在供应商、竞争者和消费者、专业性的服务商、政府或者行业协会、大学或者科研机构等利益相关者网络中。社会网络学派认为网络结构和个人在结构中的位置能够给组织或者个体带来不同的利益和机会。因此，企业构建网络的动因源于减轻对外部创新资源的依赖。

其次，网络所带来的组织经济效益与市场地位的提升激发企业对社会关系投资的积极性。不过值得注意的是，企业在获取外部资源的同时，也需考虑一下网络的"副功能"。Burt（1992）提出，代价可以从不同的网络之间进行比较，实际上交易成本理论本身就是一个比较网络治理成本与自行生产成本的过程（周雪光，2003），也包括市场方面的制约（Lechner et al.，2003），或者社会因素的制约（Aerts et al.，2006）。其实，上述事实在交易成本理论、资源依赖理论、制度理论中已经得到阐述（见表2-2）。

表2-2   不同理论视角对社会关系网络形成动因的阐释比较

	交易成本	资源依赖	制度理论	社会理论
	效率机制	资源与学习机制	合法性机制	社会网络机制
分析单位	交易	资源	制度	网络结构、位置
因果关系	个体追求效率的动机和行为	资源对企业竞争优势的影响	合法性机制、制度约束	网络结构对行动者行为限制和促成
着眼点	利益关系	资源的产生及作用	制度环境与组织关系	网络结构与个体在结构中的位置
解释的问题	组织或个体间差异	组织持续竞争优势的来源	组织或个体的驱动性	组织或个体间差异

资料来源：彭新敏（2009）。

三   社会网络概念及其内涵

Borgatti 和 Halgin（2011）认为，网络是由一组行动者或者节点以及节点间通过一组特殊类型的社会关系（如友谊、交易关系、成员资格）进行联接而形成的集合。林润辉（2004）认为，节点之间的联结关系可以是产权、法律合同、契约、信任、情感、共同的价值观、地缘、血缘、业缘、神缘等多层次与多样性的关系内容来表征。

在已有关于社会网络的研究文献中，学界分别从不同行为主体出发对社会关系网络进行了相应的界定，主要包括了"社会资源观视角""社会资本观视角""网络结构视角"以及"市场网络视角",结合这些视角并从"关系网络建立的动机""网络基础""网络类型""表现形式"等方面进行了描述(见表2-3)。

表2-3　　　　　　　　　　　社会网络的定义

时间	作者	社会关系网络的定义
Ⅰ社会资源观视角		
1986	Johnson & Mattson	以专业分工为基础,某一特定群体内部行动者间为了更好地从对方获取资源与产品销售,而进行技术沟通并维持交互关系的稳定发展的一种相互交流、依赖与协调的关系
1986	Thorelli	某一群体内部成员之间为了获取资源与知识的互补与共享,让各行动者及其所在的群体整体利益协调一致发展而形成的介于市场与科层组织之间的交易关系
1999	Gulati	社会关系网络本身是不可模仿的资源、创造资源的一种方法、信息与资源获得的渠道
2000	Dussauge, Gamete & Mitehell	两个或两个以上独立的企业联合必要的技能和资源而不是单独行动或者兼并这些业务,来承担项目或者在特定的市场领域中开展业务的关系
2000	Lin	社会关系网络中如权利、财富、声望等社会资源,需要通过个体从直接或间接关系来获取
2005	王钦	社会关系网络是组织获取外部资源的一条重要通道
2007	王庆喜、宝贡敏	获取外部资源的重要通道
2011	李锦玲	从资源配置的角度考虑,关系网大致可以分为市场型关系与非市场型关系两种,其中,前者是指建立在市场交易原则上的陌生人关系,强调公平和效率,而后者主要是指依靠家族等私人关系进行人际互动模式,资源交换与获取除了考虑到彼此之间的利益外,还需兼顾到相应的义务和责任
Ⅱ社会资本观视角		
1985	Piere. Bourdieu	实际或潜在的资源集合体与某种持久的网络占有是密不可分的,这一网络是制度化关系网络
1988	James. Coleman	社会资本主要存在于社会关系网络中,其为网络结构内的获得成员资格与网络联系行动者提供便利与回报
2010	盛意	社会资本是内容,其是动态的运作能力,关系网络是形式,其是一种静止的存在状态

续表

时间	作者	社会关系网络的定义
Ⅲ网络结构视角		
1969	Michell	特定人群间的关系的集合，这个集合具有一个综合的特征可以用于解释集合中人的行为
1973	Mark. Granoveter	人与人、组织与组织之间基于交流、接触形成纽带关系
1987	Powell	建立在共同经济利益之基础，以信任为保证，无须正式组织机构约束的，介于市场与层级组织之间的相互依赖交易关系
1997	Uzzi	为了有效实现组织间的优质信息转移与共同解决问题等目的，基于彼此信任而建立的相互紧密联结的嵌入性互动关系
2001	殷德生	各自利益的个体之间不断互动中发展出来的理性选择
2002	程恩富等	那些行动者之间的亲戚、朋友、交流渠道、商业交换或贸易往来的关系
2010	李正彪	各利益相关者的形成是建立在一定的经济利益基础之上的，以信誉、声誉为核心之基础上，以正式与非正式制度为表现形式的关系总和
2012	周春芬	建立在信任、互惠、合作基础上的人际关系
Ⅳ市场网络视角		
1981	Harrison White	市场即网络，生产经营者相互进行信息传递并建立信任
2011	黄亮	与供应商和下游客户的密切联系是获取技术信息、市场信息等组织发展所需的管理、技术方面的知识的重要渠道

资料来源：根据相关文献整理。

　　每一个新的定义都是学界对社会网络认识的一个不断深化的过程。概括起来，一是从视角来看，结构主义强调如何影响个体行为，市场视角强调网络即是市场，社会资源视角侧重网络中存在社会资源，社会资本视角强调资本是内容，网络是形式；二是从层面上来看，社会网络研究可分为宏观层面与微观层面（Crozier，1972），宏观层面主要应用于社群研究（Luo，2005；Anonymous，2006），个体微观层面如职业生涯卷入（Granovetter，1974）、社会化（Edstrom & Galbraith，1977）；三是从内容与形式上看，表示社会关系网络的主体包括股东、员工、消费者、管理人员、政府、分销商以及特殊的利益集团等，表现为组织内外的关系网络（李正彪，2010）；四是从关系角度来看，内涵强调了关系网络的动态性（Foss，1997；Podolny & Page 1998；Gulati，1998；Tsang，1999；Dussauge et al.，2000）。综上所述，社会网络被认为是资源的载体或者是资源获取的通道。

第三节　企业社会资本、企业家与社会网络

一　企业社会资本的思想、功效及挑战

（1）企业社会资本思想的概括

事实上，学界已经十分清楚社会资本理论提出伊始就与企业问题有着千丝万缕的联系。如前文所述，Coleman 早在《社会理论基础》中就已经分析了企业的规范与权威系统的作用与形成，其中提及了组织社会资本的概念。Granovetter（1973）也分析与工作相关的弱关系在企业经营活动中的作用。然而，两位权威人物以及劳曼（Laumann）、加贝（Grabbay）等把企业视作同质性的、无差异性的，这一点却与实际的事实不太相符。不过，20 世纪 90 年代后半期管理学领域研究在社会资本理论引入后实现了空前的跨越式发展。如 Leenders 和 Gabbay（1999）的《公司社会资本与社会负债》与 Leenders 和 Gabbay 等（2001）的《组织社会资本》，汇集了企业战略、人力资源、市场营销等领域的学者们基于各自学科与研究视角对企业社会资本的研究成果。

已有研究主要从"资源 + 能力"角度来定义社会资本，即所谓企业社会资本是指建立在信任与规范基础上企业内外部关系网络中可利用的实际和潜在的资源[①]（Nahapiet & Ghoshal，1997）。有关企业社会资本内容构成见表 2 - 4。

表 2 - 4　　　　　　　　　　企业社会资本构成

企业社会资本	内容
企业外部社会资本	企业与科研院所、高校及技术中介组织之间的联系
	企业与政府部门、银行、行业协会之间的联系
	企业与客户、供应商及其他企业之间的联系
企业内部社会资本	生产部门与研发（技术）部门之间的联系
	研发（技术）部门与营销部门之间的联系
	生产部门与营销部门之间的联系

资料来源：韦影（2010）。

———————

① 迄今为止，关于企业社会资本概念缺乏公认的界定。

　　有研究将企业社会资本与企业家社会资本、企业员工社会资本混同起来。例如，边燕杰、丘海雄（2000）在研究企业社会资本的功效时，将企业家社会资本等同于企业的社会资本。同样，韦影（2010）认为，组织层面与个体层面的社会资本并不是能够严格区分的，两者之间或许存在一定的交互关系。此外，现有关于企业社会资本的著述大致分为两类：一是个人与企业层面对企业网络的影响研究，对于个人层面研究包括 Burt、波多尼（Podolny）和巴恩（Barn）、希金斯（Higgins）和努赫拉（Nohria）。Nahapiet 和 Ghoshal（1998）、Tsia 和 Ghoshal（1998）基于组织层面，探讨了企业社会资本对企业智力资本创造与维护的关系。二是 Adler 和 Kwon（2000）、Hansen（2001）给出了社会资本的权变观点，他们认为企业社会资本积累可以促进行动者通过关系网络以实现行动目的，当社会关系网络限制了目标实现时，社会资本就变成一种负债。

　　（2）企业社会资本的维度结构

　　学界分别从社会资本不同作用的表现形式、外部性的特殊类型以及导致这种外部性产生的相应机制角度，对社会资本进行了划分。具体可划分为三类：一是基于个人层面出发对社会资本的分解研究；二是基于组织层面与外部行动者之间的关系划分研究；三是基于社会资本本身的特征来进行考量。企业社会资本的分析总体分为宏观、中观与微观这三个层次（见表 2 - 5），其中微观是"嵌入性自我观点"，中观注重社会网络的结构化，宏观则注重"嵌入性结构的观点"（Brown，1997；1999；Turner，1999）。

表 2 - 5　　　　　　企业社会资本维度的一些代表性分类

文　献	维度划分
Ⅰ 基于 Granovetter（1985，1995）；Gulati（1995）观点	联结强度、关系信任、共享价值观和系统，以及关系网络的结构嵌入与关系嵌入
1. Rowley，Behrens & Krachhardt（2000）	
2. Dhanaraj，Lyles & Steensma et al.（2004）	
3. Moran（2005）	
4. Tsai（2006）	

续表

文献	维度划分
Ⅱ基于 Nahapiet & Ghoshal（1998）观点	
1. Tsai & Ghoshal（1998）	结构维度（网络联系、网络密度、网络的联结性、网络位置的中心性），关系维度（人际信任、共同规范、义务与期望、身份标识），认知维度（共享的语言与符号、共享的愿景、默会知识）
2. Kale，Singh & Perlmutter（2000）	
3. Yli-Renko，Autio & Sapienza（2001）	
4. 格鲁特尔特、贝斯特纳尔（2004 年中文版）	
5. Li（2005）	
6. Chiu，Hsu & Wang（2006）	
7. Krause，Handheld & Beverly（2006）	
8. Collins & Hitt（2006）	
9. Weber & Christiana（2007）	
Ⅲ基于不同文化背景与研究目的	
1. Yli-Renko，Autio & Tontti（2002）	内部社会资本（管理人员接触）、外部社会资本（客户与供应商参与）
2. Balaji，Koka & Prescott（2002）	信息量、信息多样化、信息丰富性
3. 边燕杰、丘海雄（2000）	纵向联系、横向联系、社会联系
4. 张其仔（2000）	工人之间的社会资本，工人与管理者之间的社会资本，管理者之间的社会资本
5. 孙俊华、陈传明（2009）	纵向联系、横向联系、身份、声誉

资料来源：根据相关文献整理。

根据表 2-5 文献观点的罗列，我们可以发现 Nahapiet 和 Ghoshal（1997、1998）提出可以从社会资本自身特征的结构、关系与认知等三个维度来刻画企业社会资本。随后组织管理研究领域中的学者们普遍借用那哈皮特（Nahapiet）和戈沙尔（Ghoshal）关于社会资本三维度分类观点，并且根据研究者各自的研究目的对每个维度构成进行了相应的调整。其中，企业社会资本的结构维度（structural dimension）主要是通过行动者之间的整体联系模式来影响行动者获取知识交换以及参与理解活动的方式来影响智力资本的积累，关注的是社会关系网络的非人格化一面；关系维度（relational dimension）主要是通过创造关系或利用关系手段来获取资源，关注的是社会关系网络的人格化一面；结构维度直接影响着信息的可获得性，并通过影响智力资本来间接影响认知维度（cognitive dimension）。那哈皮特和戈沙尔强调认知维度是非常重要的，因为影响智力资本是组织获得竞争优势的重要来源。

（3）企业社会资本的功效与研究挑战

首先，企业社会资本的功效方面。

Lin（2001）提出，行动成功与社会资本正相关。已有针对企业社会资本功效的研究认为，企业社会资本对于企业资源获取利益、竞争优势利益以及团结合作利益等方面具有积极效应，并提出社会资本是企业运营成功的关键，此类研究主要包括以下三类：

一是将企业间关系或企业在外部关系网络中的位置视作社会资本，它强化了供应商关系（Gerlach，1992；Uzzi，1997）、区域生产网络（Romo & Schwartz，1995）以及组织间学习（Kraatz，1998），企业社会资本节约了交易成本，有助于企业资源利益的获取。在中国，Park 和 Luo（2001）通过对上海、江苏等地的 128 家企业的调查，证实了关系能带来更高的企业绩效，并指出关系对于个体或组织而言都是一种重要的资源，它体现了网络关系治理的有效性，同时，作为一种价值获取的工具，在资源与信息流动方面架起了企业与外部重要利益相关者之间的桥梁。总之，企业社会资本对企业经营能力和创新绩效具有直接的提升作用（Luo et al.，2004；边燕杰、丘海雄，2000；石军伟，2007；韦影，2010；戴勇，2011）。

二是将企业内职能部门间、团队间以及个体成员间的联系视作内部社会资本。企业内部社会资本促进了部门间资源流的交换以及产品的创新（Tsai & Ghoshal，1998；Hansen，2002）、智力资本的创造（Nahapiet & Ghoshal，1998）以及跨功能团队效率（Rosenthal，1996）。国内学者戴勇、朱桂龙、肖丁丁（2011）以 347 家广东省省级技术中心企业中的技术中心负责人及相关人员和其他部门主管为调研对象，从结构维度、关系维度以及认知维度来具体测量企业内部社会资本，研究分析表明，企业内部社会资本与技术创新绩效正相关。

三是企业内外社会资本的综合视角。这些文献主要从纵向、横向以及网络关系等三个维度出发来研究企业社会资本与绩效之间的关系。企业社会资本作为企业内外部社会关系网络中的一种资源，促使企业获得"合作租金"和"位置租金"，也为企业赢得了竞争优势（郑胜利、陈国智，2002；黄金华、徐俊，2003；王晓玉，2005）。在实证研究中，钱锡红、徐万里、李孔岳（2009）以珠三角 287 位私营企业家为调研对象，从企业家外部横向关系网、企业家外部纵向关系网络及企业家内部纵向关系网络，实证研究了企业家三维关系网络与企业成长之间的关系。陈传明、周小虎（2001）也从企业家的视角指出，企业家社会资本在动员和利用企业内外的资源、成员之间的交易成本减少等方面促进了企业绩效改善与企业能力的提高。

其次，企业社会资本研究的挑战。

Leenders 和 Gabbay（1999）明确提出，企业社会资本存在权变性挑战、时间与因果性挑战以及测量方面的挑战。

一是权变性的挑战。Podolny 和 Page（1998）认为，社会关系网络的本质是成员之间重复、持续的交换关系。Burt（1997）也指出，社会网络所带来的利益并非确定性的，要受到网络结构与外部环境的影响。由此，Leenders 和 Gabbay（1999）提出社会资本负债这一概念，即相同的社会结构可以为有些行动者提供资本，而对于另外一些行动者来说社会网络不利于企业目标的实现。从目标的权变因素来看，企业既存在组织目标与个体目标，也存在组织间、组织内目标，正是由于这些目标的差异性使得企业网络结构可能是一把"双刃剑"。从组织主体来看，由于存在着组织间与个体之间的能力差异，因此对不同的行动者产生了相应的社会资本与负债。Leenders 和 Gabbay 还从地点的权变性、时间的权变性论述了社会资本效用的不同。

二是时间与因果性的挑战。Leenders 和 Gabbay（1999）认为网络结构与社会资本存在着交互作用。基于网络结构产出的社会资本来看，行动者会改变结构来适应其相应的需要。基于社会资源的社会资本来看，无论是组织还是个体，其社会资本可能会给他们带来新的关系从而提升网络中心性。与此同时，从时间角度来看，由于组织的制度化现象，某些个体关系给组织带来新的社会资本，另外一些个体利用这个关系来构建其相应的社会资本。然而，网络关系的动态时序研究还未引起学界足够重视。

三是测量的挑战。梳理现有关于社会资本的测量文献，大部分学者利用了各种结构性指标，如用网络关系的数量、行动者在网络位置方面的中心性等指标来展开实证。但 Leenders 和 Gabbay（1999）提出，此类做法的最大问题就是把社会资本与社会结构等同起来，需明确的是，社会资本本身就是嵌入于社会结构中的一种资源。进一步地，如果从动态的视角来考量社会结构收益与行动者的目标，那么社会资本测量的困难性可想而知。据此，国内学者边燕杰（2004）强调了社会资本即社会网络资源的观点，其中也包括网络关系和网络结构，其探索性地用社会网络规模、网顶、网差以及网络构成等四个指标来测度个体层次的社会资本，学界比较认同这一做法。

二　关于企业家的概述

企业家（entrepreneur）一词可以追溯到 16 世纪的法国文献，原意是冒险家的意思。18 世纪中叶由坎蒂利翁（Cantillon）将此引入经济学。通过企业家内涵研究的简要梳理可以发现，经济思想史对企业家的论述花费了相当多的笔墨，其主要是从企业家定义、活动以及功能等方面展开分析的。

首先，在古典经济学看来，企业家就是一个风险的承担者，例如奈特（1921）赋予了企业家不确定性决策者角色，企业家主要任务是做什么以及如何做的问题。斯密（1776）认为，企业家承担市场风险行为关键是来自于获利的动机。然而在奈特看来，企业家正是不确定风险的承担者，那么获利并非因承担风险的回报，应该是一种因承担不确定因素的回报。可见奈特的研究其实是填补了斯密关于企业家功能论述的空缺。

其次，新古典经济学家主要从组织角度来剖析企业家。萨伊（1805）认为，企业家是整个生产经营活动的协调指挥者。之后，马歇尔认为，企业家应具备双重角色：一是企业家是一个领导协调者、一个创新者以及风险不确定性承担者，不仅协调各种资源，还不断创新各种技术和尝试各种新思想；二是企业家是一个雇主的角色，必须具备优秀的组织能力。熊彼特（1934）则将企业家界定为对生产要素实施的新组合，具有创造性的破坏功能。为了将熊彼特式企业家精神更好地融入经济学，Baumol（1993）将非生产性企业家精神纳入企业家的创新行为之中。此外，Kirzner（1973）在赞同熊彼特观点之基础上，强调了企业家在获取资源与信息方面的重要性，同时也强调企业家对市场获利机会或未来不确定性的警觉。由此可见，恰恰是企业家的警觉提升了熊彼特式的创造性（Kirzner，2009）。

有关企业家内涵的界定（见表 2-6）。Casson（1982）将企业家界定为就稀缺性资源的配置做出判断性决策的人。与国外相呼应的研究有，张焕勇（2007）提出企业家在企业成长过程中不仅扮演了一种单一的角色，且分别是风险承担者、创新者、资源配置者、整合者及机会的发现者。刘进等（2011）认为，企业家在企业的各个发展阶段承担了多种角色，是对企业全局、战略性决策负责的一类人。刘志成、吴能全（2012）基于国外理论分析的基础上提出，对于企业家内涵应该从社会功能与行为过程这两个方面来界定：一是企业家创造了与众不同的新事物；二是为了实现这样的功能，企业家必须具备发现与创造的能力，即发现与创造是企业家最为根本的行为活动方式。

表2-6　　　　　　　　　　企业家概念概况

文献	主要观点
Richard Canutillo （1755）	企业家是经营者，每一个从事经济行为的人都是企业家。企业家职能是冒着风险从事市场交换
Jean Baptiste Say （1815）	企业家具有判断力、忍耐力等特殊要素及掌握监督和管理才能的生产要素的组合人，他是继土地、劳动、资本之后的第四生产要素
Alfred Marshall （1890）	企业家是以自己的创造力、洞察力和领导力，发现和消除市场的不均衡，创造交易和效用的人
Joseph A. Schumpeter （1912）	企业家是"经济发展的发动机"，能够"实现生产要素重新组合"的创新者
Frank H. Knight （1921）	企业家是要保证向企业工作人员提供一定的稳定收入，并最终承担这一决策的责任人
R. H. Coase （1931）	企业家是替代价格机制指挥资源的人
Edith Penrose （1959）	企业家是以自己的洞察力去认清环境条件和企业潜力，找出未被利用的生产机会的那些人
H. Leibenstein （1968）	企业家就是统筹、调节市场交易中已经发挥作用的领域和尚未发挥作用的领域之间关系的人
R. H. Brockhaus （1980）	企业家是指企业主要的所有者和管理者
M. Casson （1982）	企业家是擅长于对稀缺资源的协调利用做出明智决断的人，是一个"市场创造者"
Peter F. Drucker （1985）	企业家是那些可以大幅度提高资源产出，创造出新颖且与众不同的东西而改变价值，开创了新市场和新顾客群及视变化为常态，总是寻找变化，对它做出反应，并将它视为机遇而加以利用的人
C. Bruyat & P. A. Julien （2001）	企业家须为企业创造新价值、进行创新或创办新组织
张维迎 （1995）	一个人只有具备一定的财富和相当的经营管理水平，才有资格成为企业家，两者缺一不可
石秀印 （1998）	企业家是社会环境与企业产生交互关系的接触点，其有能力获取企业发展所需资源
张焕勇 （2007）	企业家分别承担了风险承担者、创新者、资源配置者、整合者及机会的发现者等多种角色
汪纯宏 （2007）	企业家就是企业内部掌握着资源配置最高权力的人
刘进 （2011）	企业家在企业的各个发展阶段承担了多种角色的高层领导者，具有企业家精神，对企业全局负责战略性决策
刘志成、吴能全 （2012）	发现与创造是企业家最为根本的行为活动形式

资料来源：在朱晓霞（2008）基础上补充整理。

基于上述梳理，包括经济学家在内的学者虽然从不同角度对企业家做出了阐述，但似乎割裂了企业家与企业技术创新过程之间的关系。本书认为，企业家不仅能对市场做出战略反应，更为重要的是，企业家的先导角色以及能够通过组织的创新能力实现潜在机会的价值。据此，本书认同石秀印（1998）以及刘志成、吴能全（2012）对企业家内涵的界定观点。事实上，20 世纪 70 年代以来，越来越多的企业采用企业间协调的方式来组织交易和生产，即采用网络方式，国外学者对此类现象进行了关注（Powell，1996；Uzzi，1996）。作为企业灵魂的企业家的研究焦点也从人口统计特征和心理特质的研究转向对行为和社会网络的关注（Birley，1985；Johannisson，1996；Granovetter，1985）。

三 企业社会资本维度结构的批判性解读：企业家个体视角

针对那哈皮特和戈沙尔的网络结构模型，Tsai 和 Ghoshal（1998）通过组织内网络的一些经验数据初步验证了三个维度之间存在一定的相关性，即结构维度和认知维度的社会资本分别对于关系维度的社会资本有较强的影响作用，但是结构维度对认知维度只存在弱影响（见图 2 - 3）。

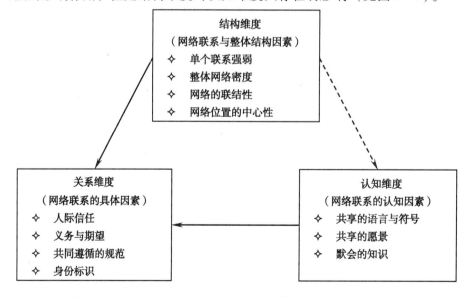

图 2 - 3 Tsai 和 Ghoshal 关于社会资本维度之间的相关性观点

资料来源：引自郭毅、朱熹（2003）。

根据社会资本理论思想可以发现，那哈皮特和戈沙尔的社会资本三维度刻画分别秉承了 Burt 的结构主义、Coleman 的功能主义以及 Putnam 的制度主义等学派思想，即那哈皮特和戈沙尔融合了学界从不同层次上阐释的社会资本理论内涵。因此可以认为，其概念模型具有很强的概括性与很高的综合性（见表 2 - 7）。

表 2 - 7　　　　　社会资本结构维度所秉承的社会资本思想

维度	秉承观点	研究层面
认知维度	Putnam（1995）、Fukuyam（1995，1997）基于宏观水平角度——集体与非排他性社会资本对协调行动与集体行为的影响以及行为发生的动机性因素	宏观
结构维度	Burt（1992）基于结构主义对社会资本的阐释，从中观角度分析网络结构对组织行为的影响，由此社会资本分析具有了承载主体上的意义	中观
关系维度	Coleman（1988，1990）基于功能主义对社会资本的阐释，从微观层面探讨组织之间成对关系的属性对组织行为的影响，揭示社会资本功效发生的深层因素和内在机理	微观

资料来源：根据相关资料整理。

长期以来，尽管 Nahapiet 和 Ghoshal 的社会资本三维度刻画已经获得学界的广泛认可，也确实给学界提供了诸多有价值的启发，但有文献针对 Nahapiet 和 Ghoshal 模型鲜明地指出了三点不足：

（1）社会资本承载主体的嵌入性层面显得凌乱

那哈皮特和戈沙尔虽然沿袭了传统社会资本思想，也基于宏观、中观和微观三个层面高度综合性地概括了社会资本维度，然而基于蔡（Tsai）和戈沙尔（Ghoshal）社会资本维度之间的相关性分析来看，行动者主体在这三个网络维度上是层层套嵌的，其中结构维度对认知维度的反向作用很弱，这恰好说明结构维度嵌入了认知维度（耿新，2010）。Brown（2000）对结构性角度将社会资本分为微观、中观与宏观时提出，由于分析层次上的混乱引致了社会资本书中概念和理论缺乏明确性。当然，Rostila（2010）提出集体行动或集体行为的结果应该是集体资源，但是，集体社会资源的特征应该有别于个体层面的特征。Rostila 的观点确实缓解了个体与集体社会资本概念之间的争议，但是针对行为主体的不同嵌入层面中究竟哪个层面对行为的影响最大，学界鲜有论及。

（2）维度构建没有针对个体之间成对互动连带关系层面

那哈皮特和戈沙尔主要基于群体中的人际关系网络中引出信任、合作与集体行为，提出了组织社会资本与智力资本的概念性框架，强调了社会资本与智力资本之间的交互，进而有助于智力资本的创造。然而，针对企业家个体层面与其他个体行动者之间二元互动连带关系带来的疑问是：①从学理的逻辑上来看，组织社会资本的运作平台肯定是组织的社会网络，但依据实际的事实来看，企业社会资本的运作主体只能是企业家个体（张文江、陈传明，2009）；②从测量方面来看，集中于使用信任、公共参与、社会联结以及社会规范等指标来测度组织层面社会资本，但需指出的是，这些测量指标对企业家等个体层面的社会资本研究使用和以社会关系网络为主的测量条款有相当大的差别（罗家德、赵延东，2004）。对此，Coleman（1990）、Turner（1998）早已指出，此类差别正是反映了社会理论中微观与宏观层面之间存在着鸿沟。其实，对于企业家个体的社会网络分析而言，其根本性问题就是如何"挖掘"出嵌入在网络中的社会资源（尉建文、赵延东，2011）；在 Brown（1999）看来，微观个体层次的社会资本分析是嵌入自我的观点（the embedded ego perspective）。因此，耿新（2010）指出，对于企业家个体而言，每个单一指标都必须在"自我"（ego）与"他人"（alter）交互基础上产生，此类测量指标不仅包括给定的"自我"，同时也需要衡量"他人"对"自我"的看法。但人们的社会联系本质是开放的，也就是梁漱溟说的"关系无界"。据此，对于前者而言一些个体成员的关系网络边界是不容易确定的，且在关系的强弱方面也往往会顾此失彼，所有这些造成了研究结果的偏差（Campbell & Lee，1991）。对于后者而言，测量难度陡然增加（庄贵军，2011），上述这些正是那哈皮特和戈沙尔结构维度模型中处理个体之间二元互动连带关系问题时所忽视的。

（3）行为主体网络联系具体对象的疏忽

那哈皮特和戈沙尔结构维度模型忽视了行为主体网络联系的具体对象，由此导致了网络成员主体的网络资本虚无化问题随之凸显。即那哈皮特和戈沙尔无法回答其社会资本的功效是什么，即社会资本究竟为企业家这个个体行动者带来了哪些具体的、有意义的资源。显然，企业社会资本维度结构观点没有涉及这一问题（耿新，2010）。

四　企业家社会网络：利益相关者网络视角

（1）利益相关者网络[①]引入社会资本的研究

"利益相关者"一词最早出现在1708年出版的《牛津词典》上。梳理相关研究文献，R. 爱德华·弗里曼（Freeman，1984）在其名著 *Strategic Management: A Stakeholder Approach* 中，对利益相关者思想做了较为系统的阐述，标志着利益相关者理论的初步形成。众多研究表明，利益相关者理论思想充分融合了人本主义的管理思想（盛亚，2009）。同时，国内学者王辉（2005）将利益相关者理论研究分为利益相关者企业依存观点、战略管理观点以及动态演化观点等三个阶段（见表2-8）。

表2-8　　　　　　　利益相关者研究三个观点阶段的主要特征

阶段	年份	观点	涉及主要问题	代表人物
企业依存观点	1963—1984	利益相关者是企业生存发展的必要条件，其间是互相依存的关系	利益相关者是谁？为何考虑利益相关者权利	SRI、Rhenman、Ansoff、Pfeffer 和 Salancik 等
战略管理观点	1984—1995	强调利益相关者在企业战略分析、规划和实施中的作用	如何考虑利益相关者权利及如何实现这一目的	Freeman、Bowie、Goodpaster、Alkhafaji 等
动态演化观点	1995—	公司和利益相关者的权利关系是不断变化的。应该动态地分析利益相关者	为何考虑利益相关者权利？如何实现及对企业绩效的影响如何	Mitchel、Donaldson & Preston; Jones, Wicks, Clarkson

资料来源：王辉（2005）。

事实上，学界已经开始关注不同利益相关者对组织绩效的影响机制，也因此形成了因长期商业交易而形成的商业网络，以及因社会交往而形成的社会关系网络的认识（Lorenzen，2005）。然而，基于利益相关者视角的研究揭示了那些组织的非经济活动能够影响组织绩效，但并没有对其中的影响机制给出一个令人折服的解释。由此，一个新的研究视角——社会资本逐渐引起了学界的关注（郝秀清等，2011）。那些企业既能获取政府等规制机构、商业合作伙伴所掌控的网络资源，又能得到企业内部利益相

---

① 本书有关利益相关者网络的界定参照 Rowley（1997）、盛亚（2012）观点，即利益相关者网络指的是以资源获取为目的，以利益相关者主体属性为基础，主体间关系嵌入及其行为所形成的具有一定的结构特征的网络形态。

关者网络资源分配的倾斜，尤其是那些个体成员之间的关系网络资源，所有这些变成了企业发生经营行为可依赖的社会资本（石军伟等，2009）。企业内外部社会资本对创新绩效的提升起着关键性作用（Yli-Renko, Autio & Sapienza, 2001）。总之，那些基于利益相关者网络视角对社会资本的划分研究已经从企业的内部社会资本和外部社会资本展开。

进一步地，Rowley（1997）在 *AMR* 上发表的 "Moving Beyond Dyadic Ties: A Network Theory of Stakeholder Influences" 一文中开创性地拓展了网络视角下利益相关者管理研究，即把多个相互依赖的企业与利益相关者的互动关系纳入了研究视野（林曦，2011）。实际上，企业家与利益相关者成员之间关系的本质是网络化的，将企业家与利益相关者之间的关系嵌入到网络中研究也成为一个必然的选择（李淑芬，2011）。（见图 2-4，其中箭头表示资源的流动）

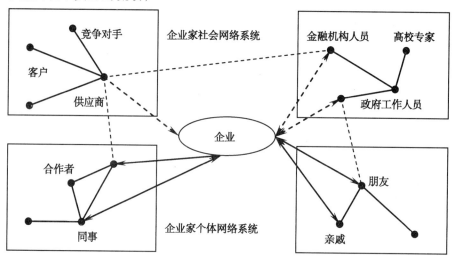

图 2-4 企业家个体社会关系网络的系统构成

资料来源：郭毅等（2002）；魏江等（2005）；李淑芬（2011）。

社会网络通常可以为不同部分的多重利益而构建——在网络不同部分有着不同的利益链节点，网络中的节点直接或间接地提供了接近社会网络中的其他节点机会（Lin, 2005）。盛亚（2010）认为，在组织创新管理研究的领域中，利益相关者是网络中节点，通过与网络中的其他利益相关者的互动构建起网络关系，此网络关系背后存在着权力与利益的关系。因此有关个体行动者的讨论总是围绕着网络关系背后的核心要素——社会资源而展开的（Lin, 2005）。简要而言，相关文献强调了两点：一是企业与利益相关者关系存在于网络形态之中；二是利益相关者网络价值取向观点比较符合 Coleman 功能主义观点——其直指了网络行动者背后的资源，以及 Lin 关于对网络中社会资源——权力、财富与声望的强调（李路路，1997；边燕杰、丘海雄，2000）。

（2）利益相关者网络

学界已经普遍认可了企业的本质是一个由利益相关者以签订合约方式而组建的契约集合体，即企业与利益相关者之间源于互补性的资源而存在多重的交换关系（缪荣、茅宁，2005）。以企业技术创新情景为例，盛亚（2009）认为，那些对企业技术创新投入专用性资产并因此承担风险，从而影响组织创新绩效的个人和团体即为技术利益相关者，每个利益相关者对企业创新都有相应的权利要求，这些利益相关者的利益要求源自于他们的专用性投资而承担创新风险。同理，企业通过经济行为来提高价值创造系统的效率，向利益相关者提供投票权、经济权力和政治权力多方面的价值回馈，由此在这种多方位价值交换活动中企业与利益相关者增进了关系的价值。就企业家个体层面上的社会网络而言，Maak（2007）认为，企业高层领导可以导致多方利益相关者网络的创造，此网络会增加社会资本，有利于企业发展可持续的商业关系。企业家作为企业的天然起点，其社会网络构成了企业家从利益相关者网络中获取资源和支持的关键"通道"（Peng & Luo，2000）。

但是，国内学者樊懿德（2005）认为，就企业家个体社会关系网络而言，利益相关者网络思想同样也存在着争议，其虽然可以阐释利益相关者对组织经济行为的影响机制，但关注的仅仅是"资源"的"价值"特性，而非"网络"本身特性。即利益相关者网络思想尽管看到了行动者的外部网络，却没有去研究网络本身。另外，从社会学角度来看，利益相关者网络思想忽视了更为广泛的社会网络资源作用，但这样"关系"研究范畴往往存在着某些解释力不够的问题（王忠军，2008）。社会资源理论表明，正是在分层网络结构中个体网络的异质性、行动者的社会地位以及个体之间的关系力量，决定了行动者个体所拥有的社会资源数量与质量（Lin，1981，2001）。同理，如果仅从企业家与利益相关者关系的角度划分社会关系网络，似乎仍然囿于中国情景下的"关系"研究范畴，没有真正完成社会网络概念本土化的"落地"（耿新，2010）。

综上所述，国外文献对企业家关系网络研究大多从社会网络的视角展开。本书针对企业家社会网络研究遵循西方创业研究领域的做法，将从企业家社会网络结构特征视角展开研究。

第四节　企业家社会网络研究进展

一　企业家社会网络的结构性研究

人类学家 Radcliffe-Brown（1940）首次使用了"社会网络"这个概念，由此社会网络为研究社会结构提供了一个结构主义的微观基础。其实，从社会网络理论来看，通过具体的社会关系结构来认识个体的社会行为是学界研究的主要任务（周雪光，2003）。

企业家作为企业与社会环境的关键"接点"，必须有能力为企业获取规制机构层面的战略资源，组织运营资源、生产经营资源以及精神文化资源，而这些资源被各类网络组织和各类网络成员所拥有（石秀印，1998），恰恰是资源背后的网络结构环境为个人行动提供了机会（Borgatti & Cross，2003；席酉民，2008）。

李孔岳等（2011）提出，在社会网络分析中，网络行动者被观察到的某种属性通常被解释为其作为社会网络中地位的功能。其原因是，企业家社会关系网络的嵌入性特征是企业家涉取互补性资源的前提条件（Jack & Anderson，2002）。因此，对企业家获取外部资源能力的研究需着眼于企业家社会网络结构，对企业家社会关系网络及其构成的结构性研究，也是揭开企业家社会资本及其效用的关键影响因素与实现方式的关键（唐文军，2009）。本部分主要从社会网络特征以及行动者行为主体视角进行综述。

（1）企业家社会网络特征分类研究

Granovetter（1973）首次从互动频率、亲密程度、感情力量、互惠交换等四个方面进行度量网络成员的关系强弱。Tichy（1979）从交易内容、联系的性质与结构特征方面进行了系统的归纳，后续学者的研究基本是按照这一系列的基本特征展开的（见表 2-9）。例如，Collins 和 Clark（2003）在《高层管理团队社交网络与企业绩效关系》一文中，用网络规模、网络范围以及关系强度等 3 个结构性指标来测量企业高管团队的社会关系网络特征。Montgomery（1992）、Lin（1999）、边燕杰等（2001）学者针对网络中弱关系所占比重与网络密度、网络规模的社会关系网络与所提供的社会资本关系等假设，从个人的社会网络规模与其网络中所嵌入的资源数量等两个方面进行了实证研究。张其仔（2004）从关系网络类型、密度、规模等三个维度度量了社会资本。李孔岳（2007）从网络规模（关系网络总人数）、网络质量（与本企业交往密切，且地位较高、具有良好声誉等总人数）与网络信任（与企业交往密切、知恩图报等关系网络总人数）等三个观察题项测度了企业家关系网络。

表2-9 企业家社会网络的基本特征

特征	解释
Ⅰ 交换内容	情感交换、影响力、信息交换、商品与服务交换
Ⅱ 联系的性质	
1. 密度	个体之间联系的强度
2. 交互性	一种关系被关系所涉及的成员所普遍接受和认可的程度
3. 预期的明确性	关系双方个体都对对方在关系中的行为具有明确的预期
4. 多重性	交互关系个体之间存在多层联系的程度
Ⅲ 结构特征	
1. 规模	参与网络的个体数目
2. 密度	网络中实际联系数目占总可能联系数目的比重
3. 集群	网络中密集区域的数目
4. 开放性	一个社会单位实际的对外联系数目与其可能的对外联系数目之比
5. 稳定性	网络形式持续的时间的程度
6. 可达到性	网络中个体两两之间存在的平均联系数量
7. 中心性	关系受正式组织结构引导的程度
8. 明星	被提名最多的个体
9. 联络人	一个不属于任何集群但联系两个或者多个集群的个体
10. 桥	网络中具有多个集群成员身份的个体
11. 守门人	一个把该社会关系网络与外部领域相联系的明星
12. 孤独者	一个还没加入社会关系网络的个体

资料来源：Tichy（1979）。

Ticby、Tushman 和 Fombrun（1979）指出，网络交换内容是指网络中行动者之间交换的资源、信息与感受；联系的性质指的是两个社会目标之间联系的数量与质量；结构特性指的是网络中行动者之间的整体关系性质，可以分为外部网络、内部网络以及作为网络节点的个人行动者。那些诸如网络规模、开放性、密度以及稳定性等特征是代表组织或者个体所处网络的整体层面特征，可达性、明星、桥、中介、守门人、中心性等是代表组织或者个体所处网络的地位特征。

（2）企业家社会网络中行为主体视角的分类研究

企业家精神的倡导者 Chell（2004）认为，企业家在社会网络中通过做出相应的创新行为来创造环境，即社会网络是企业家行为主体的基础：一是社会网络支持企业创业活动；二是正式与非正式的社会网络可以增加企业家商业机会；三是社会网络结构决定了企业家信息与资源的获取能力。同时，在网络学派中也存在两种思路，一是齐美尔（Simmel）、怀特（White）以及格兰维特（Granovetter）关于社会网络对行动者行为的制约作用，即强调网络地位到个人行为这一因果逻辑；二是 Coleman 关于个人利用社会网络能获取社会资源观点。

现有文献主要以上述理论为依据来测度企业家这一行为主体的社会网络情况。例如，Hans 和 Roger（2003）将企业家社会网络的有效性划分为约束型社会资本、促进型社会资本以及间接与企业家精神相联系的社会资本三类来测量。Butler 和 Brown（2003）认为，可以将企业家社会网络的构成划分为商业网络和个人网络来实证。Balagopal（2011）在探索企业家网络行为如何影响其在搜索新跨组织交易伙伴时对推荐人的依赖的研究中提出，可以用网络拓展行为与网络深化行为这两种形成性构念来测度。杨宜音（1995）、石秀印（1998）用先赋性社会关系网络与获致性社会关系网络手段来衡量企业家获取社会关系网络的方式。边燕杰、丘海雄（2000）设计了纵向联系、横向联系以及社会联系三个指标来度量企业家社会网络。王庆喜、宝贡敏（2007）将企业家社会网络划分为感情主导网络与利益主导网络这两大类别来分析。也有学者把行动主体分为企业家和企业，从而研究根植于人情债与特殊性信任关系网络中的企业家社会资本和根植于组织间那些关系资源与特殊声誉网络中的企业社会资本（吴宝，2012）。

上述梳理只是大致反映了国内外学者关于企业家社会网络的结构性解析。本书认为，如果不用结构性方法去解析企业家社会网络，那么企业家社会网络的功效应该难以清楚地反映。

二　企业家社会网络的建构与动态演化研究

（1）关系与企业家社会网络的建构研究

首先，关于"关系"的理解。享有世界声誉的著名社会学家费孝通（1948）针对中国社会关系之复杂性提出，差序格局和团体格局是中国两种传统的人际关系模式。其中，差序格局指的是，愈近愈亲，愈远则愈疏。在中国，要使没有"关系"的社会网络得以扩张是难以实现的（罗珉、高强，2011），同时，团队格局是基于个体之间的契约来形成，而这种契约关系，没有远近之分，在边界内个体之间是平等的，每个人有相应的权利和义务。已有关于人际网络关系的文献探讨，基本遵循了费孝通的差序格局理论框架，并侧重于探讨中国经济交往中的关系学现象（Chung & Hamilton，2001）。需要指明的是，有关中国情境下的关系理解，可以定义为两个或两个以上个体之间存在直接的特殊连带（Jacobs，1979）。但国外文献对于关系的定义众说纷纭（见表2－10）。

表2－10　　　　　　　　　　西方学者对于关系的定义

作者	定义
Jocobs（1979）	根据共有属性的特殊连带，如关系基础
Butterfield（1983）	社会投资或社会资本的一种形式
Hwang（1988）	两人之间的互惠交换
Bian（1994）	人与人之间具有的实际联结与频繁接触
Alston（1989）	二者之间的特殊关系
Fan（2002）	多重路径过程，类似网络的社会联结
Fan（2002）	一种过程，两位关系人之间的人际互动

资料来源：Fan（2002）。

其次，基于社会关系网络的建构。一是 Uhl-Bien、Graen 和 Scandura（2000）的"相似—吸引"理论下建构。该理论范式的基本思想是：个体行动者如果在个人特征与态度上具有某种相似性，容易产生相互之间的吸引，究其原因是个体之间具有共享的生活经验以及价值观。Jacobs（1979）的研究中指出，当两个或两个以上个体具有共同的禀赋、身份或者起源，关系便在他们之中，其中关系具体来说是亲属、同乡、员工、同学、姓氏以及师生之间的关系。Zenger 和 Lawrence（1989）的研究发现，当项目小组的年龄和工作相似时，团队成员的交流频率更高。台湾学者周丽芳（2000）指出，在人际关系建立初期，相似性的人口统计特征会扮演着关键的角色。Tusi、Xin 和 Egan（1995）的研究认为，人口学上特征有相似性的人们比较倾向于信任对方并且会更支持他们的行为。总之，"相似—吸引"理论范式强调，基于一定社会情境，个体属性、个体对成员之间的关系期望与个体对互动情境的评估会影响到个体双方之间的相互作用，也会影响到二者之间的关系类型和关系质量。

二是中国情景下建构。在企业家社会关系网络拓展过程中，特殊主义准则往往发挥着作用，这种准则以关系基础标示的人际交往"差序格局"（耿新，2010）。Yang（1993）的文章描述存在于中国关系的三种主要类别：家人（永久、稳定而深远）、熟人（介于家人与生人之间）和生人（不惨杂情感带有工具性特征），这三类关系类别按照个人习惯与准则而决定，并且对不同的人有着不同的社会与心理意义。进一步地，庄贵军等（2003）的研究认为，家人关系、熟人关系、生人关系之间，由于存在不同的关系基础，需要相应的交易成本，付出的联络感谢成本越高，则关系水平就高，并且通过亲戚、朋友、同事、上司的引荐，关系基础能往更高层面的关系上跃迁，于是中国人的拉关系手段是最为常用的方法（Su & Littlefield，2001）。企业家为了改善交易条件、降低交易成本、减少交易风险、增进福利甚至是精神需要，最有效的方法就是把上述人伦关系引入到经济的交易中去（Lin，2001；杨宜音，1999；翟学伟，2009；边燕杰，2006；罗家德，2009；罗珉、高强，2011）。

事实上，对中国企业家社会网络的建构需要从企业家个体交际关系中的关系基础出发。即是西方学界所提出的网络、信任、互惠准则、义务以及规范等组织社会资本生成的关键要素（Portes，1998；Putnam，1993；Uzzi，1997）。正如 Redding 等（1993）所言，即便在当下，亲属关系、同事关系等在中国远比西方国家发挥着更大的作用。实际上，独特的社会网络关系已经成为中国组织进行资源配置的一种模式，其中共同的第三方存在为合作减少了不确定性，降低了交易成本，对企业经营绩效提升有着不可替代的作用（张其仔，1997）。

（2）企业家社会网络的动态构建研究

首先，基于国外文献梳理。从动态视角研究企业家社会网络形成与演化已经被学界关注。比较典型的理论模型是 Butler 和 Hansen（1991）的创业网络演化模型，以及 Larson 和 Stan（1993）研究的组织创建过程的社会网络模型。在巴特勒（Butler）和汉森（Hansen）的研究中指出，当组织处于创业前准备阶段时，企业主的社会网络非常重要；在业务启动阶段，创业者所接触的对象与新业务发展有关，于是网络更加集聚；在业务持续发展时期，创业者关注社会网络活动的战略性。Birley（1991）的研究支持了巴特勒和汉森观点，即组织从创业的早期阶段到后期阶段，创业者从非正式

社会网络转向正式的商业关系网络。拉森（Larson）和斯坦（Stan）的研究
关注了组织在创建过程中创建者的社会网络演化过程，在第一阶段，企业主
的关系网络主要集中于家人、朋友以及原有的社会网络，关注的是关键资源
的获取；第二阶段，交换关系变得复杂，企业主的社会网路构建从工具性转
向情感性，其间的协调机制由交换关系转向信任关系；第三阶段，企业主关
注的是高质量的信息交换。拉森和斯坦的研究表明，随着行动者之间持续活
动的常规化，网络关系也由个人转向组织（见图2－5）。此外，针对德国 IT
企业，莱希纳（Lechner）和道林（Dowling）（2003）通过不同阶段的个案
进行了分析，他认为企业家的关系组合随着时间持续促进了企业发展，对此
莱希纳和道林提出了创业型企业发展的四阶段模型。Yoo（2003）调研了美
国硅谷的高技术企业，他针对不同阶段的企业家网络演化通过事实案例进行
了探究，并认为在创业早期，同质性网络有益，而在扩张阶段，异质性网络
的结果是积极的。Yoo 的研究预示了网络控制者的社会地位对网络结构存在
着影响。

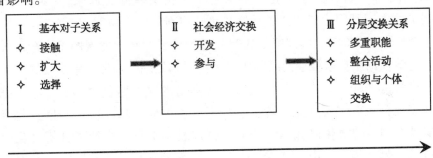

企业家社会网络的转型过程

图2－5　企业家社会网络的演化模型

资料来源：Larson & Stan（1993）。

上述文献观点表明，企业家社会网络的动态构建过程与企业的成长紧
密相关。从数量上来看，社会网络由简单到复杂再到简单；从内容上来
看，企业家社会网络由非正式走向正式。正如 Baker（2000）所言，幸运
的企业家能够在理想的地方、正确的时间通过建构网络关系结构来捕捉各
种不同的信息。

其次，基于国内文献梳理。King（1991）的研究提出，无论在中国传
统社会还是经济腾飞的现代社会，关系在中国社会网络的建构中是一个重

要的组成部分。对企业家社会网络形成中每一个关系运作，中国学者提出了自己的观点。乔健（1982）用"袭（承袭已有的关系资源）、认（主动与他人确认共同的关系）、拉（没有关系努力拉关系）、钻（利用各种手段接近权威人物）、套（套交情、套近乎）、联（发展关系网络）"来概括中国人构建"关系"的 6 种方法。李孔岳（2007）认为，中国私营的企业家社会网络拓展过程是"家"模式的扩大，他认为乔健的观点是企业家关系"渗透模式"的第一阶段，而第二阶段则是交情阶段，如果交际顺利，企业家之间会通过交流思想、礼尚往来以及相互尊重等手段来发展情感关系，由此，企业家从初步的人际信任走向互惠信任，进而再深化到深厚的人际信任，为将来的资源获取途径埋下伏笔（引自邓学军，2009）。秦海霞（2005）将中国人编织关系网的一般步骤划分为四步：第一步，寻找关系（彼此之间达成共识，且还要看"关系"的深浅、亲疏、质量）；第二步，编织关系（把售"利"与用"情"相结合，人情需要投资）；第三步，巩固关系（把契约关系与人情关系结合起来）；第四步，发展关系（需利用已有的"关系"来创造出新的"关系"）。

　　李垣等（2004）、魏江等（2005）等学者针对企业发展的不同阶段提出，应该借助企业家社会网络的优势来应对和处理企业发展中的问题。不过，陶海清（2010）在关于企业家社会网络的成长路径中指出，必须把企业家社会网络纳入具体环境中进行考察。由此，郑春颖（2011）将企业家社会网络的演化研究纳入产业集群成长的背景下进行了分析（见表2-11），她认为，表中的 A 是企业家社会网络演化的逻辑起点，此时企业家社会网络集中于狭小的交际圈子，以家族、血缘为特征，随着政府对企业家的引导、企业家异地设厂，或通过政府、技术研发等关键节点获取了其他种类的资源网络，即企业家社会网络将沿着 Ⅰ→Ⅱ→Ⅳ 或者 Ⅰ→Ⅲ→Ⅳ 的路径进行演化，最终企业家社会网络拓展了本地与非本地网络的多样化，形成了一个稳定而开放的网络体系。

表 2-11　　　　　　　　　　企业家社会网络四种类型

资源＼空间	封闭	开放
单一	Ⅰ 封闭、单一	Ⅲ 开放、单一
多样	Ⅱ 封闭、多样	Ⅳ 开放、多样

资料来源：郑春颖（2011）。

三　企业家社会网络对技术创新绩效影响的两面性研究

（1）企业家社会网络对技术创新绩效影响的正效应

企业家社会网络在企业的运营过程中有着不可替代的作用。已有文献对此展开了相应的研究。例如，企业家社会网络对企业技术创新绩效影响的正面效应主要体现于企业家对外部信息与资源的获取影响方面（Anderson，2002；Ozgen & Baron，2007；Moore，2009；Balagopal，2011；郭毅，2002；魏江，2007；白璇，2012）。

首先，从国外文献来看，Mosakowski（1998）的研究认为，企业家社会网络背后的资源与企业竞争优势之间具有显著的正相关关系，究其原因在于：一方面，高层管理人员的社会资本，能够改进整个企业的竞争意识与提高组织能力，最终推动企业采取有效的竞争行为（Offstein，2004）；另一方面，行动者的网络资源属性与范围影响了企业家捕捉市场机会的能力，这种机会能够为企业带来具有盈利性与成长性的业务（Anderson & Miller，2003），其中对于机会的有效识别来自于企业家积极参与的专业论坛活动、导师以及行业信息网络（Ozgen & Baron，2007）。Watson（2006）的研究结果显示，企业家的正式社会网络和非正式社会网络对企业技术创新绩效都有着积极影响。在企业成长过程中，企业家社会网络是值得信赖的关系网络，此信息通道所传递的信息对于企业进行有效决策的制定是至关重要的（Mateja，Otmar & Marjana，2008）。企业家社会网络对新创企业尤为重要，因为企业家网络可以克服很多未知或难以克服的困难，且企业家之间的人际关系能够帮助企业家获取信息、建议以及支持，他们还帮助企业家寻找新的合作伙伴（Sonata，2011）。

其次，从国内文献来看，李路路（1995）以私营企业家为研究对象，他研究认为，私营企业家与其亲戚、朋友的关系，特别是这些亲朋好友的职业地位与权力地位，对其获取资源以及促进企业的发展都具有重要作用。石印秀（1998）的研究表明，企业家社会网络与企业经营效果之间存在相关关系。贺小刚（2006）把企业家社会关系网络分成内部员工关系、横向企业间关系与纵向的政府关系，其研究结论表明企业家社会网络促进了高科技企业成长。王栋（2010）研究认为，企业家社会资本有助于创业企业获取信息和资源，从而提升企业技术创新绩效。总的来说，国内文献已经认可企业家社会网络对于企业技术创新绩效的重要性，而影响的因变量具体表现为：企业家社会网络对企业竞争优势、创新能力、营销创新、技术创新绩效具有正向影响。

尽管社会网络对信息获取的关键作用已经得到承认和证实，但是选取不同区域和研究对象的实证研究结论的矛盾性并不能证明企业家社会网络对组织创新绩效有显著的正相关（Ostgaard & Birley，1996；Lee，2001）。此外，格兰维特（1985）认为经济主体的行为是嵌入在一个具体、动态的社会关系网络中，并且这些关系或许能促进也或许会限制主体利润的获取与租金搜寻行为。

（2）企业家社会网络对技术创新绩效影响的负效应

针对上述格兰维特（1985）、Ostgaard（1996）和 Birley（2001）、Lee 的观点，我国学者白璇等（2012）研究认为，在中国文化背景之下，无论是社会资本（能力说）还是社会网络（网络说）作为孕育资源的有效性已经被广泛认可，然而，企业家社会资本所带来的负面影响不容忽视。Gabbay 和 Leenders（1999）认为，如果基于某个特定的情景，社会资本的负面影响或许会超越其带来的利益。其实，Adler 和 Kwon（2002）的文章中已经涉及了社会资本两面性问题。他们认为，如果把信息、影响和团结效应结合在一起，社会资本潜在的负外部性是相当大的，网络中那些齐美尔式的行动者在此网络与彼网络中分担互相帮助的责任时，这样的行动对总体来说或许是有益的，但同时也带来了风险，例如强化了领导控制、付出了机会成本、失去了合作机会。与此同时，Field（2003）的研究从社会资本可能会促使不公平现象发生，以及基于特定情景社会资本会促使反社会主流行为的出现等两个方面解释了社会资本的负效应。Rostila（2010）认为，社会资本外部负效应与网络的封闭性有关，即封闭性越高，社会资本则越强，由此负面效应就越凸显。

从总体上来说，我国学者研究大部分关注社会网络的积极效应，对负面效应的方面研究则不多。比如，刘林平（2006）认为，基于中国情景，关系为企业家积累社会资本的基础，然而这中间需要企业家投入大量综合成本，例如时间、精神、精力乃至货币成本，绩效的与此成本对比可能的结果是绩效未必占优。事实上，那些诸如过量资源的投入、创新决策限制以及创新思想的束缚，可能导致夸大企业家社会资本的积极效应（白璇等，2012）。吕淑丽（2010）、马丽媛（2010）提出，从国内引进国外理论思想的基础上，大部分学者的研究结果是企业家社会网络与组织绩效存在正相关关系，只不过是不同维度的影响可能还是有差异的，甚至有些维度对绩效的影响是负向的。针对这些原因，周俊（2007）从三个方面进行了概括：一是在实证研究时，学者并没有充分考虑情景变量；二是无论是自变量还是因变量，在指标的选取方面存在不一致性，抑或是测量指标没有完全概括企业家社会资本内涵所导致的；三是自变量与因变量的衡量时间范围的不一致性使然。

针对上述情况，国内学者吴宝（2012）是这样评价的：国内学者关于社会网络方面研究的理论创新性与国外相比并不强，而且有些观点缺乏严格的实证研究，其应用价值相对有限。

第五节 社会网络、企业家与企业双元性创新

自 Joseph A. Schumpeter（1912）在《经济发展理论》这一巨著中首次提出创新一词之后，学界针对技术创新与经济发展这两个创新理论中的核心问题展开了一系列的研究。本书基于技术创新理论视角，对企业双元性创新展开分析。

学者们基于不同视角对技术创新进行了划分：从参与主体视角来看，可分为自主创新与合作创新；从知识的获取方式来看，可分为开放式创新与封闭式创新；从对现有市场的影响程度来看，可分为延续式创新与破坏式创新；从创新的幅度来看，可分为突破式创新与渐进式创新；从组织战略的主动性来看，可分为探索式创新与利用式创新（He & Wong，2004；Jansen，2006；李剑力等，2009）。

事实上，技术创新通常被认为是组织竞争力、组织变革更新以及成长的重要来源（Day，1994）。资源基础理论认为，企业为了进行技术创新、适应动态市场环境与获取竞争优势，必须不断地寻求发展、整合与重构其组织能力（Eisenhardt & Martin，2000；Teece，Pisano & Shuen，1997）。在组织技术创新过程中探索式创新与利用式创新是企业两个关键的创新行为类型（Atuahene-Gima，2005；Yalcinkaya，Calantone & Griffith，2007）。对于企业来说，既要深化和升级现有的技术与业务模式以确保短期发展，又要探索新的技术以保证长期发展。因此，企业为提高环境的适应能力，既需要探索性学习，也需要利用性学习（朱朝晖、陈劲，2007）。其中，探索性学习与利用性学习这两种不同的组织学习范式是 March（1991）首

次提出的，之后 Danneels（2002）、Benner 和 Tushman（2003）将这一组织学习分类正式引入创新领域。基于本书目的，我们重点对网络、企业家以及探索式创新和利用式创新这两种双元性创新行为之间的关系进行综述。

一　企业创新行为阐释：双元性创新视角

通过对谷歌学术搜索的文献梳理后发现，截至目前，无论是国外顶级期刊上引用率较高的 60 余篇外文，还是与主题高度相关的国内文献 20 余篇，关于利用与探索究竟是创新的过程还是结果却一直存在着争议。其中李（Li）、范哈佛贝克（Vanhaverbeke）和斯马克斯（Schoenmakers）在 2008 年发表的 *Exploration and Exploitation in Innovation：Reframing the Interpretation* 一文中进行了较为翔实的论述。李认为，探索与利用在不同的研究学科中有着大量的运用，学者们根据各自的研究目的对双元性创新概念进行了界定，然而所有这些概念界定却有着许多不一致的地方甚至是模糊性的。究其原因：一是自马奇（March）针对组织学习过程和资源配置的视角来描述组织学习的这种双重能力以来，后人在马奇研究的基础上基于各自的研究目的探索了创新类型与方式，总的来说可归结为个人、团队、组织、组织间以及产业层面，因此不同分析层面对探索与利用的概念界定与研究往往大相径庭，此外，定义的主要差异是对学习的包括性问题；二是对利用和探索创新究竟是侧重创新过程还是创新结果存在争议。

与此同时，国内文献在国外文献的基础上也进行了相应研究，但是出现了许多衍生与相似的概念。例如，从组织能力的角度来看，划分为探索式创新能力与利用式创新能力；从学习类型来看，划分为探索式学习与利用式学习；从战略类型来看，划分为探索式战略与利用式战略；从网络动机的角度来分析，则划分为探索性联盟与利用性联盟。这种相似概念的出现显然是行为主体的不同而导致的，但是学界更关注：一是利用和探索二者是否应该包括学习；二是利用与探索究竟是创新的过程还是结果（Li Ying, 2008；彭新敏, 2009；向永胜, 2012；徐蕾, 2012）。

（1）企业双元性创新概念的辨析

针对第一个问题，首先，不包括学习的观点。Vassolo 等（2004）把学习与创新活动归为探索，把利用看成是旨在已有技术轨道上行事的活动。Vermeulen 和 Barkema（2001）同样把利用学习排除在学习之外。其次，包括学习的观点。大部分学者认为利用与探索都包含了学习与创新，这些观点认为探索与利用都包含着知识的获取、转移、吸收，二者只是在实现机制上以及学习的类型与数量上存在差异（He & Wong，2004；Gupta，Smith & Shalley，2006；Li，Vanhaverbeke & Schoenmakers，2008）。针对这一现象，Li Ying（2008）就技术创新领域中有关探索与利用的概念阐释提出了一个检视性架构分析。该研究主要是从知识距离（与已有的知识差距）与价值链视角（高校、科研机构、供应商以及客户）来辨析探索式创新还是利用式创新之区别，其中知识距离可以从认知、时间和空间三个方面来考察；而基于价值链的视角，Li Ying 对科学、技术以及产品市场的上下游价值链进行了划分，并认为任何一个阶段都存在探索与利用，同时也为利用与探索活动之间的平衡找到了现实可行的途径（见图2－6）。

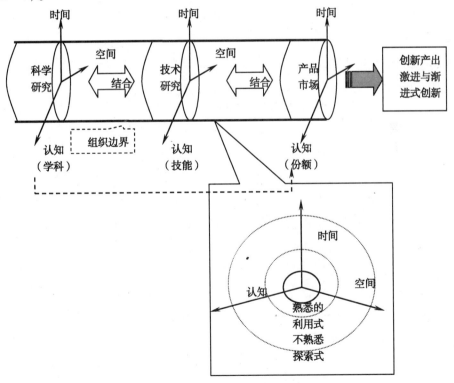

图 2－6　探索与利用研究的架构

资料来源：Li，Vanhaverbeke & Schoenmakers（2008）。

分析图2－6可以发现，一方面在单个价值链上，根据组织的边界与通过本地熟悉知识的搜寻来进行利用式创新，如果是搜寻非本地的、不熟悉的知识则是探索式创新。另一方面，在价值链的每个环节，根据知识的熟悉与否，可以划分创新的行为和结果。从跨价值链整体性层面来看，在上游部位探索性创新活动比下游多，上游是研发导向，下游则是以商业导向为主，即向下游发展偏重利用，上游相对于下游偏重探索。He 和 Wong（2004）明确了立场，他认为无论是探索还是利用都存在学习、改善以及获取新知识，差异在于利用基于已有的技术轨道学习，而探索是基于新的技术轨道学习。

本书认同包括学习的观点。此外，依据创新的幅度和知识基础来界定双元性创新，其中，探索式创新是发现与尝试新事物，着眼于组织战略主动性，能够为组织带来新的赢利和发展机会；利用式创新是对既有知识和技能的拓展，现有设计、产品及服务的改进与完善，能够为组织带来短期经济回报（李剑力，2009）。即利用式创新更与组织的运营效率相关，而探索性创新更与组织的战略绩效相关（Isobe et al.，2005）。同时，此类双元性创新行为分别从不同的角度促进企业创新绩效的提升（李剑力，2009）。

（2）双元性创新是过程还是结果的分析

针对第二个问题，按照图 2 - 6 的分析，如果把创新产出作为结果，探索式创新与利用式创新与渐进式创新、激进式创新同义（Faems，Van Looy & Debackere，2005）。进一步地，Faems（2005）等的研究认为，利用与渐进有关，而探索与激进有关。据此，He 和 Wong（2004）认为，探索式创新和利用式创新关注的是组织进行创新的事前战略，而激进式创新和渐进式创新则是事后对结果的感知，探索式创新事关组织自身发展的知识开发、技能与流程，利用式创新为拓展组织现有产品而改进现有能力、资源与流程。Li Ying（2008）提出，把利用和探索看成是创新过程会更加合理：一方面，这两种不同的创新行为更能体现组织面对外部动态环境的适应性以及组织驾驭现有知识与资源的能力，也更能体现组织的战略主动性（He & Wong，2004；李剑力，2009）；另一方面，由于探索与利用这两种创新行为对资源和投入的要求不同，最终导致不同的经济回报（Li Ying，2008；彭新敏，2009；高媛等，2012）。

总之，过程—结果的逻辑是要求将创新行为与创新结果进行分离。本书倾向于 Li Ying、He & Wong 等观点，即把探索模式与利用模式作为一个创新的过程来看待。一方面，技术创新领域中探索式创新与利用式创新研究还是个新生事物（He & Wong, 2004；Benner & Tushman, 2003；Jansen et al., 2005, Lisboa et al., 2011；李剑力等，2009；李璟琰，2011）。另一方面，作为创新结果的支撑机制，组织的创新行为可以通过知识获取、转移以及整合来推动利用式创新、探索式创新的实现。同时组织应该依靠企业家等高层领导的注意力与决策的推动，强化组织知识学习与创新意识，推动探索式与利用式创新行为在组织内部顺利开展。

二　探索式创新与利用式创新之间的平衡

根据 March（1991）的逻辑，探索与利用之间的关系是不相容的。然而一些研究并不认同 March 观点。他们认为，探索与利用两者之间应该是一种互补与协同关系（Beckman, Haunschild & Phillips, 2004；Gilson, Shalley & Rubby, 2005）。正如 Gupta 等（2006）所言，探索式创新与利用式创新这两个组织创新行为是连续统一的两端抑或不同的两个维度，应该结合相应的分析层次来考察。如基于人力资本和资源配置视角，组织或更大的系统对探索式创新与利用式创新等两方面的创新行为比相应的个体更具有兼容性。同理假设在同一个组织单元内，面临资源稀缺，探索式创新与利用式创新则是连续统一的两端，呈此消彼长的竞争关系。但是，在规模较大的组织单元内，两者则是维度的不同划分而已，它们之间呈互补与协同关系。

针对转轨时期的我国制造企业来说，大量民营高科技企业面临的市场资源往往是稀缺性的（吕薇，2012）。因此，过度强调探索式创新往往会因组织的知识吸收能力有限而消耗大量的各种创新资源，从而排除了利用式创新的可能性（Li et al., 2010）。Jansen（2005）研究发现，组织的吸收能力与利用式创新显著正相关，而与探索式创新的正相关性则不明显。如果不能有效地平衡探索与利用之间的关系，就很容易陷入失败陷阱（Levinthal & March, 1993；李剑力等，2009）。Atuahene-Gima 和 Murray（2007）认为，高水平探索式创新必须辅以低水平的利用式创新才能促进企业绩效提升，反之亦然。此外，如果组织打算同时保持高水平的探索与利用式创新，那么它必须根据技术与市场生命周期的各个阶段灵活性地适时配置创新资源（Kleinschmidt, Brentani & Salomo, 2007）。朱朝晖（2008）也认为，从技术与市场变化的角度来看，对处于不同生命周期阶段的企业要正确处理好探索与利用之间的科学关系。

三　社会网络、双元性创新与创新结果

（1）双元性创新的前因分析：社会网络

考虑组织外部对于双元性创新行为的前置影响因素，已有文献主要从网络的关系嵌入性、网络的结构嵌入性以及外部环境的不确定性三方面来讨论其对探索式创新与利用式创新的不同影响。

首先，关系嵌入性与双元性创新。网络关系作为资源观的一种拓展，揭示了企业绩效回报来源于网络关系（Dyer & Singh，1998）。对于高新技术企业来说，知识尤为重要，企业内部的知识整合、创造及利用要求企业能不断地补充创新知识（Lane & Lubatkin，1998）。彭新敏（2009）认为，从网络关系的角度来探讨探索与利用之间的关系可以用关系数量、关系强度以及关系的冗余度来阐释。从关系数量与冗余度来看，Vanhaverbeke、Gilsing 和 Duysters（2005）从产业层面考察了医药、化工以及汽车等行业的技术战略联盟网络，他们发现在联盟网中那些直接与间接联结的数量以及关系的冗余度对探索与利用存在影响，其中直接联结对探索与利用式创新的作用影响呈倒"U"型效应，而直接联结的数量则取决于间接联结的数量，间接联结对探索和利用均具有正向影响，网络冗余度则对利用呈正向影响，但对探索的影响不显著。从关系强度来看，Morone 和 Taylor（2004）认为，强关系的联结网络中组织间互动创造新知识的能力受限，源于其间的同质性，而差异大的弱关系则会产生相应的差异性知识，并使整个网络结构中的知识增长，因此，高度嵌入排除了与利益相关者合作的可能性，而低度的网络嵌入能获取异质性信息，从而有利于探索式创新。国内学者蔡宁、潘松挺（2008）通过海正药业单案例的实证研究发现，网络关系强度有利于复杂知识的传递，从而正向影响了既有技术的改善，促进了利用式创新，而弱关系带来的非冗余性知识则有利于探索式创新。同时，刘寿先（2008）研究认为，拥有创业导向社会网络的企业关注探索式创新，拥有合作导向社会网络的企业则侧重于利用式创新。Uzzi（2003）、刘春玉（2008）的研究认为，高频率的联系有助于隐性知识的交流，正是对那些内嵌于特定情境之下的非程序化权威知识通过高频率的交流，从而促进了探索式创新。

其次，结构嵌入性与双元性创新行为。从 Coleman 和 Burt 的研究中可

以看出，结构洞对探索式创新有利，而封闭式网络对利用式创新有益，由此为了利用式创新，采用低度结构嵌入的网络则有效，为了探索式创新，选择高度结构嵌入的网络则更为理想（刘兰剑，2010）。此外，已有文献关于网络结构与双元性创新之间的关系，也可以从网络行动者特征和网络结构影响个体汲取的知识内容、传播的效率与范围来考察。从网络行动者的特征来看：一是基于组织层面，Lavie 和 Rosenkopf（2006）首先从职能域、结构域以及属性域三个方面厘清了探索与利用之间的区别，他们认为组织的惯性促进了利用式创新，而组织的吸收能力强化了外部知识的获取，由此驱动了探索式创新；二是基于行动者的个体层面，刘春玉（2008）认为，个体处的网络位置会影响其网络资源的控制能力，个体的社会角色决定了它能够获取信息的内容以及能影响的对象是什么。从传播的效率与范围来看，Valente（1995）指出网络结构对信息被传播的效率和范围产生了影响，同时还决定着企业能够获取什么样的信息以及如何获得。Lazer 和 Friedman（2007）认为，如果网络系统中能保持组织获取多样性的信息，那么信息被传播的低效率网络比高效率网络更有益于探索式创新；反之，则有利于利用式创新。国内学者曾德明等（2012）在阐释网络结构与创新类型配适这一主题时提出，强联结、密集性网络结构与利用式创新适配，有利于企业技术创新绩效提升；反之，那些弱联结、疏松网络结构与探索式创新适配则有利于提高企业创新回报。然而基于产业集群之情景，Subramaniam 和 Youndt（2005）指出，密集的网络关系却有利于企业的探索式创新。

再次，外部环境的不确定性与双元性创新。在环境不确定性和组织双元性创新之间的关系研究中，也出现了结论的多样性。如在稳定的环境之下，企业被嵌入的关系网络对利用式创新有利，而在动态的环境之下，企业必须采取有利于探索式创新的举措，那是源于占据了较好的网络位置（Burt，2000）。Rowley Behrens 和 Krackhardt（2000）指出，在环境没有发生变化之前，利用式创新往往是有效的，但如果一旦环境发生变化，企业必须占据网络中心性的位置以促进探索式创新。进一步地，Rowley（2000）等认为在高动态的环境之下，企业可以与合作伙伴之间培养认知的接近性和信任的途径来适应快速变化的市场需求，即强联系可以促进利用式创新，相反那些弱联结可以一个桥的功能来联结不同层面的关系，由此可以自由地交换那些非冗余信息，有助于企业新技术研发。Lumpkin 和

Dess（2001）针对高度的动态环境指出，由于技术与市场需求变化频繁，既有产品很容易遭市场淘汰，探索性创新有利于企业开发新产品以占据新的利基市场，因此，探索式创新与动态环境的交互将提升组织绩效；反之，利用式创新则容易陷入技术锁定，增加被市场淘汰的概率，其实利用式创新与环境动态性的交互则会降低企业的经济回报。

但是，Rothaermel 和 Deeds（2004）通过研究生物技术企业开发新产品的途径发现，许多企业在产品开发中由探索演变成了利用，技术环境的演变与环境的不确定有利于企业采取利用式创新行为。Zahra 和 Bogner（1999）认为，在技术竞争激烈的环境中，由于价格与促销等费用上升会阻碍组织业绩提升，如果企业采取探索式创新则需要占据大量资源，并且企业会承担创新风险，因此，企业的探索式创新与环境的交互作用将降低绩效，反之，利用式创新由于改善了既有产品与服务成本，可以进行深度营销来提高顾客满意度，通过利用式创新与激励的技术竞争环境的交互作用将有助于企业绩效提升。此外，Koza 和 Lewin（1998）在研究联盟网络演化研究中发现，无论是技术环境的演变还是环境的不确定，那些跨组织之间的学习，较好的吸收能力既能促进探索学习又能促进利用学习，从而产生正向的联盟绩效。

（2）企业双元性创新的作用结果

已有文献主要从网络与企业层面的视角来探讨探索式创新与利用式创新的作用结果（见表 2－12）。Kim 等（2012）认为，无论是探索式创新（远距离学习的）还是利用式创新（本地化学习）都促进了组织的创新性产出。

表 2－12　创新视角下社会网络（联盟）与双元性创新的代表性文献

文献	参与网络动机	企业网络因素	数据方法
Rothaermel（2001）	√		联盟数据多元回归
Hagedoo & Duyster（2002）		√	档案数据多元回归
Rothaermel & Deeds（2004）	√		联盟数据多元回归
Faems et al.（2005）		√	问卷调查多元回归
Gilsin & Nooteboom（2006）		√	纵向产业案例
Lavie & Rosenkopf（2006）		√	纵向产业案例
Dittrich & Duysters（2007）		√	纵向单案例
赵炎，周娟（2011）		√	档案数据多元回归

资料来源：根据彭新敏（2011）研究基础上补充。

首先，从企业层面来看，Wang 和 Ahmed（2004）基于企业创新的二元分类提出，企业不同创新行为影响了资源和创新要素的配置，他们能够显著影响企业技术创新绩效。Giovanni（1991）认为，那些具有开放性的合作策略可以更及时地获取技术要素，以弥补企业内部创新资源的不足，从而提高技术创新绩效。但如果基于实证的角度来看，由于因变量定义与测度选择不同，要进行实证结果的比较则较难（Sidhu et al.，2007）。对此，Yli-Renko 和 Janakiraman（2008）提出，可以用企业新产品与整个行业的新产品数量比值来衡量利用式创新，而针对探索式创新用企业的新产品销售额与整个产业的新产品销售额比例来衡量。与此同时，Isobe 等（2004）将企业绩效用短期绩效——生产效率与财务绩效，以及长期绩效——新技术和产品开发来分别代表操作效率和战略绩效，即利用式创新和探索式创新能够从各自不同角度来提升企业的短期财务绩效和长期的战略竞争优势（焦豪，2011）。

Katila 和 Ahuja（2002）通过机器人行业专利数据对企业创造新产品的影响问题进行了探讨，将利用式创新与探索式创新为正交化的二维自变量，研究发现，知识的搜索深度与产品创新之间呈倒"U"型关系，知识的搜索广度对创新有正向作用，而深度与广度对产品创新共同作用时存在交互效应，于是企业应在探索式创新方面都有个理性的判断，究其原因是信息的广度搜索比深度搜索需支付更高的成本。同样，郭国庆等（2007）通过对电子医疗设备行业专利数据研究发现，技术探索强度直接影响了创新绩效，而技术探索对绩效的影响受到企业既有知识的深度、广度和潜在开发机会的调节影响。

其次，从网络（联盟）层面来看，吴晓波、韦影（2005）认为，现有关于企业利用式联盟与探索式联盟关系对企业层面绩效影响的研究，以及基于特定行业企业的网络研究较少，何况前人的文献大多还局限于社会学领域。彭新敏（2011）提出，从国外文献来看，此类研究主要可划分为探索式网络与利用式网络，根据此类划分标准，又可细化为参与网络（联盟）动机与企业网络因素，已有的研究主要从上述划分标准探讨了其与企业不同层面绩效的关系。又如赵炎、周娟（2011）结合国外有关文献以中国半导体战略联盟为实证对象，从网络结构对等性和关系强度视角探析了利用式联盟、探索式联盟与企业技术创新绩效之间的关系。分析结果表明，探索式联盟需要更多的强关系加以维系，以克服资源和信息的不确定性以及创新风险。联盟之间需要信任，以加速复杂性知识的转移；同理，利用式联盟通过既有合作伙伴，以此提高企业运营效率，必须用弱关系来减少成本，以此支持利用式联盟所需的关键创新要素。此外，结构对等性对探索式联盟创新具有负向调节作用，而结构对等与创新绩效之间是倒"U"型关系，探索式联盟创新对企业近期的探索式创新影响是负向的。

（3）企业双元性创新作用的情景变量

已有研究主要从环境的动态性、行业竞争激烈强度、研发强度、技术生命周期阶段等方面来分析探索与利用性和绩效之间的调节效应。

Jaworski 和 Kohli（1993）认为，环境的动态性主要是由技术的更新、消费者需要偏好的转移，以及产品需求或原材料供应波动等方面造成的。Li 等（2010）提出，在动态环境之下企业研发团队倾向于探索式创新，原因是在动态环境之下现有的组织创新能力会遭到淘汰，而探索式创新更容易通过提供新产品与服务来迎合新兴市场需求。毫无疑问，企业研发团队也会因锚定潜在目标市场高额的经济回报而采取探索式创新策略（Zahra & Bogner，1999）。Matusik 和 Hill（1998）认为，环境动态性也往往体现为行业的竞争激烈程度，技术加速过失相对于探索式创新与创新绩效之间关系呈现了正向调节效应，同时环境动态性和竞争激烈调节了探索与利用的有效性，或者说动态环境之下，组织采取探索式创新有效，而在竞争激烈的环境中，企业采取利用式创新行为对于短期绩效有利（Jansen et al.，2006）。Abu 和 Menguc（2005）研究发现，竞争强度在探索与利用创新方式与组织绩效之间存在一定的调节作用。陈国权等（2012）认为，环境动态性会影响探索或利用与组织环境的匹配关系，如果探索式或利用式与环境是匹配的，由于组织学习时滞效应的存在，那么环境一旦变化就会使与环境之间的关系极为不匹配。Uotila（2009）指出，探索和利用之间的平衡将促进企业获取最优绩效，这一过程中受到研发强度的调节影响，相对于探索与组织绩效之间的关系呈倒"U"形，此关系的显著性在研发强度的调节之下显得更为明显。Van Looy、Martens 和 Debackere（2005）认为，对于激进式创新或者渐进式创新来说，处于不同的技术生命周期意味着不同的市场机会，即探索式创新可以投资于该技术生命周期的不同阶段，而利用式创新是投资于该技术的生命周期的成熟期，即利润最丰富的那一段，尤其是在技术生命周期的投入期，探索式创新非常有利，而在技术处于成熟期的主导设计状态时，组织采取工艺创新则更有利（Phene，Fladmoe-Lindquist & Marsh，2006；Sidhu，Commandeur & Volberda，2007）。

综上所述，现有文献就技术创新视角下有关网络嵌入性到双元性创新之间的概念模型研究还很少（Lavie & Rosenkopf，2006；彭新敏，2011），但却有增加的趋势。基于这一认识，分析网络嵌入性的不同特征会促使企业采取不同的双元性创新策略，与此同时，双元性创新策略对企业技术创新结果产生影响的机制可以构建出三者之间的关系（见图2-7）。

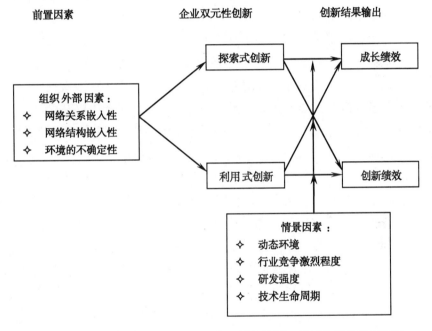

图 2 - 7　企业双元性创新的前置因素、创新结果与情景变量的关系模型
资料来源：在向永胜（2012）研究基础上调整。

四　企业家与双元性创新的关系

追溯企业家理论的发展脉络发现，马歇尔理论是企业家理论的起源。马歇尔的理论精髓是：针对市场不均衡状态，企业家的作用是使之均衡。由此熊彼特刻画了超越于市场结构以及组织结构之外的企业家作用，并提出是企业家偶然的、能动性的创新行为推动了资本主义经济跨越式的发展。此外，熊彼特对企业家的定义是与其创新理论结合在一起的，即企业家是生产要素的重新组合者。国内学者李蕾（2009）提出，组织创新的成功源于以下三方面的驱动：一是在技术创新中起着关键作用的高水平管理者；二是企业家能力与企业家精神、社会资本以及物质资本；三是来自企业家的生产性努力。因此在企业创新成长的背后，企业家承担了三项关键性的任务：一是感知机会；二是整合资源；三是谋求企业的生存与发展（杨俊，2005）。

针对企业家与双元性创新之间的研究文献非常稀缺的严峻事实，为了突出两者的关系，向间接文献寻求理论支撑是值得尝试的办法（项国鹏，2009）。梳理文献可以发现，现有研究主要是从企业家能力与企业家组建关系网络视角来展开的。

（1）企业家能力与双元性创新之间的关系

马歇尔（1889）提出，介于市场与组织之间的企业家因履行着多种职能，因此必须具备一种综合能力，即通过对不确定环境的敏锐观察，挖掘具有市场价值的机会、获取资源，并构建组织创新能力以利用环境所带来的机会。就企业家能力研究分类，现有文献主要从过程与行为的角度来衡量（龚军姣、王俊豪，2011）。例如，Williamson（1999）认为获取和运用各种资源的能力构成了企业家能力。Man、Lau 和 Chan（2002）从鉴别机会能力、获取资源能力、评价资源需要能力、界定经营理念能力以及管理企业能力五个指标来衡量。贺小刚（2007）基于企业家关键行为与过程的视角，并通过问卷调研实证研究后认为，诸如战略能力、资源整合能力、关系网络能力、经营创新能力、发现机会能力与企业绩效之间的关系呈线性相关。但是，贺小刚（2006）又认为，企业家个人能力并不足以克服其面临的风险，由于企业家个体能力的有限性，还必须借助组织这一机制来实现企业家的战略目标，只有在企业家与组织共同的作用下，才能抵御创新风险以及实现潜在机会的价值。

由于企业家能力构成复杂，学界并没有形成统一的分类标准，不过结合研究目的，本部分将基于刘志成、吴能全（2012）基于创造行动和发现机会的企业家分类视角来梳理这两类企业家背后的能力与组织创新行为之间的逻辑关系，其中企业家的行动策略包括了关系策略（梁漱溟，1963）以及战略管理能力、人才培养能力以及提升技术能力（刘志成、吴能全，2012）。

首先，企业家战略能力与双元性创新的关系。战略管理理论发展历程中的学派之一——企业家学派强调了企业家在组织战略构建中的作用。其中组织战略更新涉及组织层面的大规模变革，此类变革包括局部变革与彻底变革（徐二明，2009）。在探索式技术创新过程中需要企业家变革已有的观念、制度或方法等，利用式创新过程则需要企业家在既有基础上进一步进行局部变革，由此，在企业家对组织绩效影响的过程中探索式创新或许起到中介性作用，而利用式创新则不是（王凤彬、陈建勋，2011）。同样，柳传志（2004）提出，为体现企业更高层次的竞争力，需要在组织层面更好地制定战略。将企业家能力纳入组织竞争能力的框架之中是学界的研究趋势，一些事实已经表明，企业家的战略能力是企业核心竞争力形成的重要源泉（贺小刚，2007）。

其次，企业家人才培养能力与双元性创新的关系。人才培养是企业家实现技术创新的重要前提，而且要知人善任才能推动实业的发展（刘志成、吴能全，2012）。Morgan 和 Hunt（1994）认为，企业家的知人善任能力是进行人才培养的前提，只有这样才能较好地识别适合组织创新的人才，与此同时，知人善任能够建立企业家与人才之间的相互信任在一定程度上防止代理风险。此外，基于信任和互动为主的关系能够有效防止机会主义行为的发生（Kale，2000）。关于人才培养与企业创新行为之间的关系，正如中国十九冶集团有限公司董事长田野所言：只有突出人才培养与技术创新，中国企业才能实现增长模式的脱胎换骨，同时企业家只有在组织内部建立多元的、畅通性的沟通渠道以建立员工之间的信任感，才能提高组织创新活动效率。

再次，企业家的技术提升能力与双元性创新行为的关系。张根明、徐婧（2011）认为，企业家对熊彼特式租金的追求是企业技术创新的原始动力。Kingston（1990）认为，企业家的工作就是创造性破坏，一个拥有技术背景的企业家，经历过多重失败而提升了自己的技术能力，能从技术的多样性中分离出新的机会，从而促进组织的创新。刘志成、吴能全（2012）提出，关于企业家在积极的创新方面，只有通过积极收集和学习西方的技术并进行本土化改造，特别是对于管理、营销等方面的创新探索，才能更好地实现企业持续发展。

最后，企业家发现机会能力与双元性创新的关系。Mitton（1989），Chandler 和 Janson（1992）认为，企业家是一群如此独特的群体，他们是介于市场与组织中间的联系人，通过环境扫描和市场预测，在此基础上挖掘现有市场机会并创造前景机会，这是企业家最基本的职能。然而这些职能却依赖于个人因素，如对机会的认知（Koellinger，2008）。Arenius 和 Minniti（2005）认为，那些在机会面前的认知变量如企业家的敏锐度等能力，是企业技术创新的重要前置性影响因素。据此，Gaglio（2001）指出，企业家对机会的敏锐实质上是一种心智模式，具有适应性心智模式的企业家才具备搜寻市场变化的能力，与低敏锐度的企业家相比，那些高敏锐度的企业家更能跳出既有的思维框架，更能对技术创新机会保持警觉乃至挖掘日常技术活动背后的潜在机会。总之，企业家的机会能力与组织创新行为正相关（张根明等，2011）。

（2）企业家组建关系网络与企业双元性创新之间的关系

贺小刚（2006）认为，企业家组建关系网络，不仅可以获取信息，获取企业发展所需的各项资源，以及实现产品或服务的商业化价值，还有助于通过其他形式进而间接地影响到组织绩效，尤其是在企业发展初期，关系网络效应尤为显著，因为此时企业的资源是有限的。Mcgrath、Vanoe 和 Graye（2003）的研究表明，构建私人关系网络方便企业家接近缄默性知识，由此企业家能更快捷地面对动态技术环境做出反应。张根明等（2011）研究认为，面对快速变化的技术环境，关系网络构建对于高新技术行业的企业家关系网络构建显得更为迫切与有效，良好的企业家关系网络不仅有利于企业家发现技术与市场机会，也有利于激发企业家的创新行为。与此同时，如果企业家的关系网络越密集，信任水平越高，越能促进企业家个体与外部个体间信息和知识的转移，也降低了信息转移过程中的搜索成本（邓学军，2009）。

第六节　现有文献评述

综上所述，结合奥地利学派之观点，学界似乎围绕三个问题在进行研究：一是法人之行动网络是否必然是企业家社会网络；二是企业家社会网络能否为企业所用；三是能否帮助企业在各项组织活动方面成功。目前，学界关于企业家社会网络对企业技术创新活动影响的相关研究越来越多，但总的看来，仍然存在一些研究上的不足。

一　企业家社会网络研究评述

（1）自变量选取：是个体的社会网络还是个体的社会资本

　　就企业家社会网络与企业家社会资本的区别而言，目前学者们并未给出一致性的区别。有学者提出，社会资本概念总是与社会网络联系在一起（李纯，2005），或认为华人社会关系网络就是一种社会资本（张继焦，2005）。张其仔（1997）甚至提出社会资本从形式上看就是社会关系网络。事实上，从西方现有文献来看，从企业家个体社会网络角度研究创业问题具有悠久的理论传统，Aldrich（1986）为核心的研究团队提出的创业研究的网络方法，已经成为企业家及创业领域研究的主流理论视角。Brüderl 和 Preisendörfer（1998）在梳理前人文献后指出，创业研究的网络方法大多采用了个人网络视角，即探讨企业家个体网络行为、网络结构和网络收益（Witt，2004）对企业创建（网络创立假设）及企业成功发展（网络成功假设）的作用。由此，本书在此无意明确探讨企业家社会网络与企业家社会资本之间的区别，而是遵从奥德里奇（Aldrich）和季默（Zimmer）、布鲁德尔（Brüderl）以及威特（Witt）等学者的观点，秉承创业研究中的网络方法传统，从企业家个体的社会网络结构特性出发，探讨其对企业技术创新绩效的影响。正是从这个意义上讲，本书属于对网络成功假设的进一步验证和发展。

　　事实上，企业家社会资本已经成为企业绩效一个重要解释变量，然而Smith 等（2002）认为，社会资本概念的宽泛性使我们难以认识网络和关系复杂的交互作用，这些研究往往是由社会资本学界的意识形态造成的。因此，如果接受格兰维特嵌入性的观点，那么研究者选择企业家社会网络与组织绩效之间的关系是一个很自然的事情，更何况在中国本土的私人关系网络为私有制企业提供了更多保护（智勇2011）；此外，网络创造了资本，是资本的依托与表现，网络是黏合剂，更容易把行动者与组织联系在一起（邓学军，2009）。

　　（2）网络维度的选取：是基于组织层面还是个体层面

　　一些学者，特别是国内学者套用那哈马特和戈沙尔的观点，采用结构维度、关系维度、认知维度等企业层面的社会资本维度来衡量。此举显然没有凸显企业家个体网络特征，本书认为此类现象或许存在偷换概念的情况。如果从行为主体嵌入的社会关系网络来看，企业家与企业是两个嵌入主体层面的问题。作为企业层面网络的运作主体是企业，它是一个集体行动集合的概念。此外，从企业社会网络的表现形式来看，主要包括集群、战略联盟、业务外包、供应链或者是联合研发等，而企业家个体关系网络由个人血缘、地缘等关系决定。如果基于企业角度，从宏观、中观层面来阐释的话，显然无法突出企业领袖人物的企业家这一关键角色，也忽略了企业家社会网络对企业发展所具有的重要意义。因此，必须寻找更适合企业家社会网络结构特征的测度指标。

（3）网络功效的两面性：是摒弃还是进一步拓展研究

企业家社会网络对创新绩效存在两面性的问题固然由很多因素导致，不过总的来说，由于学者们基于不同的研究视角、研究层面以及所选取研究对象的不同，在具体研究中给出了各自并不相同的概念解释，导致了企业家社会网络操作化测度方面的较大分歧。当然任何事物都存在两面性问题，企业家社会网络也不例外。企业家社会网络是企业获取外部资源与信息的通道，它减少了交易成本以及促进了企业创新能力的跃迁，处在转轨经济背景下的中国企业，企业家社会网络资本①在已经超过体制资本的同时，可能对企业环境适应能力的衰退也埋下了伏笔。两面性问题说明企业家社会网络的作用过程是复杂的，同时也说明企业家社会网络理论依然不够成熟，有待通过实证加以再审视和澄清的必要。进一步地，正确把握企业家社会网络结构特征之间的辩证关系，有利于拓展企业家社会网络对技术创新绩效影响的研究空间，而这与本书的切入视角是吻合的。

二　企业家社会网络与双元性创新关系的评述

在创新范式逐步网络化的背景下，外部网络资源对于创新的重要作用已经得到广泛认可，反之创新也成为企业在创新网络中实现能力跃迁的关键途径。一方面，学者们也深入地探讨了探索与利用式创新的本质，并结合社会网络理论，确立了利用组织异质性资源可以克服企业自身的刚性进而促进创新产出；另一方面，企业双元性创新行为对绩效的影响过程中，两类创新的内部之间与外部情境变量之间的匹配关系是学界关注的重要议题。然而同时也可以发现，关于社会网络与企业双元性创新行为之间的关系存在以下不足：

（1）在研究视角方面

目前少量企业双元性创新研究是从组织层面或者组织间层面展开的，

---

①　此说法详见朱旭峰《中国政策精英群体的社会资本：基于结构主义视角的分析》，《社会学研究》2006年第4期。

基于企业家个体层面的社会网络视角研究则鲜有提及。即从网络结构与探索式创新、利用式创新的创新类型适配研究还比较缺乏（曾德明等，2012），相关的实证研究和案例研究则更为缺乏。即使从网络层面研究企业网络与双元性创新的文献中，大部分将双元性创新作为自变量来研究与企业绩效之间的关系，其中有关企业网络或者企业间网络也仅仅划分为利用式网络和探索式网络，同时也仅有一小部分学者从网络属性的视角来探讨组织学习的问题。企业家与其他个体一样，都是嵌入具体社会情境中的行动者。由此，未来研究有必要深入考察企业家个体社会网络作为前因变量是如何影响企业双元性创新行为。

（2）在研究内容方面

在变量设置方面，有些研究尽管研究了企业层面网络的不同属性对企业双元性创新行为，但是大部分把创新当作结果来处理，比如突变性创新与渐进行创新。然而根据已有文献观点，将利用式创新与探索式创新当作创新过程进行研究将更富有意义。因此，后续研究可以考虑把企业双元性创新作为企业家社会网络与创新绩效之间的中介变量，考察企业家个体层面的社会网络通过对利用式创新与探索式创新影响进而对创新产生的影响。

（3）在研究方法方面

从研究方法上看，有关从网络层面与企业双元性创新相关的研究大多是逻辑推理，少部分学者，特别是国内学者从数理统计的意义上进行实证分析，且基本是规范研究，案例研究与实证研究文献为数不多。因此，本书将结合规范研究与实证研究方法进行相关的探索。

第三章

企业家社会网络与技术创新绩效
关系：探索性案例研究

第二章的文献与理论研究评述为本书奠定了良好的理论基础，本章将针对企业社会网络对企业技术创新绩效的作用机制问题，选择4个典型的高技术企业案例开展探索性案例研究。经过案例内和案例间的比较研究，来构造企业社会网络、双元性创新与企业技术创新绩效研究的初始概念模型以及相应的研究命题。

第一节　案例研究方法概述

案例研究方法已被学界公认为管理学研究中的重要方法。国际顶尖管理学期刊 *AMJ* 在 1963—2007 年近 50 年之间发表的学术论文中，案例研究论文数目呈逐年增长趋势（Colquitt & Zapata-Phelan，2007），这一研究证据的呈现有力地证明了 *TOP* 杂志对以案例研究为代表的定性研究给予了重视与支持（Lee，2001；Gephart，2004；Eisenhardt，1989）。正如克雷斯威尔（2007）所言，研究方案的撰写者都不得不论述定性研究的特征，以使学界相信其合理性。目前，学界已经就定性研究的构成问题达成了一致性意见，这样的讨论也就不再需要了。

Yin 等（2002）在《案例研究：设计与方法》一书中将案例研究定义为一种经验主义的探究，研究生活背景中的暂时现象，在这一研究中，现象本身与其背景之间的界限不明显，需要大量运用实例证据开展研究。苏敬勤等（2011）提出，研究需要回答关于"如何"（How）和"为什么"（Why）之类问题时，实证研究方法中仅有案例研究方法适用于此类方面的研究，而问卷调研与试验方法只能回答"谁""什么""哪里"及"多少"的问题，于是当研究的问题旨在解答构念的深层机制时，只有使用案例研究方法才能开展研究。

范志刚（2010）、李靖华等（2011）提出，多案例研究特点在于它包括了两个分析阶段——案例内分析和跨案例分析。前者是把每一个案例看成独立的整体进行全面的分析，后者更强调理论的构建，即在前者基础上对所有的案例进行统一的抽象和归纳，进而得出更精辟的描述和更有力的解释。Eisenhardt（1991）的研究认为，多案例研究是建立理论的一个有效方法，因为这一方法能够实现单案例之间的复制与扩展，对于好的理论，从根本上来说还是来源于严谨的研究方法和多案例的分析逻辑。黄振辉（2010）也提出，与单一案例研究相比，多案例研究的结论在可靠性与准确性方面更优，更容易导向定量分析，由此增加了研究结论的普适性（Leonard-Barton，1990），也提高了研究效度（Eisenhardt，1989）。已有研究表明，多案例在理论构建和研究效度方面均具有相对的优势。首先，案例研究构建理论的核心在于其复制性逻辑。多案例研究正像一系列相互关联的实验一样，这些不连续的实验可以对产生的理论进行重复、对比与扩展，如果每个案例都可以从其他案例中得出结论进行验证（Yin，1994；Eisenhardt，1989），那么多案例能很好地证明最初提出的理论假设。多案例的研究目之一是用于解析不同个案之间的共同特征，以实现理论的推广。反之，多案例的研究结论一旦呈现矛盾，则应对原理论假设提出修正，或者可以通过进一步检查矛盾背后的含义来化解证据间的矛盾（Eisenhardt & Bourgeois，1988）。总的来说，当研究者旨在解释为什么不同的过程产生相同结果时，则需要选择多案例进行研究（Cardinal，2004）。其次，在进行案例研究时，为保证此类方法的科学性与可复制性，还必须遵循信度与效度的要求。因此，陈晓萍等（2008）认为，案例研究者应该有系统地搜集资料、谨慎地判读、严谨地分析，并使研究设计与过程能够符合所要探讨的问题与概念，以此来满足效度与信度的具体要求（见表3-1）。于是，随着案例的增加，研究效度也随之提高。

表3-1　　　　　　　　增进案例研究的信度与效度策略

检验标准	案例研究策略	策略运用步骤
构建的构念效度	——使用证据的多方来源 ——建立证据链 ——让关键信息的提供者阅读案例研究报告初稿	资料搜集 资料搜集 资料分析

续表

检验标准	案例研究策略	策略运用步骤
构建的内部效度	——做类型匹配 ——做解释构建 ——做时间序列分析	资料分析 研究设计/资料分析 资料分析
构建的外部效度	——分案例复制 ——分析类推	研究设计 资料分析
构建的信度	——用案例研究计划 ——发展案例研究资料库	研究设计/资料搜集 资料搜集/资料分析

资料来源：应国瑞（2003）。

此外，根据研究任务的不同，案例研究方法可以区分为探索性案例研究、描述型案例研究、解释性案例研究三类（Tellis，1997）。其中，描述性案例研究是基于对案例特性与研究问题具备一定认识，对观察对象的实践活动作出翔实的描述与说明，为某一理论成立提供实证支持。解释性案例研究是研究者在案例分析之前，已经运用已有理论建立了若干竞争性的理论假设，以了解被观察现象之间确切的科学逻辑关系，适合进行因果分析。探索性案例研究是尝试用新的观点去评价现象，大多适用于已有研究之基础上，对现有理论进行补充与扩展，进而促进新的理论假设产生（Shavelson & Towne，2002）。

本书从企业家个体层面来考察企业家社会网络结构特征，探讨企业家社会网络与企业技术创新绩效的一般关系，以及企业家社会网络特征、双元性创新与技术创新绩效之间的关系，即研究焦点在于解析这些构念之间关系的形成机制。同时，本书期望基于实地调研，从获取的数据中总结提炼能反映上述变量之间形成机制的较为系统的理论框架。由此更需要通过多案例研究来回答本书中那些"如何"和"为什么"之类的问题，即回答"应该是什么"的客观价值判断问题。艾森哈特（Eisenhardt）（1989）、艾森哈特和Graebner（2007）、苏敬勤（2011）提出，研究构念的深层机制需要采用案例研究方法才能开展研究，通过多案例研究提出科学的理论假设，为后续的大样本问卷调查及数量分析等研究方法提供检验。此外需明确的是，研究正是发生在当下，但研究环境难以控制（Yin，1994）。因此，本书在理论预设基础上进行探索性案例研究，并认为此举符合规范性案例研究宗旨。

　　就案例研究构建理论的步骤方面，艾森哈特（1989）描述了运用案例研究构建理论的路径图，该路径图整合了已有的定性研究方法（Miles & Huberman，1984）、案例研究设计（Yin，1981）和扎根理论（Glaser & Strauss，1967），同时也拓展了预先确定构念、多角度调研的三角测量、案例内和案例间的分析，以及理论文献的作用（见表3-2）。

表3-2　　　　　　　　　　　由案例研究构建理论的步骤

步骤	工作内容	缘由
启动	定义研究问题 尝试使用事前推测的相关概念	将工作聚焦起来 为构念测量提供更好的基础
案例选择	不预设理论与假说 确定特定总体 理论抽样，而非随机抽样	保留理论构建的灵活性 控制外部变化、强化外部效度聚焦有理论意义的案例，例如补充概念类别来复制与扩展理论的案例
研究工具与程序设计	采用多种数据收集方法 组合使用定性和定量数据 多位研究者参与	透过三角证据来强化理论基础 运用综合性视角审视证据 采纳多元观点，集思广益
执行阶段		
进入现场	数据收集和分析重叠进行，整理现场笔记 采用灵活、随机应变的数据收集方法	加速分析过程，并发现对数据收集有益的调整 帮助研究者抓住涌现的主题与案例的独特特征
数据分析	案例内分析 运用多种不同方法、寻找跨案例的模式	熟悉资料、并初步构建理论 促使研究者摆脱最初印象，透过多种视角来查看数据
形成假设	运用证据迭代方式构建每一个构念 跨案例的复制逻辑，而非抽样逻辑寻找变量关系背后的"为什么"证据	精炼构念定义，效度及测量可靠性 证实、拓展和精练理论 建立内部效度
文献对话	与矛盾文献相互比较 与类似文献相互比较	建构内部效度、提升理论层次并精炼概念定义 提升普适性、改善构念定义及提高理论层次
结束研究	尽可能达到理论饱和	当边际改善变小时，则结束研究

　　资料来源：Eisenhardt（1989）。

　　Yin（2003）认为，多案例研究应包括三个阶段：研究界定与设计，案例准备，收集资料及分析、跨案例分析及总结。因此，为了保证科学性和严谨性，本书借鉴艾森哈特（1989）和Yin（2003）的观点，确定以下案例研究步骤：①确定案例企业。本书中筛选案例的方法是，首先利用浙江省经信委、无锡市经信委、金华市政府、温州市鹿城区政协、台州路

桥中小企业个私协会的熟人关系熟悉一些高技术企业对象的概况，而后对
这些目标性高技术企业进行考察并与企业高层进行深入地沟通，根据考察
和面谈调研结果最终确定4家典型的案例企业。②案例资料收集。在正式
访谈之前浏览了调研对象的官方网站与企业家的相关新闻报道，同时制定
了开放式与半结构性访谈提纲，在面谈时依据访谈提纲，使被访企业家或
其他高层领导始终围绕着预设的理论框架进行回答。③报告撰写。首先，
将案例视作独立的个案，并进行案例报告的撰写；其次，进行个案间的比
较，撰写跨案例分析报告；再次，对案例企业进行书面的意见反馈；最
后，根据 Vaus（2001）归纳式案例研究的逻辑思路对4个案例进行统一
的抽象和归纳，进而得出本书的理论构建（见图3-1）。

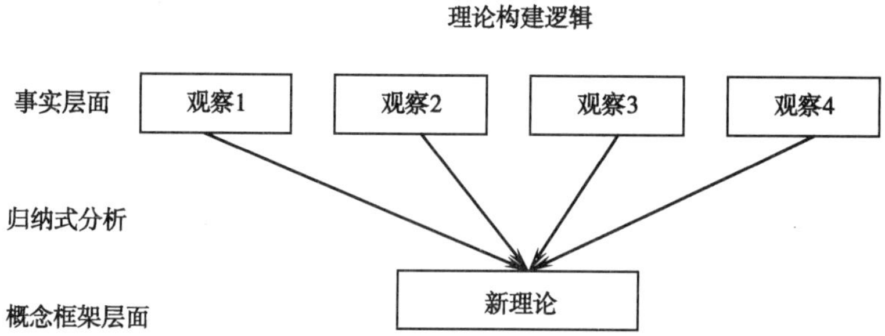

图 3-1　归纳式案例研究的逻辑思路

资料来源：Vaus（2001）。

第二节　研究设计

一　理论背景与理论预设

按照 Eisenhardt（2007）观点，当采用案例构建理论的研究方法时，
研究人员必须证明为什么理论构建式研究能比理论验证式研究更好地解决
所要研究的问题。应对这一关键问题，研究者必须澄清为什么这个问题的
研究是重要的？现有理论为什么无法提供一个合适的答案？仅仅指出现有
理论的矛盾之处够吗？读者相信这个研究问题对于组织或理论来讲是至关
重要的吗？现有理论有没有完全解决此问题？或者是解决得是否充分或可
能不对？据此，Lee、Mitchell 和 Sabylinski（1999）认为，如果是以拓展
现有理论为目的的理论驱动型研究问题，研究者必须在现有理论背景下设

想其研究，即研究问题必须紧扣现有理论背景（引自张丽华等，2010）。同时，为提高案例构建理论的合理性，可以有理论假设，这样可以使研究者关注的焦点锁定于所要研究的问题，不会滑向与研究无关的东西（Yin，1994），即为了提高案例研究效率，可以从理论命题开始（Yin，2003）。因此，本书的探索性案例需要对研究背景及理论预设进行阐述。

随着科学技术迅猛发展，企业面临的生存环境正在发生着各类不确定性变化，一方面技术创新出现了动态性与不连续性特征，另一方面市场需求呈现了复杂化与个性化等特征（李俊华、王耀德，2012）。这些外部不确定性环境给企业带来机会的同时也带来了相应的威胁，企业既要能够成功进行组织变革，又要面临保持已有核心优势的成长困境（李剑力，2009）。在企业持续成长过程中，兼具探索式创新与利用式创新的双元性创新行为成为企业主动适应外部不确定性环境需求的有益探索（Duncan，1976；Gibson & Birkinshaw，2004；He & Wong，2004）。双元性创新是组织开展创新活动的两个基本途径，也是对组织层面运行机理的微观考察。

探索式创新有助于提升企业的长期竞争力，增强技术创新的可收益性（March，1991）。利用式创新是基于组织现有知识，对现有成分进行改造，它建立在已有技术轨道基础之上，增强组织捕获市场机会的能力，可以促进企业技术创新绩效提升（Calantone & Griffith，2007）。因此，本书假设探索式创新与利用式创新都对企业技术创新绩效有着显著的影响作用。

然而有研究认为，由于利用与探索是截然不同的组织活动，其对组织稀缺资源形成了争夺（March，1991）。不过，随着网络资源观理论的发展和研究视角的拓展，Gupta、Smith 和 Shalley（2006）认为，探索与利用之间并非相互竞争的关系，可能是互补的关系，即每个企业在发展过程中不可能拥有创新所需的所有资源要素，而加入创新网络，或者与利益相关者形成战略联盟，此类资源就可以形成共享与互补（党兴华等，2013）。同样，企业外部的多种网络资源获取极大地降低了内部创新所需资源的稀缺性，在网络情境下组织的探索式创新与利用式创新也有可能成为互补的关系（Zollo & Winter，2002；Filiou，2005）。由此学者们基于相关情景展开了此类关系的研究，如将基于技术范式、知识基础以及创新风险不同的探索与利用对企业创新产出的支持，引入社会网络理论中，并从宏观角度探讨了网络结构如何通过组织之间的学习来影响企业技术创新绩效（Rowley, Behrens & Krackhardt, 2000；Eisingerich, Bell & Tracey, 2010）。国内也有少部分学者基于中观层面，从网络结构、双元性创新行为与创新绩效之间的关系进行了探索（彭新敏，2009、2011；曾德明等，2012）。与此同时，企业创新产出除了上述网络结构之外，也越来越依赖于行动者之间网络关系的强度，然而对网络关系如何支持双元性创新这一事后结果还不明确，这或许是未来的研究发展方向之一（Story, O' Malley & Hart, 2011）。

事实上，不同创新主体合作形成的创新网络已经成为企业技术创新活动的重要组织形式（Ayalla, 2010）。相关研究也正从技术网络转向社会网络。企业家作为企业的天然起点，总是嵌入在一定社会情境中（Anderson, 2000；Jack & Anderson, 2002），其社会网络所提供的资源保证了企业创业活动的顺利开展（Carsrud & Johnson, 1989），即企业家社会网络能够为企业创新提供一个必不可少的网络资源（姜卫韬，2012）。梳理相关研究进一步发现，企业家大多是依赖其正式关系和非正式关系进行创新、创业活动的（陈钦约等，2009）。究其原因在于，企业家在企业中是"关键学习代理人"，能对企业创新能力的跃迁产生影响（Collins & Clark, 2003；魏江，2007）。那些嵌含信息与资源的企业家社会网络尽管是一种微观建构，但可以用来替代企业社会网络，对于创新绩效的提升具有重要的作用（Peng & Luo, 2000）。Lubatkin 等（2006）的研究发现，企业家导向是实现组织双元性创新成功的决定因素。因此，本书假设企业家社会网络对技术创新绩效有正向影响，以及假设企业家社会网络对双元性创新有正向影响。

在企业家社会网络的测量研究方面，Marsden（1993）认为主要的社会网络特性描述维度包括网络大小、密度、范围、中心性和中心化程度，以及关系的强度（包括强度、频率和持久性）。Frazier（2000）在研究农村小企业社会网络时用了四组变量来描述网络特征，即：网络结构，包括网络密度和中心性——描述一个网络成员接近其他成员的能力，最高中心性的成员与其他所有成员最短的总距离；网络成员相互作用，包括频率、情绪强度——衡量一个关系的友谊程度、亲密度和认知的同质性；关系强度；社会资本，包括信任、承诺和互惠性。Hoang 和 Antoncic（2003）也指出可以通过分析网络成员交易内容、网络关系的治理机制和网络结构特征来分析企业家社会网络。综合上述分析，已有研究基本从网络大小、密

度、范围、中心性和中心化程度及关系强度（包括强度、频率和持久性）
等角度来说明企业家社会网络结构特征对于企业绩效起着积极的影响
作用。

又据西方学者的观点，当讨论企业家在网络中的整体性特征与个体地
位特征，以及企业家社会网络与技术创新绩效之间的关系时，对企业家社
会网络的维度刻画应该从网络特征的视角来考察，因为行动者被观察到的
某种特质往往被解释为其在此网络中地位的功能（李孔岳等，2011）。由
此，Collins 和 Clark（2003）从社会网络的关系强度、异质性等方面来考
察网络结构特性观点，Tichy 和 Tushman（1979）、Andreas 等（2010）、
Lin（2005）从网络异质性、广泛性、网络强度、中心性、桥、密度、可
达到性等方面来展开研究，Moore 和 Daniel（2009）从网络的达高性、多
样性以及网络范围等特征变量进行考察。总的来说，针对个体社会网络的
结构性特征主要从以下四个方面展开（见表3－3）。

表3－3　　　　　　　　　　社会网络的结构性特征维度

	达高性	广泛性	异质性	关系强度
Lin	达高性	广泛性	异质性	关系强度
Bourdieu	—	网络规模与网络数量	—	—
Flap		成员数量与资源数量	—	关系强度
Coleman	—	网络规模	异质性程度	—
边燕杰	网络顶端高低	网络规模	网络位差大小	网络构成
张文宏	角色关系类型	网络规模	异质性与趋同性	密度
张其仔	网络的类型	网络规模		密度
李孔岳	达高性	广泛性	异质性	关系强度

资料来源：在李孔岳等（2011）研究基础上补充。

Tsang Ericwk（1998）认为，企业家社会网络是一种稀缺的、有价值
的以及同行难以复制与模仿的资源交换通道。Davidsson 和 Honig（2003）
研究强调，不同的网络结构特征反映了行动者网络中嵌入性资源的属性，
正是这些有价值的资源促进了新创企业的创新成长。

事实上，已有文献关于企业家社会网络到技术创新绩效的影响机制研
究中，鲜有学者从企业家社会网络与双元性创新之间的配适进而影响技术
创新绩效的这一逻辑机理来考察。其实如果从企业家的创造力、积极性以
及"网络成功经验假说"等视角出发，企业家社会网络应该对企业双元

性创新行为有着积极的影响。

　　综上所述，本书假设企业家社会网络的特征维度变量对双元性创新行为有着重要的影响，而双元性创新对技术创新绩效均有显著的影响。由此，本理论预设架构将作为研究基准来指导本章多案例分析的展开，通过对分析性的推演将案例中获取的经验数据与理论模型不断地进行比较，以此形成本书的理论假设命题（见图3-2）。

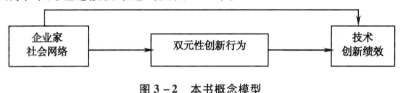

图3-2　本书概念模型

二　案例选择

　　鉴于本部分试图进行探索性案例研究，且研究的焦点是"过程与机理类"问题，因此多案例研究方法是最适合的（Eisenhardt，1989；Yin，2009；周江华等，2012）。需要明确的是，本书的指导性问题是：企业家社会网络如何作用于双元性创新从而促进高技术企业技术创新绩效的提升？目标是寻找企业家社会网络促进技术创新绩效提升机理的理论架构，此类问题的解决选择多案例研究方法更合适（Siggelkow，2007）。

　　在案例数量方面，Eisenhardt认为，包括4—10个跨案例研究可以提供一个良好的分析归纳基础，由此推导出的结论信度和效度也会随之得到改善（Rossman，2010）。同时也应当使用理论抽样（而非统计抽样）来决定案例的数量，即当新增加个案无法提供更多新知识时结束案例增加（Eisenhardt，1988）。此外，理论抽样是根据理论而非统计概念来选择案例（Glaser & Strauss，1967；陈晓萍等，2008），必须交代案例选择的理由（张霞、毛基业，2012），即案例选取需与要回答的问题有关。根据上述观点，为了达到理论抽样的目的，本书有意选择独特性案例以解决本书所锚定的研究问题与研究目标。即本书选择案例主要基于以下考虑：①为了降低案例研究的外部变异性，本书将案例企业限定在本土制造企业。②为了保证案例样本的代表性，本书选择的企业分布于电线电缆、通信设备、药业以及电机行业（标准见第三章第三节案例对象介绍）等多个制造行业，此举避免了与其他行业的差异（Yan & Gray，1994），由此增加了业务背景的多样性（Eisenhardt，2001）。为了达到较好的多重验证效果，选择的案例企业兼顾了企业的规模与地理区位的多样性。③为了保证案例研究的信息丰裕度，且能在合理范围内控制案例研究成本，案例企业的选取过程并非随机，而是兼顾了信息的可得性。此外，选取的企业均已开发了创新流程，且以技术创新为导向，且有所不同，因而跨案例对照的互补性信息得以提供。依据典型性原则，本书在对 11 家高技术企业进行预研的基础上选择了 A 公司、B 公司、C 公司、D 公司等 4 家在双元性创新方面具有代表性的高技术企业作为多案例研究样本。值得一提的是，高技术民营企业对我国国民经济增长意义重大，选取此类企业作为研究对象具有较强的现实意义。

三　数据收集

本书主要采用几种数据源的收集方法：深度访谈、档案、媒体资料、网站、电话访谈追踪、媒体资料以及电子邮件等方法。本书在相关数据收集过程中遵循了 Yin（1994；2003）、Anand 等（2007）的建议：一是从多证据来源收集；二是建立案例资料库。此举增加了研究的效度与信度。因此，本书遵循以上原则进行相关数据的收集。

首先，数据收集从获得详尽的内外部档案数据开始，包括：企业新闻稿、内部报告、展示及企业家在各时期所做的报告资料。外部数据来源包括了企业的媒体文章，以及用企业名称作为关键词进行搜索的信息，与每位企业家有关的公开出版的书籍。此外，本书还对特别熟悉案例企业家的受访者（如政府等规制机构的相关朋友）进行深度访谈。相关研究表明，此类受访者提供的信息往往是高度准确的（Eisenhardt，2009，引自李平等，2012），同时也保证了资料来源的多样性。

其次，在深度访谈前，从相关网站了解企业家的背景资料，以此聚焦深度访谈的关键问题。在一线访谈时，尽量征求被访谈者的同意，通过录音笔与笔记的形式记录在案。由于深度访谈是一项重要的数据来源，每次访谈持续时间为 2 个小时，在访谈结束的 24 小时之内完成访谈记录的录入与誊抄工作。总之，通过将多渠道、多形式的二手资料、访谈以及调研问卷等统一归档到研究的案例库，并进行分类与编码，以此为下一步数据分析所用。

最后，在资料收集过程中，特别关注了案例资料的客观性，以避免根据研究理论以先入为主的方式导致武断性判断。同时，每一份资料的收集

标明了资料来源、收集过程、收集时间与场景。其中，当资料来源与现场
收集的资料出现不一致情况时，本书遵循二手资料服从一手资料原则，并
且就某些不清晰问题与被访谈人员再次沟通，对所需信息进行补充、记
录、整理及核对。以上所有注意事项的目的在于用案例资料建立证据链。
（见表 3 - 4）

表 3 - 4   案例企业资料来源

企业	访谈		档案	现场观察	网站媒体	相关朋友
	时间	对象				
A 公司	2011 年 9 月	董事局主席 J 总、企业副总吴总、营销副总陆总	A 企业报、上市公司定期报告、产品选型手册、企业年度报告	利用同学关系多次到公司讲学并进行参观调研	企业网站、国研网、中经资讯行	个私协会许秘书长、市商会成员储总
B 公司	2012 年 4 月	董事 J 总、总经理 H 总、技术总监 L 总	企业资质文件、市招商局提供的工业转型升级系列报告会医药产业专题	利用政府委托课题调研机会，多次到企业进行参观调研，并参观生产流水线	企业网站、市工商局网站等新闻报道	市招商局郑局、市工商局单秘书长
C 公司	2012 年 5 月2012 年 8 月	董事长 Y 总、营销总监 L 总	企业宣传材料、资质文件、行业发展报告、年度总结报告	利用校企合作关系多次到企业进行参观调研，并参观生产流水线	企业网站、市工商局网站等新闻报道、中经资讯行	个私协会 X 秘书长
D 公司	2012 年 6 月	董事长 C 总、技术总监 H 总	企业宣传材料、资质文件、产品选型手册	利用朋友关系多次到公司进行参观调研、与内部员工进行多次的非正式交流	企业网站、市政协网站等新闻报道、区政产业升级专题会议资料	区政协工作人员

资料来源：根据访谈资料的整理。

四 数据分析方法

数据分析是案例研究构建理论的核心，也是最不易言表的部分（Eis-
enhardt，1989；陈晓萍等，2008）。本书采用内容分析方法（Krippendorff，
2004；苏敬勤、崔淼，2011）。内容分析技术是一种用于解释研究问题、

现象或事件的质性数据研究方法，通过对原始数据的不断浓缩和提炼以实现对数据的精练，并构建相关理论对研究问题进行解答。同时，一个典型的归纳研究要求建立起个案研究，然后进行案例之间的比较，最后构建概念框架（Eisenhardt，1989）。本书参照陈晓萍等（2008）建议步骤：第一，建立文本。第二，发展编码类别；由于本书主要涉及企业家基本信息、企业双元性创新及企业技术创新绩效等主要构念，因此依据构念的子类别对数据进行进一步编码。第三，指出相关主题，Yan 和 Gray（1994）认为，如果有初步理论，则可根据理论来架构类别，本书数据分析围绕研究主题展开，即将所有数据按照理论预设来进行逻辑归类。第四，资料聚焦与检定假设。根据 Eisenhardt（2009）观点，本书将理论构建分各个主题或各初步假设，让资料主题与初步假设对话，以了解资料与初步假设匹配状况，作为接受或拒绝假设（或命题）的依据。第五，描绘深层次结构，整合所有资料、理论命题，以进行理论框架的构建，作为未来进一步研究的基础，并加以修正（Garney，1990；Strauss & Corbin，1990）。

　　紧接着，在案例分析中寻找类似的构念和主题进行跨案例分析（Eisenhardt et al.，2007）。同时为了通过案例之间的配对来突出异同，用分析性归纳方法对案例进行分析（Glaser & Strauss，1967），此方法可以对现有理论进行扩展和精练。根据 Glaser 和 Strauss（1998）的建议，本部分将通过第一个案例资料的数据分析形成的构念与主题，初步建立起各构念之间的关系，然后通过复制性逻辑来精练这些初步发现的关系，在此过程中经常回到每个案例去比较验证具体构念、关系和逻辑是否存在。此种理论与数据的反复比较，强化了构念定义，构念之间的理论关系，以及深层次的理论观点。总的来说，通过选取的四个案例数据、文献和理论之间的循环往复，直至到达理论与案例数据之间的高度匹配，从而得出相对稳定性的结论，为后续定量方法检验提供科学命题。

第三节　案例对象简介

一　A 线缆企业

　　A 线缆企业创建于 1990 年，曾获得"全国重点高新技术企业""中国质量服务信誉 AAA 级企业""中国经济顶梁柱千家工业企业"等 139 项主要荣誉，公司于 2010 年借壳在沪上市。企业主要从事架空导线、电力电缆、电气装备用电线电缆、特种电缆四大类线缆产品的系统设计研发、制造、营销与服务。其核心产品风力发电移动用固定敷设用耐扭耐寒阻燃软电缆（110282G0742W）在国内风力发电市场占有率连年稳居前三甲，光伏电缆（090282G0126W）技术居国内领先位置。企业线缆产品在长江三峡工程、浦东国际机场、上海地铁许多国家大型工程中广泛使用，并远销东南亚、欧洲、非洲、澳洲等世界各地。公司拥有国家级企业技术中心、国家级博士后工作站和院士专家工作站，在风力发电用电缆、防水电缆等方面，取得了多项重大科技成果。

二　B 制药企业

B 制药企业成立于 1998 年，是中国医药领域的现代新型制药公司。企业先后被评为全国医药百强企业、浙江省医药工业十强企业、国家火炬计划重点高新技术企业、浙江省创新型示范企业和浙江省 AAA 级"重合同守信用"单位。企业成功开发了抗感染用药、心血管用药和抗抑郁用药三大系列产品 40 多个品种，有 8 个产品填补空白，20 个产品通过了 FDA 认证，16 个产品在欧盟 COS 注册。在 WHO 推荐的 24 种最有效的心血管类基本药物中，B 制药企业的注射用盐酸头孢甲肟品种名列其中，在中国医药产业的发展史上树立了一座傲人的丰碑。

三　C 电机企业

C 电机企业成立于 1956 年，企业被认定为国家高新技术企业，是国内同行最早开发高效节能电机和取得节能认证的企业，列入国家节能产品政府采购企业，高效节能电机被列入国家火炬计划项目，并入围了由国家发改委、财政部第一批发布的"节能产品惠民工程"高效电机推广产品。企业专业生产 JM1、IE3、美国 NEMA 标准的高效 EPACT 及超高效电机等。企业产品达 1500 多种规格，是目前中国电机行业产品规格最齐全的企业。C 电机企业生产的各类电机，出口到德国、意大利、奥地利、西班牙等欧洲各国，以及澳洲、北美、南美、中东、亚洲等共 80 多个国家和地区。C 企业是中国电机出口的领军企业，也是中国最大的高效低碳节能电机生产基地和最大的电机出口基地。

四　D 通信设备企业

D 通信设备企业创建于 1990 年，公司是中国通信工业协会副会长单位也是国家级软件企业和国家重点高新技术企业。企业在程控交换技术、通信组网技术、光通信技术、软件开发技术、无接触式喷码机技术、变频器技术研发方面具有独特优势，并达到国内先进水平。D 通信设备企业现有拥有 25 家分公司、办事处和 320 家专业代理商，是中国电信市场通信设备供应之一，与中国移动、中国电信、中国联通建立了长期稳定合作关系，形成了强大的品牌效益。企业依托上海区位优势，努力使 D 公司建设成为技术领先、管理科学、装备先进、服务优良的现代高科技企业（见表 3 - 5）。

表 3 - 5　　　　　　　　　　案例企业基本信息

	A 线缆企业	B 制药企业	C 电机企业	D 通信设备企业
主要产品	架空导线、电力电缆、电气装备用电线、特种电缆等	抗感染用药、心血管用药和抗抑郁用药等	JM1、IE3、NEMA 标准的 EPACT 及超高效电机	程控调度机、光传输接入产品、变频器、喷码机等
成立时间	1990 年	1998 年	1956 年	1990 年
员工人数	约 2000 人	约 1200 人	约 800 人	约 110 人
2011 年销售额（人民币）	约 60 亿元	约 14.6 亿元	约 6.87 亿元	约 4.6 亿元

资料来源：访谈记录、企业提供资料及企业网站信息。

第四节　案例内分析

本部分将逐一对获取的四个高技术企业数据进行编码，并根据研究变量进行归类。分别对每个案例中的企业家社会网络特征、双元性创新及企业技术创新绩效进行描述与初步分析，由此得出结构化的数据信息，为深入研究变量之间的关系奠定相应的研究基础。

一　企业家社会网络特征

借鉴 Tichy 和 Tushman（1979）、Lin（2005）、Andreas 等（2010）、Moore 和 Daniel（2009）、李孔岳（2011）等人的研究观点，本书主要围

绕达高性、异质性、广泛性、关系强度等四个特征维度进行有关企业家社会网络的数据信息收集。其中，网络的达高性主要侧重于考察企业家是否在政府部门担任要职或者在官方与半官方组织处于优势地位而接触到企业创新所需的优势资源（李孔岳，2007；叶静怡等，2012）；企业家网络的广泛性即指个体社会网络的规模（边燕杰，2004），意味着企业家从其社会关系网络中获取资源的广度（Aldrich & Reese，1993；Hansen，1995；Hoang & Antoncis，2003）；异质性是指企业家社会网络中的行动者个体在职业特征、社会地位特征方面来反映企业家与网络成员之间的相似或相异程度（边燕杰，2004），一方面隐含了格兰维特弱连带思想，反映了企业家获取非冗余资源的可能性（Hoang & Antoncic，2003）；另一方面，由于社会网络中行动者成员在身份、职业等方面的差异性，意味着他们给企业家带来了不同的外部资源。其实，企业家社会网络的高异质性体现了社会网络资源的幅度（耿新，2010）；关系强度是企业家社会网络中企业家与其他节点之间联系的频率，它能够提高个体成员之间的行动默契，有利于企业获取优质信息、资源与缄默知识（吴俊杰、戴勇，2013）。以下是各案例企业的企业家社会网络特征的状况。

（1）A 线缆企业

民营企业家 XPJ 董事长带领着 28 位亲朋好友创立 YD，如今他带领下的 A 控股集团已经成为中国电缆行业杰出的行业领袖，凭借他的智慧、胆识和勤勉架构了引人注目的"A 模式"。从达高性来看，XPJ 董事长首次以民营企业家身份成为党的十六大代表，被誉为红色企业家。由此 XPJ 董事长有更多机会与政府交往，一方面，为 A 企业通过制度化渠道参与政治提供了机会，表达了企业的诉求；另一方面通过构建的"关系—资源"的经营模式给企业带来了稀缺性资源。《南方周末》（2006）、《中国经营报》（2006）以及国内经济界资深评论家和观察家刘晓午（2012）在各自的报道中写道："XPJ 董事长在一次艰难的贷款中受到了极深的震撼，他反省出，如果民营企业要发展，必须要借助政府的力量……XPJ 董事长将企业进行了中国式的改制，戴上红帽子成为 A 企业的一个起点，也形成了XPJ 董事长'市场 + 政府 = 成功'的独特经营逻辑"。

从异质性来看，XPJ 董事长通过"全国劳动模范""全国十大杰出跨世纪科技人才""2008CCTV 中国十大经济年度人物""中国青年五四奖章""蒙代尔世界经理人成就奖"等社会荣誉，使其置身于不同的社会圈子中，建立起了丰富的社会网络，不仅与本地的企业、协会、研究机构人员取得交流，而且与外地的企业、研究所等人员也有所合作。如今，A 企业正逐步迈入高端产业——光电产业，XPJ 董事长与上游的冶金类、高分子材料供应商成员，下游的电力系统、石化、煤炭、造纸类、交通、建筑等客户人员关系，与横向的 ZM 股份、HA 电线电缆企业等企业家之间的彼此信任度也很高，经常以企业家沙龙活动、企业家俱乐部的形式发生着各种商业关系往来。由此可以认为，XPJ 董事长与合作伙伴成员的关系非常紧密，社会网络关系强度很高。积极的政治联系及各项社会荣誉，XPJ 董事长赢得了优越的社会地位，有着各类的同业关系、同乡关系、朋友关系、亲属关系，董事本地关系、连锁董事关系，由此利用这些面非常广的社会关系，有效调动的社会资源也就越多，可见，XPJ 董事长个体的社会关系广泛性特征很强。

（2）B 制药企业

B 制药企业在医药领域选择了高精尖的发展方向，也正努力占据制药行业的制高点。在药业将成为集团公司未来主要战略支撑的过程中，XMJ 董事长起到了至关重要的作用。从达高性来看，在 2005—2007 年，XMJ 董事长响应政府号召，关停了集团分公司十条高效益的水泥机立窑，对上千名员工进行转岗、安置，大部分分流到了药业，促进了再就业，此举最直接的好处就是，B 制药企业成了当地政府千方百计来扶持的重点科技民营企业。XMJ 董事长任地市级第六届人民代表大会常务委员会委员、浙江省企业家协会副会长、地市级社科联副主席，荣获浙商十大风云人物、浙江省第二届优秀中国特色社会主义建设者等荣誉称号。可以认为，XMJ 董事长通过这些政治联系与社会荣誉的获得成就了 B 制药企业丰富的社会网络资源，也使 XMJ 董事长的这些政商关系逐渐转变为企业创新发展的工具性关系。从异质性来看，XMJ 董事长兼任 TSL 制药股份、LH 制药股份的连锁董事，同时和其他 18 位知名制药企业负责人被《医药经济报》杂志聘请为编委，特别与上海医药工业研究院、中国工程院院士侯惠民有着长期的交流合作关系，正是 XMJ 董事长社会关系网络中合作伙伴类型的多样性，给 B 企业带来了全方位的互补性信息。从网络关系强度来看，B 制药企业始终秉承"做精品药、科技造就健康"的经营理念，在知识链方面，XMJ 董事长始终与国内的中国药科大学、上海医药工业研究院、四川抗生素工业研究所等知识密集型服务业（KIBS）机构人员之间建立了密切的科技合作关系。与此同时，XMJ 董事长还曾经到澳大利亚国立大学读书，在同班同学中有来自新加坡、马来西亚以及中国香港、中国台湾的众多企业精英，他以优秀的成绩毕业后与这些精英们保持各种各样的紧密联系（许永土，2008）。在技术链方面，XMJ 董事长与 ZH 集团、YX 生物工程、YQHT 药业等其他创新网络主体的法人代表联系频率较高，由此可以认为，XMJ 董事长与其他企业家之间的互惠交换、互动频率促进了相互的信任、合作愿景，与网络成员之间形成了知识共享机制。除了药品，B 制药企业的天然产品（JF-NATURAL）在国际市场上享有盛誉，因此相当多的信息搜寻者通过非正式场合与 XMJ 董事长进行非正式交流，另外，随着以抗生素和心脑血管为主、以天然植物提取物为辅成为 B 制药企业产品的发展方向，XMJ 董事长与外界交流的方式与类型正在日益增多，结合与其相关朋友的访谈内容，本书认为 XMJ 董事长的网络广泛性很强。

（3）C 电机企业

JWY 董事长带领 C 电机企业向驰骋国际市场的电机制造龙头企业迈进。从达高性来看，JWY 董事长以区第二、三、四届人大代表的身份与地方规制机构人员之间有着良好的政治联系，在浙江政协会议上作为温台机电产业代表向大会递交了一系列议案。比如，2009 年，JWY 董事长提交了《加大节能机电产品中国本土机电品牌的力度》重要提案。此后地方财政部门对 C 电机企业"节能产品"研发的科技创新拨款有所增加。同时，他在技改、研发、信息服务等方面有价值的技术信息及其他稀缺资源的获取逐渐成为可能。在访谈中了解到，JWY 董事长通过政治联系途径获取的网络关系资源略显一般。从关系网络的异质性来看，凭借 JWY 董事长"借外脑为我用"思想积累了丰富的技术性社会网络，以此获取了各种新的技术信息资源。例如从高校、科研机构等外部技术利益相关者网络成员处获取了大量有关高效节能特种电机的政府政策、市场及技术信息，并且由上海交通大学、上海电器科学研究所的院士、博士、教授和高级工程师作为公司顾问负责为 JWY 董事长全面把脉 EFF 系列高效率节能电动机技术，并提供决策辅助。从网络关系强度来看，JWY 董事长是以中国电器工业协会中小型电机分会副理事长等社会兼职身份与很多企业的法人代表保持着长时间、高频繁、高信任程度联系。例如，在 EFF1 高效率节能电动机产品的研发上，长期与浙江大学和陕西省科研院所合作，JWY 董事长与这些专家、教授之间的关系堪比亲戚与老朋友之间的关系。

由此可以认为，JWY 董事长社会网络关系强度较强。同时，在实际调研中发现，JWY 董事长在 C 电机公司创业过程中与北美、南美、中东等 20 多个国家与地区的供应商以及与德国、意大利、奥地利、西班牙等欧洲的客户保持了良好的关系，这些供应商与客户相对比较稳定，相应合作关系也比较固定。由此 JWY 董事长社会网络的广泛性属一般。

（4）D 通信设备企业

从引领喷码机制造到从事交换设备、光传输设备、变频设备、机电一体化产品开发生产的"高新 D 通信"，再到 SOP700 系列申瓯白墨喷码机、SOP800 系列触摸屏喷码机，产品功能强大，性能稳定，达到了国内领先水平，这些赢得国内外用户广泛赞誉的一系列事件，似乎都与 CCC 董事长有关。从达高性特征来看，CCC 董事长以当地市级第九、十、十一届人大代表身份、地方劳动模范及浙江省优秀共产党员的荣誉为其提供了更多的政治联系机会，此为 CCC 董事长有效获取稀缺性起到了关键的桥梁作用。访谈中发现，CCC 董事长经常向规制机构人员开展相应的公共关系活动，此举能使 D 通信更好地与移动等大客户开展合作，同时在一定程度上也规避了政府干预，这些现实数据表明 CCC 董事长社会网络的达高性程度属一般。从网络异质性来看，CCC 董事长是地市级三轮优秀青年专业人才、第四五轮专业技术拔尖人才，由此良好的企业家社会声誉得到了同行之间的尊重与认可，同时也为 CCC 董事长与本地同行、异地同行之间就技术发展趋势、市场信息等方面问题的互动交流提供了可能。值得一提的是，CCC 董事长拥有合作伙伴的数目虽然较大，但同类型联系伙伴较多，即网络关系的冗余与重复性较为明显。由此可以认为，CCC 董事长社会网络的异质性一般。从网络关系强度来看，CCC 董事长非常注重与哈工大、浙大、中科大一些专家保持密切往来，这些合作关系逐渐为 D 通信培育了一支优秀的技术研究团队，另外，CCC 董事长在对中国移动、中国电信的升级服务过程中定期保持了对这些客户高层的高频率回访。因此，可以判断 CCC 董事长社会网络关系强度较强。虽然 D 产品的设备在电信运营商与行业用户中大量使用，但 CCC 董事长的客户相对比较稳定，同时其技术性社会网络方面也仅仅与固定的几家合作伙伴进行。由此 CCC 董事长的外部社会网络的广泛性不是很强，即一般程度。

二　双元性创新

企业采取的技术创新行为和策略的主要特征包括：自主创新（独立研

发、专业研发、技术开发）、模仿创新（启发型、集成型、反求型、引进再创新型）及合作创新（合同合作、项目合作、基地、基金、研究合作、企业孵化等）。Danneels（2002）首次将双元性创新行为引入技术创新领域，提出了利用式创新和探索式创新。Hansen（1999）、蔡宁（2008）认为，不同社会关系网络对知识、信息传递的特征不同，进而影响组织采取不同类型的技术创新行为。本书借鉴 Jansen（2006）、He 和 Wong（2004）、李忆（2008）、李剑力（2009）、樊璟琰（2011）等研究观点，即从利用与探索的角度将组织双元性创新划分为探索式创新和利用式创新，从积极开发新产品满足市场需求及改进现有产品等方面来描述双元性组织创新行为，以下是各案例企业的双元性创新行为状况。

（1）A 线缆企业

A 线缆企业自身的竞争力源自技术创新战略。金培（2012）认为，A 企业技术升级的关键是将高新技术植入制造业并且做到了精致与扎实。回顾 2006 年，A 企业与上海环球金融中心中建电气项目部签订供货合同，为兴建中的"世界第一高楼"上海环球金融中心提供了 A 企业自主研发的超高层建筑吊装电力电缆，该线缆产品为国际国内独家生产，经有关权威机构鉴定为国际领先产品。2012 年 7 月，A 企业的国家级博士后科研工作站相关技术团队自主研发的 21/35kV 矿用拖拽电缆成功下线并交付使用，填补了国内同类产品空白。与此同时，企业还加大了风力发电用电缆、核电电缆、光伏发电用电缆的开发力度，与上海电缆研究所共同承担制定了《额定电压 0.6/1kV 橡胶绝缘和护套风力发电用耐扭软电缆国家标准》，并参与了国家环保电线电缆和多项矿用电缆标准的制定和修订工作。从上述例子可以看出，A 企业进行了一系列成功的探索式创新。在对 A 企业进行参观的过程中发现，从德国引进的悬链式超高压交联电缆生产线，充分保证了电缆的圆整度和偏心度，而且生产额定电压 500kV 交联聚乙烯绝缘电力电缆的成本下降一半以上，这个例子很好地说明，A 企业通过与外部技术利益相关者的全面合作，对其成本降低和工艺的改进等利用式创新起到了显著的作用。

（2）B 制药企业

B 制药企业创办初期，就已经确立了"要以创新的理念来做好医药产业"的经营理念。企业针对抗生素和心血管两大系列产品，采用仿制和创新策略，提倡创造性仿制，走出了技术创新模式的新路子。例如，2004

年 B 制药企业以技术转让的方式从上海医药工业研究院买断阿奇霉素实验室成果，经过研发人员对该药物化学结构进行钻研理解与全面的消化吸收，最终企业仅用两年时间实现了产业化的开发。2007 年"硫酸阿奇霉素及冻干粉针"被列入国家火炬计划项目，并通过了省级科技成果鉴定。2008 年企业与中国药科大学、四川抗生素工业研究所等 KIBS 建立全面的技术转让方式与合作，B 制药企业每年研发投入占销售收入的比例为9.5％，已处于国内领先水平。截至目前，企业已经研究开发了 15 个剂型50 多个品种、若干个国家一类新药。因此可以认为，B 制药企业拥有很强的探索性创新能力。2006 年以来，B 制药企业与 XBZH 药业合作生产表阿霉素，表阿霉素生产线以 B 制药企业现有生产能力为基础，XBZH 药业为表阿霉素生产提供了技术支持，B 制药企业技术人员通过"干中学"，逐渐掌握了表阿霉素所涉及的复杂药理知识，有效提升了表阿霉素的生产、研发实力。2008 年，借助与 Y 公司合作项目的引入取得了 ISO9002、ISO14001 和 GMP 等证书，此举强化了 B 制药企业药政注册创新能力，也使 JF 药业进行了一次有效的利用式创新。

（3）C 电机企业

C 电机企业通过一系列的技术创新，最早取得了国家电机产品出口质量生产许可证，也通过了 CQC 认证、欧共体 CE、TUV 认证。C 企业通过与澳洲 YYY 公司的合作，及时获取了国际前沿 JM 系列 EFF 高效电机技术成果，与此同时，也基本实现了与 YYY 公司的同步发展，例如，从设计到生产工艺基本实现了与国际接轨。在访谈中了解到，公司省级研发中心中的科研人员在与外部技术利益相关者展开广泛技术交流与合作中，不仅充分吸收了同行的先进技术成果，而且在此基础上加大了自主创新的力度，形成一个"节能电机，绿色 C 企"，使 EFF 系列高效率节能电动机产品被列入国家火炬计划和浙江省高新技术产品。此外，C 电机企业的利用式创新能力也非常强，在以 NEMA 超高效率电机作为研制生产的重要目标与上海市中小型电机及系统技术创新服务平台的合作过程中找到了解锁的金钥匙，最终攻克了高效电机的技术难题，取得了最佳方案，成功研发出超过美国 EPACT 高效率标准 2％的"超高效率电机"，即 NEMA Premium 电机。公司 JWY 董事长坦言，随着 C 电机企业与节能电机平台间产、学、研合作的不断推进与深入，企业的利用式创新能力也必将得到进一步的提高。

（4）D通信设备企业

D通信设备企业一贯坚持"以培育综合竞争力壮大产业，以开拓科技新领域发展产业"的经营战略。为确保喷码机在国内市场上的核心竞争优势，D通信设备企业制定了满足高端市场需求的技术战略。为此，D通信采用国外先进的32位ARM嵌入式结构，由公司智囊团与哈尔滨工业大学、中国科学技术大学组成的120多位技术人员进行了合作开发，该战略使SOP800系列喷码触摸屏喷码机在人机交流和智能操作方面取得了巨大改善，使D通信设备企业的喷码机运行可靠性和运行经济性的优点得到全面优化和提升，同时也将给喷码机高端用户带来更完美的标识体验。另外围绕喷码机可靠性技术开发，D通信设备企业进行了长期探索和创新，从自动化相位控制到新型黏度技术的使用，使喷码机运行稳定的基础更加牢固，其中独特的四泵一体内置隔膜泵设计、喷嘴三重防堵技术使D企业喷码机可靠性再上一个台阶。从整体上讲，D通信拥有较强的探索性创新能力。然而D通信作为高科技企业，员工的流动率自然也相对较高，另外由于D通信的SOP系列技术知识的引进、消化、吸收是基于个人而非组织层面，在D通信的组织层面尚未形成各个职能部门内部的知识共享体系，由此存在员工走附属在研发人员身上的技术知识也被带走的尴尬局面，导致技术知识的流失。正如公司CCC董事长直言：人才的流失、核心技术的关注度缺乏、企业再创新能力有待进一步提升，公司开发的SOP系列内置泵喷码机耗材消耗量与气源式喷码机的优势没有明显体现……因此可以认为，D通信的利用式创新能力一般。

三　技术创新绩效

技术创新是指从新思想产生、研究、开发、试制、制造到商业化的整体过程（Ahuja & Katila，2001；许庆瑞，2000；陈劲，2001；郭爱芳，2010）。常见的研究基本采用了客观的指标，如专利数、新产品数、新产品销售额占销售总额比重及新产品开发速度等来衡量。本书参考Alegre和Chiva（2008）、张芳华（2004）、陈钰芬等（2008）、郭爱芳（2010）等研究结论，从新产品数量、新产品开发成功率、新产品开发速度、新产品独创性、新产品销售额占销售总额比重等多个指标来分析案例企业的技术创新绩效。

（1）A线缆企业

从地方电工塑料厂到中国企业500强的跨越式发展过程中，A线缆企业每年的研发投入占销售收入比重保持在2%以上，保持同行业领先水平，企业平均每年开发新产品数十个，新品销售收入占到年销售收入的65%以上。截至目前，A线缆企业已发展到五大类150多个品种、15000多个规格的产品，其中自主研发的高层建筑吊装电缆、地铁用额定电压26/35kV及以下交联聚乙烯绝缘防水防鼠阻燃环保型电缆等十多种新品达到国际领先水平，数十种产品被列为国家、省市的重点保护产品，或列入国家/省火炬计划。2008年，A企业商标被评为中国驰名商标，远东产品获得"国家质量免检证书"，又被评为"全国用户满意产品""中国名牌产品""中外名牌产品"。

（2）B制药企业

2011年，B制药企业第五次进入中国医药工业企业百强行列。企业借助"外脑"，采用合作开发与自主研制相结合的方法，实施"三高一特"（高科技含量、高附加值、高市场容量和疗效独特）新品开发战略，每年能持续地推出片剂、胶囊剂、颗粒剂等一些新产品，同时先后开发了注射用喷昔洛韦、头孢甲肟、力斯得、舒坦罗等国家二类新药产品。截至2010年，B制药企业已经拥有15个剂型50多个品种，11项蝎毒注射液等专利发明证书，向国家知识产权局提出26项发明专利申请，包括国际PCT专利2项。其中，2008年舒坦罗产品获得了市场的高度认可，在国产帕罗西汀产品中已经占据了半壁江山，其销售额占公司全年销售的55%以上，真正实现了生产一代、开发一代、构思一代的产品开发模式，企业走上了可持续发展道路。目前，B制药企业被授予"国家级高新技术产业化示范企业""国家级重点高新技术企业"荣誉称号。访谈中公司JLH总经理坦言：技术创新是B制药企业发展的永恒主题，但也要量力而行，10多年来，我们在科技创新项目上，一步一个脚印，稳步推进，我们创新项目的成功率上，与同行比较起来，高于同行业水平，而这些成功均源于企业多层次的技术创新体系。

（3）C电机企业

C电机企业成功地开发了JM系列EFF1三相异步电动机、JM系列EFF2、JL系列铝壳三相异步电动机、NEMA系列高效电机等1000多个品种规格的电机。EFF1高效率节能电动机产品被列入国家火炬计划和浙江省高新技术产品，并荣获浙江省科学技术奖等荣誉。从国内市场来看，C电机企业是国内少数几家能把产品销往全球500强的大型跨国制造企业在中国能设外商投资企业的国内企业，成为国内最大的电机生产企业。从国外市场来看，C 电机企业的 JM 系列 EFF 产品，95% 以上出口德国、意大利、西班牙、瑞典、比利时、希腊、荷兰等欧洲各国以及澳大利亚等 40 多个国家，成为中国最著名的电机研发生产基地与国内最大的电机出口企业，真正实现了"人无我有、人有我优、人优我特、人特我精"的产品开发思路。总之，C 电机企业的创新项目成功率、新产品销售额所占销售总额在国内同行中保持第一。

（4）D 通信设备企业

D 通信设备企业拥有较强的数字程控用户交换机、数字直线计费等产品的研发能力。近 10 年以来，D 通信设备企业每年都将销售总额的 12% 投于 IMS 融合通信产品、变频器、喷码机、酒店管理系统的技术延伸开发，尤其是酒店管理系统软件产品，目前上海 70% 的酒店宾馆使用该新品。值得一提的是，在国内通信同行业中，流行着"国外几家企业的产品合起来不如 D 通信一家"的说法。同时，公司的机电一体化喷码机产品，目前在国内市场中占据主导地位。另外，在四泵一体内置隔膜泵设计，喷嘴三重防堵技术方面获得了重大的突破，是中国唯一具有整机零配件完全自主专利技术的生产企业。目前 D 通信企业已经获得各种专利近 600 项，企业在高科技通信整机产品开发上做出了突出贡献，被认定为"国家重点高新技术企业"，也获得了"信息产业部电信设备进网许可证"。总的来说，相对国内同行而言，D 通信设备企业创新项目成功率及新产品销售额占销售总额的比重较高。

第五节　多案例间比较研究

基于上一节的分析，本书对案例企业中企业家社会网络对技术创新绩效的影响机制描述如图 3 - 3 所示。在上述分析基础之上，针对各案例企业的现实情景对其所涉及的各关键变量进行了评判打分，并请被采访人员及专家做出审核和修正，用很好、较好、一般、较差、很差五个等级从高到低表示案例企业各项指标的水平（编码结果如表 3 - 6 所示）。本部分将所有案例企业的各个变量进行对比分析，从而归纳出企业家社会网络、双元性创新与技术创新绩效各变量之间的相关、因果关系，并提出初始的研究命题假设。

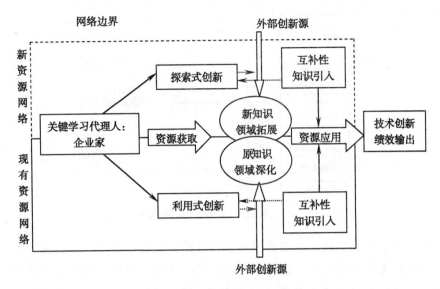

图3-3 企业家社会网络对技术创新绩效的影响

表3-6 企业家社会网络、双元性创新与技术创新绩效水平的汇总与编码

变量		A 线缆	B 制药	C 电机	D 通信设备
企业家社会网络	达高性	很好	较好	一般	一般
	广泛性	很好	很好	较好	一般
	异质性	较好	较好	一般	一般
	关系强度	很好	很好	较好	较好
双元性创新	探索式创新	很好	很好	很好	较好
	利用式创新	很好	较好	较好	一般
技术创新绩效		很好	很好	较好	一般

一 企业家社会网络与技术创新绩效

根据表3-6数据及上述案例分析，企业家社会网络有助于技术创新绩效的提升（见图3-4）。

在案例企业中（A线缆企业、B制药企业），企业家社会网络特征都给企业带来了较高的技术创新绩效。针对D通信设备企业，CCC董事长的社会网络关系强度较好，但是技术创新绩效较为一般，可能是由于其多样性的利益相关者联系不够好，因而也无法将新的市场信息、新的鼓励创新信息资源有效地转化为企业的技术创新绩效。案例数据表明，企业家社

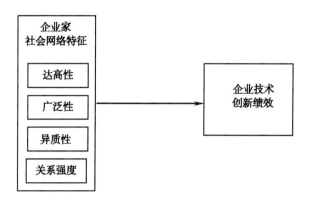

图 3-4 企业家社会网络特征与技术创新绩效

会网络对企业技术创新绩效有明显的正向影响作用。其中，企业家的参与性资产和关系性资产大大提高了企业技术创新的可能性，同时企业技术创新成功的外部因素必然包括企业家与政府等规制机构人员之间的政治联系。企业家与其创新网络成员形成较强的技术性网络关系也能提升企业技术创新绩效。

基于这些分析，提出下述命题：

命题 1：企业家社会网络的达高性对技术创新绩效有显著的正向影响。

命题 2：企业家社会网络的广泛性对技术创新绩效有显著的正向影响。

命题 3：企业家社会网络的异质性对技术创新绩效有显著的正向影响。

命题 4：企业家社会网络的关系强度对技术创新绩效有显著的正向影响。

二 双元性创新与技术创新绩效

在理论预设中，本书提出双元性创新与技术创新绩效有着相关关系，在上述的四个探索性案例中得到了初步支持和验证（见图 3-5）。

（1）探索式创新与技术创新绩效

基于上述四个案例的分析，我们可以发现，案例企业的探索式创新与其创新绩效正向相关。探索性创新能力强的 A 线缆企业、B 制药企业和 D 通信设备企业，均具有较好的技术创新绩效。如 A 线缆企业通过 XPJ 董

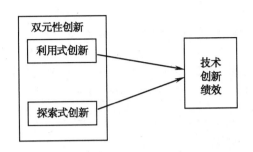

图3-5　双元性组织创新行为与创新绩效的关系

事长社会网络关系获取了创新资源，赢得了电线电缆市场的发展机会，推出了数量众多的高技术产品，A企业创新速度之快增强了企业可持续发展的竞争优势。B制药企业面临医药市场快速变化的环境，持续不断地推陈出新，在充分借用"外脑"的技术创新策略基础上，有效地整合外部网络中的知识资源，从而适应了环境的动态变化。B制药企业的探索式创新行为在不到十年的时间里已形成了自己的发展特色与优势。

因此，本书提出如下初始命题：

命题5：探索式创新对技术创新绩效有显著的正向影响。

（2）利用式创新与技术创新绩效

从表3-6中可以看出，案例企业的利用式创新与技术创新绩效正向相关。如探索性创新能力强的A线缆企业、B制药企业和C电机企业，均具有较好的技术创新绩效。而D通信设备企业利用式创新能力则属一般，其技术创新绩效中的市场效益也一般。可见，当企业拥有较强的利用式创新能力时，能很好地将既有知识与技术进行改善，并在企业内部得以快速传播，进而提高了技术创新绩效。如B制药企业最初通过在XMJ董事长的引领下与XBZH药业合作生产表阿霉素，项目组技术人员通过与该公司全面合作，很快通过"干中学"把对方提供的生产技术经验转移过来，在此基础上有效地提升了表阿霉素的生产能力。凭借其学习现有产品的知识、流程和工艺的能力，已完整地掌握了表阿霉素生产技术。也正是拥有"干中学"的创新精神，B制药企业与德国Y公司的合作项目，强化了B制药企业药政注册创新能力。

因此，本书提出如下初始假设命题：

命题6：利用式创新对技术创新绩效有显著的正向影响。

三 企业家社会网络与双元性创新

在上文的理论预设中，本书提出企业家社会网络特征与组织双元性创新行为有着密切关系在四个探索性案例中得到了支持和验证，通过探索性案例研究支持和细化了相应的理论预设（见图 3 – 6）。

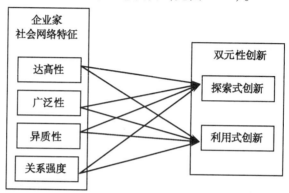

图 3 – 6　企业家社会网络特征与双元性创新

（1）企业家社会网络特征与探索式创新

从图 3 – 6 可知，企业家社会网络四个维度特征均与企业双元性创新呈正向相关关系。首先，企业家社会网络的达高性表现出与探索式创新正向相关。例如 A 线缆企业的 XPJ 董事长作为红色企业家，通过社会网络达高性构建的"关系—资源"的经营模式给企业自主开发超高层建筑吊装电力电缆提供了重要的资金来源。同时，B 制药企业的 XMJ 董事长从上海医药工业研究院科研人员手中以技术转让的方式买断阿奇霉素实验室成果，同时来源于当地市级人民政府经济合作交流办公室人员个人关系的牵线搭桥，B 制药企业研发的蝎毒注射液发明专利得到了政府产权保护。其次，企业家社会网络的异质性表现出了与探索式创新正相关，如 C 电机企业的 JWY 董事长通过其丰富的技术性社会网络获取了非冗余性资源，成功地开发了 NEMA 系列高效电机。同样，也正是 B 制药企业的 XMJ 董事长社会关系网络中合作伙伴类型的多样性带来了全方位的互补性信息，成就了 B 制药企业"硫酸阿奇霉素及冻干粉针"这一高科技产品被列入国家火炬计划项目。再次，企业家社会网络的广泛性对探索性创新有正向影响，如 A 线缆企业在 XPJ 董事长的社会关系网络中有着广泛的上下游合作伙伴，在个人关系网络中与新 YD、ZM、JNDL 等众多其他商业组织的董事长进行了战略合作联系与沟通，由此通过个人关系中的彼此间信任有效地排除了技术知识传递的障碍，从而又加快了A线缆企业有关额定电压8.7/10kV硅橡胶绝缘耐高温高压引接线、450/750V耐高温控制电缆、750kV输电线路用扩径导线研发进程，也提高了相应的市场营销能力。最后，企业家与合作伙伴中关键人员的网络关系强度表现出了与探索式创新正相关。如D通信设备企业的CCC董事长非常注重与科研院校的一些专家保持高频率的往来，从而在研发能力与营销能力上得到全面提升。

由此，本书提出以下初始假设命题：

命题7：企业家社会网络的达高性对探索式创新有显著的正向影响。

命题8：企业家社会网络的广泛性对探索式创新有显著的正向影响。

命题9：企业家社会网络的异质性对探索式创新有显著的正向影响。

命题10：企业家社会网络的关系强度对探索式创新有显著的正向影响。

（2）企业家社会网络特征与利用式创新

从图3-6中可以看出，企业家社会网络特征与利用式创新呈现正向相关关系。首先，企业家社会网络的达高性表现出与利用式创新正向相关，案例中的B制药企业，由于XMJ董事长在其社会网络中的特权与资源，往往能比同行更快地意识到政府作为关键资源分配者的重要性并获取体制内资源而进行一系列的药类产品开发。例如，由当地市级招商局与异地政府机构牵头，使B制药企业与XBZH药业联姻，通过成功的"干中学"途径，有效地提升了B制药企业表阿霉素的生产与研发实力。其次，企业家拥有行动者中的非冗余联系表现出与利用式创新正向相关，例如，A线缆企业的XPJ董事长利用清华大学的海外关系引进的悬链式超高压交联电缆生产线工艺，很好地体现了利用式创新的能力。反之，D通信设备企业CCC董事长的同类型联系伙伴较多，即关系的冗余与重复性，使企业SOP系列产品在内置泵喷码机耗材消耗量上并不占有明显的优势。再次，企业家所具有的社会广泛性对利用式创新有正向影响，例如，还是以A线缆企业为例，XPJ董事长的连锁董事关系，定期向该组织派遣技术研发人员进行交流与学习，为风能电缆目标市场的占据，企业引入连续退火铝大拉生产线成功实现了产品质量的提升，降低了能源的损耗。最后，企业家与合作伙伴的关系强度对利用式创新有正向影响。如B制药企业的XMJ董事长非常注重与一些合作伙伴法人代表保持密切的往来，建立了良好的信任关系，彼此信守承诺，结成合作共赢的战略创新联盟，其过程中知识创造、转移将更加默契，这些促进了企业的利用式创新。

由此，本书提出以下初始假设命题：

命题11：企业家社会网络的达高性对利用式创新有显著的正向影响。

命题12：企业家社会网络的广泛性对利用式创新有显著的正向影响。

命题13：企业家社会网络的异质性对利用式创新有显著的正向影响。

命题14：企业家社会网络的关系强度对利用式创新有显著的正向影响。

本 章 小 结

本章通过对四个企业的探索性案例研究，探析了企业家社会网络对企业创新绩效的影响机制。本书认为，企业家社会网络有利于提升企业技术创新绩效，这种作用部分是通过组织双元性创新来进行传导的。

以下是由探索性案例研究推导出的14个初始假设命题：

命题1：企业家社会网络的达高性对技术创新绩效有显著的正向影响。

命题2：企业家社会网络的广泛性对技术创新绩效有显著的正向影响。

命题3：企业家社会网络的异质性对技术创新绩效有显著的正向影响。

命题4：企业家社会网络的关系强度对技术创新绩效有显著的正向影响。

命题5：探索式创新对技术创新绩效有显著的正向影响。

命题6：利用式创新对技术创新绩效有显著的正向影响。

命题7：企业家社会网络的达高性对探索式创新有显著的正向影响。

命题8：企业家社会网络的广泛性对探索式创新有显著的正向影响。

命题9：企业家社会网络的异质性对探索式创新有显著的正向影响。

命题10：企业家社会网络的关系强度对探索式创新有显著的正向影响。

命题11：企业家社会网络的达高性对利用式创新有显著的正向影响。

命题12：企业家社会网络的广泛性对利用式创新有显著的正向影响。

　　命题13：企业家社会网络的异质性对利用式创新有显著的正向影响。

　　命题14：企业家社会网络的关系强度对利用式创新有显著的正向影响。

　　上述初始命题基本勾勒了企业家社会网络对于企业技术创新绩效的影响机制，也支持了本章提出的理论预设。然而，考虑到研究问题的复杂性，必须对上述初始命题进行细化，并对概念模型进行构建与实证，以此加强结论的有效性。在下一章中，本书将对这些假设命题做进一步的文献梳理与论证。

第四章

企业家社会网络与技术创新绩效
关系的理论模型

通过第三章的探索性案例研究，本书提出了企业家社会网络、双元性创新与技术创新绩效关系的几个命题，初步厘清了企业家社会网络侧重的特性对技术创新模式构建的影响以及双元性创新和企业技术创新绩效的关系。本章将沿着第三章得出的关系命题，梳理相关文献从更深层次上进行理论探讨，提出细化后的假设，构建实证研究模型。

第一节　企业家社会网络对技术创新绩效
影响的理论假设

技术创新并非一个企业孤立的行为，企业在技术创新过程中需要与外部网络成员大量交换资源。企业家社会网络作为一种创新资源通道，企业技术创新绩效改善要求企业家与企业技术创新活动有关的网络成员之间建立密切的合作关系，企业的技术创新行为都是企业家在具体的社会网络拓展与社会网络深化中实现的（Batjargal，2011）。进一步地，环境的不确定性可能会使企业家与那些地位相似的行动者建立可信度高的联系（McPherson Smith-Lovin & Cook，2001），而出于技术绩效回报目的则可能促使企业家与任务互补性的行动者来建立社会关系（Stuart & Sorenson，2007）。企业家社会网络会对企业创新绩效产生重要影响（Anderson，2002）。通过第三章案例研究探索了企业家社会网络与技术创新绩效之间的逻辑关系，本部分将进一步梳理相关研究以便进行更深层次的理论探索。

一　达高性与技术创新绩效

达高性网络特征能帮助企业获取技术创新所需的战略性稀缺资源。具体来说，达高性体现了企业家通过积极的政治联系[①]，或担任政府要职，或在官方与半官方组织中处于优势地位，从该网络关系中能获得影响力、威望、支持及激励，也有利于企业获得合法性与政府控制的稀缺资源（邓学军，2009；李孔岳，2011；吴宝，2012）。Licht 和 Siegel（2006）认为，政治联系对企业创新行为之所以重要，是因为政治联系将减少企业创新风险。作为组织学习关键代理人的企业家对于政治因素尤其敏感，能主动地干预外部环境，带领着企业接近与动员技术创新所需的各种资金、技术及市场等各种资源。在中国情景之下，由于政府官员对权力与创新资源的控制非常明显，而非正式制度安排将发挥更为重要的作用（曾萍等，2011）。企业家亟须通过"戴红帽"方式以获得政府的保护，或者通过获得人大代表、政协委员等身份来保护企业的自身利益，其实政府等规制机构人员也更愿意为那些与其有着血亲、婚亲、同宗、同乡、朋友、同学、战友、老部下、老领导等关系的企业家们提供更多的稀缺性资源，即这些关系网络牵动着诸多的创新资源流动。因此，企业家非常有必要通过与各级政府等规制机构部门人员建立良好的私人关系来构建其非正式社会关系网络（Peng & Luo，2000）。即企业家在企业技术创新过程中在努力消除其与各级政府权力之间的隔离带和过滤网，政治联系成为企业家通过关系网络渗透到政府规制机构的通道。总的来说，企业家践行政治战略使企业更容易获得融资、多元化投资等稀缺性资源，由此，企业价值一般高于非政治参与性企业。此外，就企业家进行政治联系的积极效应方面，从短期来看，那些拥有政治资源的企业家，能将拥有的政治权力转换为企业的经济资源形式，从而促进了企业的经营成功。例如，Hillman 和 Hill（1999）检验了 1968—1992 年 31 家上市公司在企业高层入选国会或内阁前后的市值变化，发现此类企业从政府等重要的利益相关者那里获得政治资源有利

[①]　需要说明的是，国外文献认为，企业、企业家与政府层面之间的特殊关系且因此发生种种利益的来往被称作是企业政治战略的讨论框架，主要包括政治活动、政治参与、政治关联以及政治行为等战略手段（田志龙，2003；江诗松等，2011），不过这些概念经常交替使用（高山行等，2013）。Lin（2005）针对达高性这一概念进行具体描述时采用了"政治联系"这一说法，本书在相应的表述中沿用此说法。

于企业的市值增加。从长期来分析，拥有政治资源的企业家也将对企业的持续创新成长产生积极的正面功效（Shaffer，Quasney & Grimm，2000）。

其实，西方企业家采取政治联系目的是影响选举或立法过程。通过政治联系，企业家满足了政府等规制机构工作人员的需求，谋取了企业自身利益最大化（Mitnick，1993）。Staber 和 Aldrich（1983）也强调了企业家利用行业协会进行政治联系的重要性，在政治联系作用于企业绩效的功效来看，行业性政治联系可以获得集体性与选择性的利益。冯仑（2007）在《野蛮生存》中提到，西方国家由于历史背景与财产架构关系不同、政权组织关系不同等原因，其表现为商政关系，而中国是政商关系，政府主导市场交易与企业经营行为，在获取政治资源的过程中，他们参与法律的制定来影响政府的利益分配。中国的各级地方政府在制定策略方面充当了主导作用的角色，本土企业家需要以行贿或变相行贿等金钱的手段来编织人情网，即企业家需要权钱交易的网络来保护企业利益。总的来说，企业家主要谋求有利于自身发展的制度环境来增强其声望与企业创新的合法性。正如罗家德（2011）所言，在中国这样一个关系网中，关键不只是组织本身是否拥有基本的社会资本存量，也在于是否存在一个或者若干个企业精英，只有这样生存于权力网络之中的"能人现象"才能在自己的人际网络中开始动员资源。因此，中国企业家所面临的不仅包括市场经济场景，还需应对一个复杂多变的政治和政府为主的场景（高贤峰，2007）。本书认为，企业家与各级政府官员的私人社会网络关系，是企业家获取企业技术创新所需的战略性稀缺资源的主要通道。

具体到实证研究方面，Peng 和 Luo（2000）证实了中国企业家的政治联系对企业经营绩效产生的积极影响。黄亮（2011）的研究也提出，企业家通过政治联系，可以获取战略性资源，使企业家促进企业结构、流程与资源效率的协同，也体现出企业家战略执行任务的效果。因此，企业家只有积极进行政治联系，与政府等规制机构人员关系密切，可以赢得在地方层面的政治影响力，这种政治寻租提高了企业的创新绩效（朱晓霞，2008）。总的本说，企业家企业通过政治联系能够推进技术创新绩效的提升。本书对部分长三角高技术企业的实地访谈也有类似的结论（见表4-1）。

表 4－1　有关企业家社会网络达高性与技术创新绩效关系的访谈经典语句

企业	经典语句内容	职务
A 线缆企业	中国电线电缆协会给我们创造了一个国际交流平台，我经常参加一些由政府组织国外访问代表团，江苏省电线电缆检测中心对我们的发展很有帮助，我是党的十六大代表，经常参与政府的一些相关立法活动，尤其对线缆产业政策非常熟悉，这样我在投资决策时就比较放心……与我们中国管制人员建立关系比美国、意大利、法国都重要，企业的政治投资应当是长期的，应当与政府长期合作中谋求发展。	XPJ 董事长
B 制药企业	我们高层非常注重搞好地方政府的关系，比如，经常邀请政府官员参加公司的各种庆典、挂牌、题词或赠言等，因为企业的发展需要政府在战略层面、规划层面、政策层面、制度层面乃至科技项目等方面进行全力的扶持……在每年市招商局组织的药交会上，我是必须要参加这些会议的，因为可以与一些科研机构洽谈相关的工作，这些举措对企业发展是实实在在的帮助。	XMJ 董事长
C 电机企业	路桥电机在国内、国际很有影响力，区政府在这块上做了很多的工作，作为龙头企业的我们，我经常代表政府与国内、国际一些企业合作，当然此过程中可以向政府要资金、要政策……另外，一些政府官员也会随时给我电话找我过来吃饭、喝茶、打台球，虽然我埋单，但是他们找我就会对我的企业发展有利，只有找我了，大家就有关系了，下一步的支持政策就可能更加针对我们来制定，这是我所期望的。	JWY 董事长
D 通信设备	我以前和政府打的交道并不多，也确实没怎么想到这些，所以相比现在来说，发展缓慢，当然也有些其他因素，但我与中国移动等大客户的合作过程中，确实尝到了不少甜头，要想成为电信运营商的合作伙伴，不经常与政府等相关人员沟通怎么能行呢？目前企业非常注重党建这块工作……去年（2011）当地政府带我们去香港参观香港科技署，他们也回访了我这里，我想有了这样的关系，如果我在香港注册企业，是可以得到创新支持项目的，这显然对我的企业发展是有利的。	CCC 董事长

根据以上研究以及实地访谈情况，本书提出以下假设：

假设 H1：企业家社会网络的达高性对技术创新绩效有显著的正向影响。

二　异质性与技术创新绩效

根据 Batjargal（2000）的观点，异质性预示着企业家与不同身份背景的行动者进行交互的程度。异质性理论可以预见行动者在封闭的社会圈之外构建关系联结是如何帮助企业家获得多元化的知识、技能等资源的（Martin & Tsai，2003）。根据齐美尔的双重性思想，当一个人加入一个群体的时候又把他所隶属的群体关系带到这个刚刚参加的群体中来，其作为中间人在两个群体之间起调节作用（周雪光，2003）。同理，受齐美尔思想启发，Granovetter（1973）拓展了异质性理论，提出了"弱连带的力量"之观点。Hoang 和 Antoncic（2003）认为，在企业家社会网络结构的特征维度中，异质性指标是企业家关系网络中弱连带数量的一个代理变量。因此，社会网络的异质性对企业家成功运营企业来说尤为重要，其意义在于企业家通过与非冗余性成员的接触获取了多样性知识资源、技能资源。

技术创新是企业家与网络成员知识、信息交互的过程，完成外部关键信息共享依赖于拥有一个多样化的社会网络系统。随着外部网络成员的异质性增强，外部知识源的获取概率则增加，不仅能降低网络行动者的技术锁定，并能激活网络成员的创新活力（Adler & Kwon，2002）。反之，如果企业家所面临的网络成员的知识源缺乏激活，组织"创造性破坏"的潜力也将缺乏，则容易产生技术锁定效应（Burgelman，2002）。因此，企业家社会网络中成员的丰富程度和多元化程度就成为传递创新所需信息、激励企业创新行为的关键因素。其实，企业家社会网络丰富程度与多元化程度可以通过诸多的构成要素来表征（见图4-1）：①个体行动者目标，即由网络行动者往往在一个组织者的引领下，针对共同的目标，网络成员相互协作能促进创新。②行动者的知识基础，即知识结构的差异性构成对企业的创新存在积极的影响。③行动者的能力与技能，实际上企业技术创新的成功与否依赖于供应商、顾客、政府主体等网络成员的互补性能力。④行动者认知，当技术创新网络中存在认知差异的技术利益相关者时，不同技术背景的行动者会导致不同的企业创新价值，企业家会根据技术创新目的来主动调整利益相关者的技术资本结构来寻求企业的市场价值。⑤行动者的权利与位置（Burt，1992），网络位置能创造非冗余伙伴关系以获取非冗余资源，如果企业家把社会网络中其相应的权利、位置与这些非冗余关系进行结合，此时比非中心性成员提高了网络受益的可能性（Burt，2004）。⑥行动者不同的文化背景，当企业家与网络成员拥有兼容的文化时，能减少相互沟通的误解，增加双方思想交换与资源交换的机会（Emden et al.，2006）。

在组织管理研究领域中，已有一些学者证实企业家社会网络异质性对企业绩效产生了积极的影响作用。例如，Ozman（2009）认为，网络异质性给企业带来了非冗余性资源，而这些资源给企业提供了更多的创新要素，有利于企业实现创新绩效的提升。Baum 等（2000）的研究认为，差异性企业战略合作伙伴成员对于企业财务绩效与创新能力能产生积极的影响作用，其支持了网络异质性的积极效应。Rodan 和 Galunic（2004）针对 106 位企业高层管理者社会网络，从网络密度和网络成员知识的异质性视角考察了其对企业技术创新绩效的影响，结果显示网络成员知识的异质性对技术创新绩效显著正相关。总的来说，已有文献研究结论表明，企业家社会网络的异质性对技术创新绩效具有正向影响的作用。表 4 - 2 是本书实地调研过程中采集的一些典型语录。

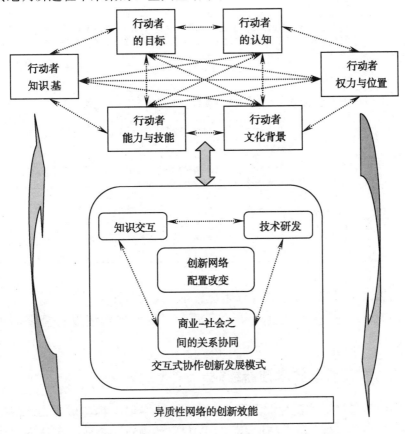

图 4 - 1　异质性网络行动者、技术创新活动与绩效

资料来源：Daniela et al.（2012）。

表4-2　有关企业家社会网络异质性与技术创新绩效关系的访谈经典语句

企业	经典语句内容	职务
A 线缆企业	公司之所以获得全国重点高新技术企业这一殊荣，这一点除了我们企业的创新中心做得不错之外，还与我本人注重建立的各种网络有着密切的关系，这不是在吹捧自己……熊彼特告诉我们，企业家就是组织的革新者，所以我认为企业家就是创新的实践者，只有通过与本地或者外地的政府、企业、行业协会、研发机构等各种沟通与交流，所以我们在创新与市场开拓这块处于领先位置……我永远朝着线缆这条路上走，我也相信通过我的经营网络与创新网络能得到企业创新所需、市场开拓所需的各种资源，企业在线缆这条"高速公路"上，会跑得更快、更稳	XPJ 董事长
B 制药企业	药交会给我们提供了一个很好的平台，大家认识的，不认识的，都在一起交流，无形之中，你会认识很多的企业家，很多各界的朋友，因为这些朋友对我企业的发展有利……我经常叫我的总经理往省外跑、国外跑，因为国内医药信息就这么点，必须往外跑	XMJ 董事长
C 电机企业	我的文化层次不太高，在创新实践上也有自己的一些想法，我爱读书，看很多创新管理类的书籍，但看完了也就完了，不容易用在实际中，然而，我到科研院所听了专家的演讲后，我豁然开朗，那些以前看过的东西大多也就顿然醒悟了……	JWY 董事长
D 通信设备	1998年之前，我不太关注经营网络的构建，与相应的研究机构联系也较少，虽然在喷码机这块会搞自己的研发，也会跟着市场走，但是企业做大了，显然要增加与外地研究机构合作，我亲自拜访哈尔滨工业大学、中国科大学等教授专家，以期与他们保持交流与沟通……一段时间交往下来，他们觉得我们在研发实力这块还不错，帮助我们搞研发，总的来说，我找他们的比较多	CCC 董事长

根据以上研究以及实地访谈情况，本书提出以下假设：

假设H2：企业家社会网络的异质性对技术创新绩效有显著的正向影响。

三　广泛性与技术创新绩效

国内学者在对广泛性关系网络进行维度细分时，都考虑了网络规模的影响（边燕杰，2004）。根据Burt（1997）的观点，企业家个体网络中拥有的直接联结数量决定了个体社会资本量。Pierre Bourdieu（1997）、罗家德（2005）指出，个人拥有社会资本的多少取决于两个关键因素：其一，网络行动者可以有效运用联系网络的规模大小；其二，与其联系的网络行动者以自己的权利所占有资本数量。Granovetter（1973）认为，个体接触范围（网络规模）越大，其获取资源与信息的概率就越高。因此，本书认为个人拥有的社会网络规模影响了一个企业家识别与跟踪机会的能力，而这种机会能够提供一种具有盈利率与成长可能的业务。

事实上，学界提出网络的广泛性功效具有两面性，即网络广泛性可能是有利的因素，也有可能是阻碍的因素，这完全取决于网络的用途。当网络用于网络成员间、成员与非成员之间传递信息时，网络非常有利于市场的良好运行（Parth & Ismail，2005）。就具体落实到企业家社会网络的广泛性与技术创新绩效之间的关系层面，学界却没有形成定论。不过从"网络成功假设"来看，企业家社会网络的广泛性与企业技术创新绩效之间呈正相关关系（Hallen，2008）。Cohen 和 Levinthal（1990）认为，外部网络知识源越多，通过各种知识通道获得技术创新所需知识比较便利，促进了企业技术创新绩效的提升。Ostgaard 和 Birley（1996）研究了新创企业成长与个体网络结构后发现，企业家网络规模与销售额、利润率之间的正向作用显著。企业家社会网络规模越大，网络成员数量增加也就更促进了有用的信息机会获取，由此带给企业家获取新资源可能性也得以增加，更多的合作空间与合作可能驱动了企业技术创新绩效的提升（房路生，2010）。

本书认为，企业家社会网络中网络成员数量的增加如何提高技术创新所需的知识交互的可靠性，可以借鉴 Yang（1999）、芮明杰等（2009）的研究观点来进行推理。推理如下：企业家为扩大网络行动者成员数量必须做出相应的努力，其行为决策可以用预期效用最大化来表征。我们可以根据效用函数 $\max U = xy^d P$ 来构建相应的函数方程：$2\left[1 - (1 - r)^N\right] = (1 - cN - sr) N (1 - r)^{N-1}$，其中 $N = -S/C (1 - r) \ln (1 - r)$，且 $P = 1 - q^N$，其中，r 表示每一个网络行动者知识交互的概率，q 表示每次知识交互的成本费用率 $0 < q < 1$，c 表示平均拓展一个网络成员关系所需付出的成本，N 表示网络行动者的数量，s 表示 r 每增加1%所需支付的交互成本，$P = 1 - (1 - r)^N$ 表示知识交互的可靠性。当 N 增大时，P 也增大，根据交互关系中的大数原则，如果类似于供应商、客户等利益相关者成员的数目增加，那么创新的不确定性将会降低。当利益相关者数目较少，不失一般性，假设为两者之间的交互，如 A 向 B 提供技术知识，由 $P = 1 - q^N$ 可知，知识交互的可能性显然最低。反之，Williamson 式的双向锁定则大大降低。因此由于大数原则的存在，当企业家与众多行动者进行互动时会提高知识交互的可靠性。同时，网络行动者每次知识交互的成本也在降

低，当 N 一定、q 减少时，可以提高知识交互的可靠性，即多种网络行动者为企业家的社会关系网络嵌入进行商务谈判和协商提供了一个更具弹性的空间，使经常性的知识交互降低了搜寻和谈判成本，同时，信息的传递效率也得到提高。其中，也因网络行动者之间互动机制的完善降低了知识交互成本，企业家也能将此类无形的社会资本转化为有形的企业经济回报。另外，我们可以把 $2\left[1-(1-r)^N\right]=(1-cN-sr)N(1-r)^{N-1}$ 与 $N=-S/C(1-r)\ln(1-r)$ 联立求解，可以得出 $\partial r/\partial c<0$。此结论说明，平均每拓展一个网络行动者的商业往来关系的成本就越低。此外，由 $P=1-(1-r)^N$ 可知，企业进行技术创新的可靠性也将越高。根据上述经济学分析，本书认为，更强的企业家社会网络广泛性意味着其与科研机构人员、咨询机构人员和高校专家等有更大的可能性来进行知识交互，这将有助于企业家可以拓宽其视野，还可以为其带来前沿和全新的知识、技能等资源，从而使企业家形成更合理的网络构建模式，推动企业技术创新绩效的全面提升。

已有研究也证实了上述观点。比如，Freel（2000）对英格兰228家小企业进行了实证研究，结果显示在纵向价值链上，企业家与供应商、分包商、客户的网络合作关系，能够使企业获得大量知识、技能资源，提升企业产品创新能力，其中，供应商和顾客的市场网络能够为企业家提高经营管理能力与补充其市场营销管理知识、获得有形物质与无形的人力资本支持。因此本书认为，企业家与更多新顾客、新供应商建立商业往来关系，将有助于实现企业高层的战略意图，提高企业竞争力。

综上所述，企业家社会网络的广泛性影响了企业技术创新绩效，即规模较大的合作伙伴能够为企业提供广泛的资源支持，为企业的技术创新提供一个丰裕的信息通道，合作伙伴这些习得性能提供新的知识资源。本书对部分长三角高技术企业的实地访谈也有类似的结论（见表4-3）。

表4-3   有关企业家社会网络广泛性与技术创新绩效关系的访谈经典语句

企业	经典语句内容	职务
A 线缆企业	我选择了电线电缆行业，我并不担心在我们这块地面上其他企业也做起这个行业，事实上，也正是这些线缆企业的抱团，我们这块地面就像一个大磁场，吸引了更多的合作伙伴，只有"万家灯火"，才能照亮前程……我在这个行业混的时间已经很长了，大家也熟悉我，联系多了，我才能专注于我公司的设计，我相信，有各行各业的朋友们支持，我的企业会发展得更好	XPJ 董事长

续表

企业	经典语句内容	职务
B 制药企业	说实话，我是做水泥出身的，医药这块领域诱惑了我，但这个行业有许多意想不到的困难。但是，我认为，企业家就是交朋友，如果没有网络的话，只能孤军奋战，反过来说，拥有社会网络的数量多了，也是一种企业社会责任的体现……企业发展到今天一靠几代人的积累；二靠社会各界朋友的理解与支持……我必须把那些知名的药科大学博导引进来，这样可以打造人才高地，这样我才能带领企业进军国际医药市场，我认为我的合作伙伴多了，我才能迅速获取所需信息，这对于企业来说是非常重要的。	XMJ 董事长
C 电机企业	我带的企业原来只是乡镇企业，我只是卖一些电机，但现在能做做 EFF 系列高效率节能电动机产品了，因为这个客户多，需求量大，虽然我每年要付出很多研发成本，但是，为了扩大更多的客户网络，宣传我公司及地域品牌，我还是做这些了……反之，我也正是利用了电机这产业网络来开拓市场的。	JWY 董事长
D 通信设备	我在通信这块领域，还是有一定的影响力的……跟我交流与沟通过的合作者是很有信心的，我和他们已经是朋友了，遇事好商量，他们会给我提供很好的建议……假如我这里产品出了问题，不用付太多的责任，毕竟这么多老客户还是很支持的。	CCC 董事长

根据以上研究以及实地访谈情况，本书提出以下假设：

假设 H3：企业家社会网络的广泛性对技术创新绩效有显著的正向影响。

四　关系强度与技术创新绩效

根据 Granovetter（1973）的观点，网络关系强度是指网络中行动者之间进行交流合作的频繁及强烈程度，主要包括网络行动者之间接触的频率与资源交换的数量。从接触频率来分析，Krackhardt（1992）提出了强联结优势理论，网络行动者之间的社会关系越紧密，成员之间的行动将越默契，从而影响他们的战略意图。可见企业家与网络成员如果有较为紧密的关系，那么他们之间的沟通机会也就越多，关系强度越高，企业技术创新的网络化则越容易。如果成员之间互相遵守业内规则，则容易进行商业性活动的往来。因此，企业家与供应商、客户和同行等网络成员之间的关系强度越强，企业也将越来越走向网络分工与协作。从资源交换的数量来看，根据霍曼斯的社会交换理论思想，人与人之间的互惠程度与人与人之间的关系维持呈相关关系，若个体欲追求自身满意的最大化，那么互惠应该是个体之间资源数量交互的基础。同理，Granovetter（1973）强调，处于不安全的个体，极有可能借助发展强联结以取得对方的保护，从而降低自身的不确定性。因此，企业家与其网络中成员保持紧密关系可以塑造与增强彼此之间的信任程度，此将为企业获取资源创造相应的条件。总的来说，强联结关系有助于企业家获取更多的资源。

然而，又值得一提的是，学界在卡尔·波拉尼（1954）首次提出嵌入性概念的影响下，就网络强弱关系对技术创新方面的影响出现了"关系嵌入性的研究悖论"。例如，Hasen（1999）认为，强联结关系所产生的信任关系对企业的技术创新更有利，而Petersen（2000）却认为，由于弱关系提供了异质性知识则有利于企业的技术创新绩效提升，同样，Soh（2009）也认为，网络关系较强，则表明主体已经在其网络中存续了较长时间，也不会轻易改变现有网络关系，因此失去了构建新非冗余性关系而获取新的稀缺资源机会，从而不利于创新绩效提升。

本书认为，辨认企业家网络嵌入性对创新绩效的影响，需要立足以下事实：关系嵌入性强度应该是一个相对概念，不仅受网络内部的"帮派"（clique）影响，还受"帮派"外联系的影响，当企业家维系的社会网络资源较为丰裕时，完全可以在帮派内外均保持强关系嵌入。但是，企业家维系社会网络需要资源，鉴于资源的约束性条件，如果囿于帮派内部，那就可能弱化外部联系。于是，企业家的网络关系嵌入强度必须要有个"度"的判断。鉴于上述的分歧，本书基于网络行动者之间接触的频率与资源交换视角，运用网络经济学原理来演绎网络关系强度对技术创新绩效的影响，以此更进一步地探析两者之间科学的关系。

首先，网络关系强度中资源交换数量对企业绩效的作用影响。在Goyal和Moraga（2001）、Sanjeew（2010）研究基础上，本书引入一个R & D模型来阐述资源交换效应。假设资源需求函数是线性的，$Q = 1 - P$，企业家所在企业的生产初始边际成本为c，并且假设$\overline{nc} < 0$，每个企业家i选择研究努力的水平为$s_t \in S = (0, \overline{c})$，当然企业家与网络行动者之间的合作是双边的，允许企业家代表企业分享研究以努力降低生产成本。面对研究努力集合s，以及网络成员g打交道的企业家i所形成的边际成本为$c_i(s \mid g) = (\overline{c} - s_i + \sum_{j \in N_{i(g)}} s_j)$（$j$是$i$的网络紧密合作伙伴）。又假设研究努力需要付出成本，这个成本为$Z(s_i) - as_i^2$，这里$a > 0$，假设a足够大，那么利润函数对于网络行动者自身努力则表现为凹形。同时给定 $c = (c_1, c_2, c_3, \cdots, c_n)$，那么企业所选择的产量促进了利润最大化。又假设网络行动者所在市场中用产量来进行竞争，其中，企业选择的产量为 $(q_1, q_2, q_3, \cdots, q_n)$，总产量为 $Q = \sum_{j \in N} q_i$。因此，企业 i 从企业家的紧密协作网络 g 中获取的经济利润为：$\pi(s \mid g) = [1 - q_i(g) - \sum_{j \neq 1} q_i(g) - c_i(g)] q_i(g) - a s_i^2(g)$，当然也可以得出企业均衡产量：$q_i = \dfrac{1 - nc_i + \sum_{j \neq 1} c_i}{n+1}$。借鉴 Goyal 和 Moraga（2001）推导，可以直接用研究努力程度来表示企业家社会网络 g 中企业 i 所面临研究集合 s 时的经济收益：

$$\pi(s \mid g) = \frac{1 - \bar{c} + s_i(n - \eta_i) + \sum_{j \in N_i(g)} s_i[n - \eta_i(g)] - \sum_{l \in N/\{i\} \cup N_i} s_l[1 + \eta_l(g)]^2}{(n+1)^2} - a s_i^2(g)$$

其中，l 是其他任何一个网络行动者。该收益函数显示了网络中密切关系行动的正界外部效应（如果某个人行动的增加能够增加某个个体的收益）及非密切关系行动的负界外部效应（如果某个人行动的增加降低了某个个体的收益），且密切关系者的行动是战略互补（其他人增加行动会提升某个参与者的边际回报率），而非密切关系的行动则是战略替代（其他人增加行动会降低某个参与者的边际回报率）。由此，可以说明网络行动者进行紧密合作能够产生一系列收益界外效应。

其次，网络关系强度中接触频率（次数）对于企业绩效的影响。根据上述结论与假设条件进一步讨论接触次数问题。假设企业家与网络行动者的交往次数为 k，也将这样的次数作为参数，由此一个次数为 k 的社会网络 g^k 中，相应企业的收益函数为：

$$\pi(s \mid g^k) = \frac{[1 - \bar{c} + s_i(n - k) + \sum_{j \in N_i(g)} s_i[n - \eta_i(g)] - \sum_{l \notin N_i(g) \cup \{i\}} s_l(k+1)]^2}{(n+1)^2} - a s_i^2$$

进一步地，为了在次数为 k 的网络中实现研究努力的对称性，可以将均衡努力水平函数：$s_i^*(g^k) = \dfrac{(1 - \bar{c})(n - k)}{a(n+1)^2 - (n-k)(k+1)}$ 代入上述收益函数，根据 Goyal 和 Moraga（2001）推导，可以得到下列的表达式：

$$\prod_i^*(g^k) = \frac{(1 - \bar{c}^2)a[a(n+1)^2 - (n-k)]}{[a(n+1)^2 - (n-k)(k+1)]^2}$$

我们可以从公式中发现，利润在次数 $n-2$ 的网络大于在次数 $n-1$ 的网络，也就是说，利润在次数变动时，并非单调的，它们在某个中间的次数值上获得最大，即随着交往次数的上升，利润先升后降。

本书根据上述结论认为，一方面，企业家拥有强关系网络意味着企业家与其他网络行动者之间保持着密切的个体联系，尽管联系次数为企业技术创新绩效降低了外部交易成本，提高了双方交易的互惠性，然而在资源约束的条件下，网络效应随着次数上升到生产成本超越研究成本时，却呈现出了下降的趋势（Sanjeew，2010）；另一方面，企业家与众多网络行动者交往，为企业家提供了更多的技术合作与交流关系机会，使企业家与其他网络行动者之间提高了信息交换和知识转移的质量。

此外，就网络关系的密切程度而言，费孝通（1947）提出，中国人的社会关系是一个个人推出去的，是私人关系的增加，中国的社会范围即是一根根私人联系所构成的网络。中国的儒家文化强调"亲亲有等级"的差序格局，其本质是强调关系密切的重要性，强调"仁义"的互动原则，企业家在组织中或市场上主要做更多混杂了"仁义"外衣的社会交换，在这样的社会交换中扩大了自己"仁义相交"的人际圈，而这种深浅不同的人际脉络是企业家未来获取资源、获致成功与安全的保障（罗家德，2011）。正如访谈中一位企业家所说的："我们与供应商合作通常是没有正式合同的，有的是多年的老朋友了，口头达成一致意见就是了，大家也都明白目前的经营环境不善，没什么好说的，大家关系不错，有钱大家一起赚，没钱大家一起挺了，能挺过去就海阔天空，挺不过去的就被淘汰。"（11－S－X，某汽摩配有限公司董事长兼总经理）由此可以认为，企业家网络关系的密切程度是影响企业家进行网络边界选择的重要因素之一。

综上所述，企业家网络关系强度特征对于企业技术创新绩效具有关键性的影响作用。虽然网络关系强度能够给企业家提供知识共享、降低企业交易成本，也为企业创新能力提升扮演着重要的推手角色，然而此过程中企业家要有"度"的论断，否则企业家投入资源过多或维持成本会上升而影响企业技术创新绩效提升。本书对部分长三角科高技术企业的实地访谈也有类似的结论（见表4－4）。

表 4 - 4　　　　　有关企业家社会网络关系强度与技术创新
绩效关系的访谈经典语句

企业	经典语句内容	职务
A 电缆企业	在中国，要想把企业做好不仅是经营性的问题，关系在我们这个行业尤为重要，线缆行业竞争激烈，必须经常与一些大客户保持密切的沟通，我一年近150天出差，不管是淡季还是旺季，特别是一些大型的工程建设，要经常去拜访他们的关键人物，赢得他们对我的好感与信任，经常保持这样的接触，他们就把招投标的绣球抛给我们了……然而，在风能电缆技术改进这块，因过度信任某科研院所的专家经验，导致精力太多放在扩展与提炼上，而忽视了乙丙绝缘聚氨酯弹性体护套风能电缆的新型项目，现在这块市场主要由山西的一个厂家占据着大的市场份额。	XPJ 董事长
C 电机企业	上海的电机协会办得很好，我经常去走动，他们也向我提供管理、技术、信息方面的帮助，我能融入这个平台，相当于做了免费的广告……那些平台中的专家是我的智囊团，我们一来二去就成为了朋友，和他们的联系只需打打电话，一些问题即可解决……然而这些关系也有缺陷，就是因为大家是朋友，一些想法就逐渐变成雷同，往往导致用怀疑的眼光看待新的信息，这样很容易引起战略发展的盲区。	JWY 董事长
D 通信设备	我们这个行业服务要求特别，必须随时跟踪客户需求，通信行业技术变化太快，你如果满足不了他们的需求，那就增添了很多麻烦，那些维持客户关系的服务成本确实是个高昂的支出……另外，逐步打造通信产业链又是个发展趋势，我作为董事长必须提出，与他们之间形成一种战略合作伙伴关系，才能获取高端运营商的认可。	CCC 董事长

根据以上研究以及实地访谈情况，本书提出以下假设：

假设 H4：企业家社会网络的关系强度与技术创新绩效之间呈倒"U"型关系。

第二节　双元性创新与技术创新绩效

本书之所以选择探索式创新与利用式创新两个维度，主要是基于以下考虑：①在以往的创新研究中被普遍采用；②能够最直接反映社会关系网络与双元性创新行为之间存在耦合关系。技术创新的实质就是企业与网络节点机构建立一种合作机制，从而吸取节点成员的互补性资源，并通过与内部创新资源实现有效整合，实现系统性的协同创新行为。事实上，正所谓"始于人，终于人"，企业家作为技术创新的倡导者与组织者，其作用贯穿于从技术创新观念的产生到技术创新市场化的全过程（谭福河、王新刚，2009）。

企业技术创新来自于不同知识、技能等资源的组合，企业家社会网络中具有不同的技术创新所需资源，由此满足了探索式创新与利用式创新各自对差异性资源的需求，即探索式创新与现有的市场和技术存在巨大差异，往往需要搜寻多样化、异质性的知识、技能等资源。而利用式创新侧重于对现有技术与市场的完善与改进，往往强调知识、技能等资源的完整性。根据 March（1991）、Benner 和 Tushman（2003）、Jansen 和 Van Den Bosch 及 Volberda（2006）、Guputa 和 Smith 及 Shalley（2006）等的观点，探索式创新意味着新的创新发生在一个完全的不同轨道上，包括了搜索、发现、实验。探索式创新决定了企业产品、服务的创新程度。而利用式创新却暗示着创新行为遵循着原有的发展轨道，包括了精炼、生产、选择、效率，执行与实施。已有结论表明，利用式创新通过知识的商业化促进了企业的生存与发展（Lee et al.，2003）。

探索式创新与利用式创新分别影响着企业的技术创新绩效（Atuahene-Gima & Murray，2007；Katila & Ahuja，2002），即技术创新绩效依赖于创新过程。其实，从创新过程以及实现视角来看，探索式创新活动需要全新技术与信息等资源的投入及全新知识的创造，力求超越企业现有的知识与经验，同时还面临着较大的环境不确定性和创新风险。利用式创新活动需要高质量的、隐性的知识来保证企业向市场提供更为完善的创新技术与市场解决方案，保证企业生产效率，为顾客提供更优质的服务。因此，企业采取双元性创新行为需要组织内外利益相关者在物质与精神上的极大支持，否则其行为可能在创新过程中夭折，尤其对于创新不确定性高的探索式创新来说，更是如此。

由于利用式创新强调现有观念与决策的精细化，因而其可能更适合新产品开发（Garcia Calantone & Levine，2003）。当然，探索式创新要求采用新的复杂性技术知识，如果新产品引入的完成时间要求宽松，那么代表长期导向性的探索式创新活动可能被采纳，并以此来寻求新产品开发的解决方案。当市场或技术要求企业在正确时间、以合适成本交付高质量产品与服务时，企业可能面临着预算、时间、组织惯例、能力等方面的约束。此时，可以根据组织内外环境条件的一致性来对利用式创新与探索式创新进行取舍。Gupta 等（2006）提出，当组织资源处于有限状态时，探索式创新和利用式创新两者往往会对稀缺创新资源进行争夺，他们往往可以视作连续谱的两端，即针对探索式（利用式）创新活动进行资源配置时，两者呈此消彼长的关系。不过 Knott（2002）认为，利用式创新可以使企业成本降低，而探索式创新有利于企业推出新产品，应该说双元性创新中两大分类之间的关系是互补的，企业在创新绩效获取过程中需要同时兼顾探索与利用式创新。

一　探索式创新与技术创新绩效

探索式创新活动从本质上讲是一种冒险活动。在新产品开发过程中，企业必须积极面对快速变化的技术与市场环境，通过探索式创新以提升企业的环境应变能力（Levinthal & March，1993）。通过探索式创新，企业可以推出新产品来解决已有产品的不足，创造目标顾客的虚拟价值并更容易把新概念产品与服务拓展到新的市场领域。Lumpkin 和 Dess（2001）认为，在快速变化的动态环境中，技术与市场需求的生命周期逐渐缩短，探索式创新有助于企业开发新项目来改变原有的资源结构以迎合新的环境机会，显著性地提高企业技术创新绩效。Atuahene-Ginma（2003）通过对我国广东省 208 家新创企业的研究表明，探索式创新与企业技术创新绩效呈显著的正相关关系。

反之，也有学者提出过度的探索式创新可能引致消极后果。因为在此创新过程中，那些高、新复杂性知识经由企业进行创造性整合时，存在着高创新风险的生成概率以及巨额的创新成本支出，可能会影响现有组织内部员工的一些利益，也容易抵制技术研发人员的创新思想。实际上，Van de Ven 和 Poole（1995）的演化论点认为，激进的探索式创新可能会给企业带来更多的不确定性，一些新奇知识与信息因主体间的认知距离过大，无法将获取的知识、技能资源进行较好的吸收与利用，即大量的编码化和高边际传播成本是隐性知识，在项目研究成员之间难以深度交流与合作，也可能使已经获取的一些模糊前端知识难以商业化。由此，探索式创新活动或许不利于企业技术创新绩效的提升。

关于上述探索式创新与技术创新绩效正反两方面的论述，作者认同何建洪、贺昌政（2012）的判断，转轨时期的中国，为了推动创新型企业的建设，企业高层只要存在明确而坚定的创新策略，探索式创新能够给企业技术创新绩效带来正面影响。本书对部分高技术企业的实地访谈也有类似的结论（见表 4 - 5）。

表 4 – 5   有关探索式创新与技术创新绩效关系的访谈经典语句

企业	经典语句内容	职务
B 制药企业	作为一家上市公司，我们有着很高的知名度和品牌优势，很多研究机构和专家都愿意与我们合作，同样，我们也积极寻求与研究机构的交流合作……我们的战略是既拥有技术领先的产品，也拥有销量占优势的产品，而针对哪一种创新类型，我们则以市场需求为基础对院校及专家的项目和成果进行选择，对于上市公司来讲，有着股东的严格监管，如果我们企业不重视科技创新，对企业来讲将会带来消极影响，也会缺乏长期的发展后劲。不过应该看到，医药行业竞争异常激烈，盈利空间不断缩小，我们也摆脱不了残酷竞争的局面，我们认为技术创新只要紧紧围绕目标驱动市场，即我们的策略是既好高又务实，此外医药市场的竞争最终看你企业有没有人才，看你的经济实力、管理掌控能力……	JLH 总经理
C 电机企业	我们企业不仅进行制度创新、产品品种的创新，更主要的是我们要跟上市场、带动市场，我们有雄厚的科技力量，能做到与众不同，所以我们的 JM 系列 EFF 走在别人的前面……然而我们企业地处金清、偏居一隅的局限，招工难、留人难已经成为普遍现象，技术人才的缺乏更是成为制约企业发展的"瓶颈"，但是，我们每决定打造一个核心产品，就会围绕该领域设立专门研究机构，整合与加大内外资源的投入长期进行下去	C 电机企业

根据以上研究以及实地访谈情况，本书提出以下假设：

假设 H5：探索式创新对技术创新绩效有显著的正向影响。

二　利用式创新与技术创新绩效

利用式创新对企业现有产品知识基础的加强、企业流程与工艺的升级，企业技术能力提升的实现，以及企业产品创新程度的提高都是非常有利的，即利用式创新对于企业产品或服务的创新程度及技术创新绩效的提升起着重要的推进作用（Yalcinkaya，Calantone & Griffith，2007）。利用式创新杠杆放大了企业的产品或服务组合，促使企业能深挖顾客价值，并以多品种、高质量、短周期、低成本等优点保证了企业成功运营。此外，利用式创新这一机制会促进企业规避创新风险（Atuahene-Ginma，2003），企业或许为了减少创新风险，可能会选择利用式创新，因为其在创新资源的配置方面只是补充性的、小规模的（刘寿先，2010）。相对于探索式创新而言，利用式创新以一种相对低风险的方式对组织现有产品与服务组合进行最小化延伸（March，1991），减少技术创新试错的概率、缩减创新成本。因此，对于本土制造型高技术民营企业来说，由于新产品研发项目本身存在较高创新风险，加之普遍规模偏小、资源约束，企业就可能更偏好于利用式创新（于海波等，2008）。

除了上述正向结论之外，Berthon 等（1999）却认为，利用式创新是一种在熟知知识边界内从事创新活动，难以通过打破常规去寻求新的创造性解决方案。简言之，如果企业过度强调利用式创新则会阻碍或忽视探索性技术与市场信息，那么该创新行为在面对快速变化的市场需求与特殊的顾客偏好时往往无法及时回应，即那些已经适应于利用式创新的企业往往因惯例而带来新的创新风险。当企业过于侧重利用式创新，会面对新兴市场、产品所对应创造性问题解决方案或引进新技术会存在判断不足的问题。基于上述，利用式创新在某种程度上影响企业创新性及创造性活动，由此阻碍了企业技术创新绩效的提升。

针对上述利用式创新与技术创新绩效之间正负影响作用的讨论，本书认同国内学者李忆、司有和（2009）的研究结论：利用式创新对企业技术创新绩效的主效应是非常显著的，同时利用式创新为中国企业带来的绩效提升比西方企业更为直接与明显。本书对部分高技术企业的实地访谈也有类似的结论（见表4-6）。

表4-6　　有关利用式创新与技术创新绩效关系的访谈经典语句

企业	经典语句内容	职务
B 制药企业	从水泥跨越到药业，新药研发绝非易事，任何一条产业链都有一种集群效应，国内有那么多科研院所，我们为什么不把它们的智慧和研究成果"拿来"呢？拿来后，我们可以结合企业已有的强项，我们已经走出了借用"外脑"的新药开发之路……2010年以来，全球有232种新药失去专利保护，这是个很好的机遇！这将极大地刺激非专利药市场的发展，我们已经着手进行产品改造，以期占据新的优势，短时间内可以创造效益的仿制药品种确实保证了企业现时的生存和发展能力，然而我们是一家上市公司，我们也要注重未来的发展后劲	JLH 总经理
D 通信设备	企业要进一步在SOP系列发展的话，所受的最大阻力还在于自己，我们企业人才流失、核心技术的关注度缺乏等因素、使得SOP系列内置泵喷码机耗材消耗量与气源式喷码机的优势相比还显得不够……产品开发我们暂时做到了，但是高水平的利用意识与企业跨越式发展所需的能力要求还相差甚远……但我们需要坚持两条腿走路，这两条腿就是探索与利用……	CCC 董事长

根据以上研究以及实地访谈情况，本书提出以下假设：

假设H6：利用式创新对技术创新绩效有显著的正向影响。

第三节　双元性创新对达高性与技术创新
绩效的中介作用

在前面分析中，双元性创新与技术创新绩效、企业家社会网络与技术创新绩效之间存在相关关系，那么企业家社会网络对于创新绩效的影响可能是由双元性创新这个变量间接作用实现的。假如只关注两个科学变量之间的线性关系，或许会影响事物之间的本来面目，那么有可能误解研究对象的本质（卢谢峰等，2007）。

本部分分析企业家社会网络如何影响双元性创新进而促进技术创新绩效提升。在变量科学关系中，如果自变量 X 通过影响变量 M 来影响因变量 Y，则变量 M 称为中介变量（温忠麟等，2006）。中介变量分析可以依次通过图 4 - 2 中的三个回归依次来实现。

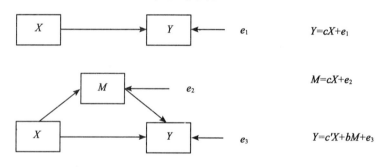

$$Y = cX + e_1$$

$$M = cX + e_2$$

$$Y = c'X + bM + e_3$$

图 4.2　中介变量的分析过程

一　探索式创新对达高性与技术创新绩效关系的中介作用

古典经济学认为市场能自动实现帕累托最优，不需要政府干预，随后的凯恩斯主义却认为政府干预应该大行其道。对转型期的中国民营企业而言，企业在战略决策与经营行为方面面临着更多的政府干预。企业家是市场经济的重要主体，贾生华早在 2004 年就论述了企业家与企业成长的关系逻辑。然而已有研究尚未明确指出企业家社会网络的达高性与双元性创新之间的"交集"。因此本书或许可以向间接文献寻求理论支撑来突出变量之间科学的关系（项国鹏，2009），并进行初步探讨与验证。

首先，对于任何一家企业来说，探索式创新的最重要内容就是获取非冗余性知识资源。在探索式创新中，企业新技术、企业研发与政府支持是密切相关的（卫武，2007）。例如，企业家通过对政府官员进行社交活动，争取到各种科技攻关项目，从而推动企业研发与创新战略的实施。Lin 等（2010）基于我国 2400 家企业的调查数据进行系统检验后发现，我国政府的产权保护制度对企业研发创新具有重要的促进作用。针对企业技术创新中存在的知识溢出问题，完善的产权制度有助于对研发创新的保护，通过企业家政治联系而获取的高效产权保护能够促进企业可持续的探索式创新行为。

其次，企业家个人特质是企业非常重要的资产，那些善于冒风险进行创新的企业家通常会给企业带来更多的机会与优势。虽然技术研发作为企业一项高风险投资，再加上由正式制度的不规范性给企业创新活动带来的各种不确定性，但那些冒风险的企业家们却坚信一切都能被其掌控，他们一方面积极与政府官员搞好私人关系并勇于开拓市场；另一方面，面对政府管制所带来的各种约束，他们更倾向于关注在等级体制内稀缺资源获取的能力培养。此外，政府官员也会明显地表露出对冒险型企业家的赞赏（张建君等，2005）。目前，我国各级政府往往表现为"大政府"形象，对企业家探索式创新风险偏好，通过把掌控相当多的战略性稀缺资源给企业家在人力、资金、信息等异质性资源方面予以战略性扶持（曾萍、宋铁波，2011）。这一过程实质上为企业家社会网络的达高性推动企业产品研发与推广、参与国际竞争等探索式创新活动的开展提供了有效的途径。

最后，政府管制通过鼓励开发新技术、产品和解决方案也能促进企业的业务创新。企业家必须对这些政府管制保持开放性和创新性思维。美国孟山都公司的探索式创新活动与加工产品事业部总经理乔·赫尔利的政治联系有关，乔·赫尔利针对喷雾防护装置的创新论述道：当美国交通部决定从事一项 200 万美元的有关卡车引起的高速公路上的飞溅和喷雾的实地实验时，触发点出现了……如果没有那一试验的发生，我们很有可能将放弃对它的研究，但是那一试验也鼓励着我与正在推动立法的国会议员保持接触……最后他们请我起草了相应的立法提案，最后所有洲际系统上的设备必须配有这样的装置，而我公司产品最终占据了一半的市场（引自维杰·萨思，2008）。本书对部分高技术企业的实地访谈也有类似结论（见表4-7）。

表4-7　　　　　　　探索式创新对达高性与技术创新绩效
　　　　　　　　　　关系的中介作用访谈经典语句

企业	经典语句内容	职务
A 线缆企业	在中国，作为民营企业，讲政治，加强政治学习，我在这方面有着深刻的体会……庞大的国家电力电缆市场，一直由政府和国企主导着，如果我不戴"红帽子"、没有政府及时提供多种技术信息，那些国家大中型项目会对你产生信任？那些复杂的国家大中型技术项目你能攻克吗？……。	XPJ 董事长
B 制药企业	大量医药新政策的出台必将对企业原有的研发模式产生很大的冲击，我抱怨是没有用的，说到底，我企业的一些研发创新要顺势而为，灵活应变，我这个法人代表一定要与政府处理好关系，这样可以赢得宽松环境，获取研发所需的资源、政策支持……市里招商局领导是我很好的朋友，没有他们给我与研发机构的牵线搭桥，我们不可能有高附加值、有独占性、创新型的产品推出。	XMJ 董事长
F 水泵企业	我是福建人，本是浙江省与福建省公务员相互交流学习派来的，后来进入SHB企业，我还是比较认同浙江这样的政府的做法，如果有利于当地发展的事情，就会放开手脚让你去做，这样当地肯定有大发展。技术创新大家都在摸索，但是这时候，企业家可以不从政，但是你不可以不关心政治，当我的企业成为当地的一个领头羊后，就形成了一种工业气候，政府对你放开手脚，又会提供信息建议，大胆创新，斥资建立RA研发中心，许多科技攻关项目的合作促进了高新技术企业的创新发展，总归一句话，要摆脱共产党的领导，来把企业做强做大，那是绝对不可能的。	YCX 总经理

根据以上研究以及实地访谈情况，本书提出以下假设：

假设H7：探索式创新在达高性影响技术创新绩效机制中起中介作用。

二　利用式创新对达高性与技术创新绩效关系的中介作用

同样，相关研究尚未明确指出达高性与利用式创新之间的关系，本部分尝试进行初步的探讨与验证。比照达高性对探索式创新的影响而言，其对企业利用式创新行为的影响作用相对来说更隐蔽。

首先，利用式创新强调成本与效率优势的实现。企业通过利用式创新能够在成熟市场中拥有良好的竞争力。政府各级机构作为市场的宏观调控主体，掌握着比较全面的信息资源，因此企业家与各级政府官员所形成的政治性社会联系应该有利于民营企业获取利用式创新所需的信息资源，尤其是技术政策、金融政策、生态环境政策等信息资源。企业家必须主动加强与政府机构工作人员、金融机构以及科技中介组织负责人的联系，使企业家政治联系更容易成为企业现有领域的知识学习与挖掘提供有力的支持源，即能帮助企业更好地利用熟悉的知识基而拓展现有市场，促进企业技术创新绩效的提升。

其次，企业家政治联系是企业的一种未来有效信号，既降低了资金供求双方的信息不对称性，产生了信息效应，又化解了企业的政策风险、改善了企业在生产经营过程中的契约实施环境（杨其静，2010），产生了资源效应。其中，资源效应中便利融资、税收优惠、创新补贴等获取都将体现企业创新活动的成本优势以及技术创新的效率优势（江雅雯等，2011），而信息效应则降低了信息的模糊性，企业可以获取更精确的产业政策和科技信息，并积极响应市场需求，有利于企业利用式创新。本书对部分高技术企业的实地访谈也有类似的结论（见表4-8）。

表4-8　　　　利用式创新对达高性与技术创新绩效关系的
中介作用访谈经典语句

企业	经典语句内容	职务
A 线缆企业	我们省里的线缆行业协会经常组织活动，出国考察，德国的悬链式超高压交联电缆生产线是世界上最先进的，因此协会就组织我们去德国的相关企业参观了，因为我的企业是龙头企业，所以协会也要求我的配套企业人员也一起参与考察，这样才能真正地把学来的知识应用到生产中去……政府要进行产业升级，当然也非常注重环保，我们的电镀洗水环节触及了环保问题，如果环保局一旦处罚起来很严重，但是我们私下关系不错，本来要罚3000多万元，后来200万元就搞定了。但是，我们总这样是不行的，我们必须深入挖掘线缆生产工艺来规避这些问题，我们是大企业，政府那么支持我们……	XPJ 董事长
C 电机企业	市发改委的一位老朋友帮我联系了××研究设计院，我公司依托该院人才等优势，取得了一系列的突破式创新……随着公司的技术与知识积累到一定程度逐渐成为成熟的技术时，当地的区政府官员多方牵头协商联系，帮助了我们把企业转为集团制运作，我们形成了科工贸一体的业务运作，目前我们非常注重对原有技术的改进与积累，这是我们走向成功的关键……	JWY 董事长

根据以上研究以及实地访谈情况，本书提出以下假设：

假设H8：利用式创新在达高性影响技术创新绩效机制中起中介作用。

第四节　双元性创新对广泛性与技术创新绩效的中介作用

企业家社会网络的广泛性对组织创新有着显著的积极影响（Hoang &

Antoncis，2003）。但是，过多的关系数量对技术创新并不是最优的，尤其当企业相应的认知能力与知识整合成本随着关系数量的扩大呈现出指数级的激增（Duysters & de Man，2003）时，也会对新知识、新技术产生一种误解，或者由于网络成员之间的思维模式差异过大，会导致不同的战略偏好，因此可以说大量的信息资源在网络成员之间难以有效协调（孙国强等，2011）。在上述关于关系数量对企业技术创新影响结论并不一致的情况下，本书更认同国内学者范钧（2011）的论述：在目前的转轨经济背景下，由于我国政策服务体系的不完善，使基于普遍信任和社会网络的规范性社会资本较为稀缺，直接削弱了企业知识资源的获取机会和可持续技术创新能力，并迫使企业家转向基于特殊信任和关系网络的非规范性社会资本，企业间的广泛合作关系有利于资源信息传递。

一 探索式创新对广泛性与技术创新绩效关系的中介作用

Burt（1992）认为，与那些关系数量较少的企业家相比，关系数量较多的企业家拥有更多的资源数量，拥有更多网络节点的企业家可以获得更新的知识、技术与信息资源。结合已有文献观点，本书关于企业家社会网络广泛性与双元性创新及企业技术创新绩效的内在逻辑如下：

首先，企业家社会网络的广泛性提供的资源数量有利于企业的探索式创新。Aldrich 等（1987）研究发现，创业者的网络规模是唯一与技术创新行为有着显著相关性的，因其可以从网络中获取更多收益以及能与不同行动者一起讨论商业计划与思想。此外，如果企业家社会网络规模较大，其相应网络中的弱关系所占比重就较大，即网络的广泛性与网络关系强度应该是一个相互替代的关系，那些因广泛性包含了的非重复关系是企业家通向那些拥有新的、不熟悉的以及独特信息的网络成员的桥梁，且网络规模中产生的弱联结提高了行动者获取异质性知识与信息资源的可能性。刘兰剑（2010）认为，随着时间的推移，网络规模中产生的强联结会给企业创造出更开放的、多样化的、更多的弱联结，最终提升企业的探索式创新能力。总之，企业家社会网络中拥有的关系数量或许推动了企业的探索式创新活动。

其次，从结构洞理论来看，企业家在各种联系中或多或少存在薄弱环节，甚至中断的现象也会发生，随着企业家个体网络规模的扩大，也必然会拥有丰富的结构洞，同样，结构洞也会反过来促进网络规模的扩大

（Burt，1997）。占据更多结构洞的企业家网络中包含了更少的冗余联结，节约了网络成本，接近了独特的信息资源，或者也占据了更多的控制利益，有益于企业探索式创新。

Chesbrough（2003）认为，企业成功的一项重要要求即是实行开放式创新。丰富的关系资源不仅可以使企业跨越创新活动的阈值限制，也便于组织进行宽泛的外部搜索（Teece，2007），克服了信息不对称所带来的创新弊病。此时拓展了更多的人际关系网络对于企业家来说，既可以拥有广泛流畅的创新信息，以缓解组织资源的内部约束，又在互补性的研发合作中形成了企业家声誉，体现了企业家的独特价值，合作伙伴也因此认同了企业家以及其背后的企业创新，因而有助于企业技术创新能力的提升与创新速度的加快。本书对部分高技术民营企业的实地访谈也有类似的结论（见表4-9）。

表4-9　　　　　探索式创新对广泛性与技术创新绩效关系的
中介作用访谈经典语句

企业	经典语句内容	职务
A 线缆企业	在创业初期，我就经常组织企业的内部人员到无锡、常州、苏州、上海乃至国外等地参观考察，我把他们作为我们的虚席方向，我想正是由于这些标杆的确立，找到了我们寻求差异的智慧……我也经常向非同行学习，来保证我们企业的二次体制创新……我的各界朋友对我挺支持的，经常给我带来紧缺的人才、技术、资金方面的信息，这些对企业的创新很有帮助……	XPJ 董事长
C 电机企业	我非常重视异地朋友关系与本地朋友的关系，其实企业发展要靠社会各界的各种力量，闭门造车肯定是不行的，上海电机商会、工商管理局、省质量检测中心等各类朋友给我提供了一些实实在在的帮助……	JWY 董事长

根据以上研究以及实地访谈情况，本书提出以下假设：

假设 H9：探索式创新在广泛性影响技术创新绩效机制中起中介作用。

二　利用式创新对广泛性与技术创新绩效关系的中介作用

邓学军（2009）提出，企业家往往通过搜寻潜在资源拥有者、辨识候选人的可能性与他们结交的程序来获得网络成员数量的增加，显然获得成员数量越多将意味着获取、吸收与消化外部业界优秀经验的机会也就越多，企业也无须通过整合提炼、花费巨大把业界优秀知识资源转化成为自身可利用的知识。Zhao 等（1995）以中关村科技园区为对象发现，企业家通过构建技术合作、管理咨询、资金借贷等各类社会关系网络，获取了丰富的、有价值的同质性资源，帮助企业达到了节省资源的目的，提升了企业绩效，获取了企业竞争优势。Uzzi（1997）认为，每增添一位网络中的合作伙伴，都有助于企业分享更多的知识公共平台，也有助于减少网络成员之间的机会主义行为与创新风险，也正是那些合作数量的增加促进了企业成本降低和创新风险下降，促进了企业利用式创新。

事实上，创新是不同主体之间的集体动态过程，这些主体成员构成了企业家的各种关系网络，无论与纵向供应链的供应商、顾客进行垂直合作，还是与研究机构、竞争对手的水平合作关系，都对企业技术创新具有重要的推动作用。这是因为信息与知识等资源的流动均是通过人际关系网络得以实现的。企业家更大的社会网络规模会对业界的潜在需求信息有个比较彻底的了解，高技术民营企业所处的行业是具有高度竞争性的，其中充斥着创新、不确定性和剧烈的变革，也正是这种高度竞争创造了组织间高度的相互依赖性，如果那些企业家较其他人拥有更丰富的先赋性社会关系，且借助于网络成员间优势互补、自愿组合等"软环境"而积极构建获致性社会关系，那么由此因增加的企业家社会网络中各节点之间的重复交互将保证企业家与网络成员之间一致性的共感与共识，从而促进企业利用式创新。本书对部分高技术企业的实地访谈也有类似的结论（见表4-10）。

表4-10   利用式创新对广泛性与技术创新绩效关系的
中介作用访谈经典语句

企业	经典语句内容	职务
A 线缆企业	我每年花三分之一的时间用在公共关系与学习上，与社会各界交流沟通，特别是与供应商、客户、中介、政府有关部门形成的管理咨询关系、信息供给关系，也是一种学习，也是一种政策信息的收集，这些涉及企业生产管理的各个方面，它们针对企业的一些技改项目提供了实实在在的帮助……	XPJ 董事长
C 电机企业	说实在的，我非常注重在企业里、咖啡厅、茶楼、酒吧等场合与政府部门或者与非政府部门的人员进行非正式会面……甚至有时，我都会假装成顾客去打听更多的信息，对于企业创新来说，信息共享是很重要的，广交朋友，不管是同行还是非同行，只要你关系处理妥善，那么五个手指合拳才能形成市场的冲击力……	JWY 董事长

根据以上研究以及实地访谈情况，本书提出以下假设：

假设H10：利用式创新在广泛性影响技术创新绩效机制中起中介

作用。

第五节　双元性创新对异质性与技术
创新绩效的中介作用

网络异质性是企业进行技术创新的价值之源，正是那些资源结构的差异性与资源互补性的网络主体相结合，促进了创新知识应用与技术创新扩散（Daniela et al.，2012）。技术创新是一个学习过程，其过程中一些机构、组织之间相互作用，并与外部环境保持各种联系，获取了创新研发所需的各种知识资源。企业家正是依赖于多样化网络成员获得了全方位与互补性支持（McEvily et al.，1999）。本书认为，企业家社会网络各节点相应的成员属性、角色、位置等结构多样化充当了传递差异性资源、独特性知识源、激励企业进行技术创新的关键角色，即多样性网络行动者对异质性信息的获取应该是技术创新的第一步骤。可以认为，企业双元性创新更多地依赖于企业家社会网络中那些同质性或异质性资源。

一　探索式创新对异质性与技术创新绩效关系的中介作用

首先，分布式市场信息与技术信息越来越多以非等级性、异质性且随着时间相继变化的组织方式进行。同样，技术创新过程中所需的知识生产也需要许多要素来支撑，那些合作伙伴、行业协会、大学、研究所、咨询机构、供应商等机构中的相关人员与企业家之间的私人联系能提供企业创新所需的新颖资源。需要明确的是，创新过程中企业家特别依赖于网络中其他行动者各自的知识基础，而这些知识基础又可分为解析性知识与综合性知识（薛捷等，2011），其中，企业家与大学、科研机构等组织机构中的利益相关成员联系有利于获取解析性知识，有利于组织探索式创新。因此，企业家与多元化网络成员存在多重联系，无论通过正式或非正式关系的利用，那些网络中非层级式或者是分布式等有价值的资源均有利于企业开展探索式创新活动。

其次，企业家关系模式的多样性和网络结构的裂变是创造非冗余伙伴关系并从这些关系中获取新颖知识的一个重要条件。企业家社会网络应该是由那些拥有不同知识和技能的利益相关者成员构成，他们提供了熊彼特式创新的潜在性，企业家可以经常跨越、消化、吸收不同学科与区域以形成有关技术创新的新见解。例如，通过与潜在知识提供者进行外部联结，探索式创新的依赖路径可以从关系联盟中得以保障（Rosenkof & Nerkar，2003）。有研究认为，企业家与潜在知识供给者通过知识的共享与交流提高了企业探索式创新的可能性，这种可能性也恰恰源于知识的联结经济，而联结经济思想产生于埃奇沃思补足（Edgeworth Complement）（罗珉、夏文俊，2011），逻辑如下：

美国经济学家哈尔·R. 范里安（2006）指出，埃奇沃思盒状图最直观的反映是任何偏离契约曲线的情形都不会是一种瓦尔拉斯均衡。但是，网络组织并非基于传统生产要素的"1＋1"式联合效应，而是一种能实现网络成员之间优势互补、协同整合效应式的合作：一方面，行动者各自互补性资产使网络资源、结构得到了合理性调整，产生了网络组织联结经济的创新激励；另一方面，利益相关者成员各自的知识存量共享与交换引发了新流知识，经由企业的高效协同整合产生了根本性的新想法（Ahuja & Lampert，2001），而根本性新想法的边际收益递增规律会拓展企业已有的生产边界（见图4－3），即埃奇沃思盒状图中任何一点新想法（要素）C均比传统生产要素的瓦尔拉斯均衡点D、E创造出更高的效能（罗珉等，2011）。

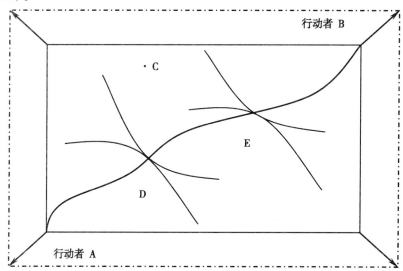

图4－3　互补性知识效能与传统要素效能的比较

资料来源：罗珉、夏文俊（2011）。

　　基于上述，本书认为企业家社会关系网络通道中的资源多样性有利于企业进行探索式创新，本书对部分高技术企业的实地访谈也有类似的结论（见表4－11）。

表4－11　　　　　　　探索式创新对异质性与技术创新绩效关系的
中介作用访谈经典语句

企业	经典语句内容	职务
A 线缆企业	我坚信：不创新，毋宁死。2006年3月，一种具有颠覆性技术的JRLX/T碳纤维复合芯软铝首次在深证220千伏线路挂网运行，媒体评论，这一技术是100年来电力材料的技术变革的首次突破。我与各路专家经过激烈的讨论，也与企业的股东、员工等达成了共识：为推动产业升级，我们必须选择新一代的电缆产品——碳纤维复合芯。多年来，我们公司的技术创新终于开花结果，被国家电网公司列入先进实用技术……	XPJ 董事长
B 制药企业	做企业一定要与环境同行，要反应快，要跟上时代潮流，我认为，一有机会就要好好把握……很多人认为，创新再难也要做，可是有些人认为，不熟悉的不做是不科学的，这样的不做明显是信心不足嘛，只要你的交流机会越多，交际越广泛，不就是由不熟悉到熟悉了吗，所以，对待任何事物，要有信心……	XMJ 董事长

　　根据以上研究以及实地访谈情况，本书提出以下假设：

　　假设H11：探索式创新在异质性影响技术创新绩效机制中起中介作用。

二　利用式创新对异质性与技术创新绩效关系的中介作用

　　首先，企业家网络的异质性可以提高企业的信息容量。信息容量是企业家社会关系数量以及企业家和每一个沟通相近度较低网络成员联结数量的函数。事实上，企业家跨越了一些沟通相近度的网络关系，通过对间接关系的联结而获取关键信息。例如，对于企业家来说，比较亲近的朋友只能形成很小的一种派系，然而企业家的弱势网络链则把各种地位较高的派系与地位较低的派系联结在一起，虽然弱式链在整个网络信息流中相对较少，但在创新扩散的信息流动中起着至关重要的作用，尤其是当一个系统成员已经采纳了某项创新，然后他将自己对该项创新的主观评价通过弱势链告诉给另一个系统成员时，这种信息的影响力非常大，而且这个弱式网络链在企业国际化进程中起着关键的作用（Komulainen，Mainela & Tähtinen，2009）。进一步地，如果这些获取的关键信息与企业已有的知识结构相类似，则显然有利于对现有技术的深入挖掘与开发，从而促进利用式创新。此外，罗杰斯（2002）提出，那些沟通链重叠的程度性与获取的信息相似度呈正相关。与同质性网络相比，异质性网络代表了更多的不确定性，其无论在网络稳定性方面还是可预测性方面，均不利于网络行动者共享创新理念、信任和共同的行为模式，因此也限制了企业的利用式创新（Slater，1995）。

其次，企业家社会网络中合作伙伴所拥有的非冗余性知识促进了利用式创新。Daniela、Chiara 和 Annalisa（2012）指出，网络成员的异质性能提高企业间的合作满意度，即非均匀性的网络成员能够令人满意，他们随着时间的推移可以试用多种的不同解决方式直到满意为止（Cantù，Corsaro & Snehota，2012）。目前，技术创新活动所涉及的各种利益相关者背后的知识与技能资源起来越广泛，因此，企业家网络的异质性可以使行动者之间在合作创新过程中有机会利用多类型的知识与技能资源，从而提高组织创新行为发生的概率，并也加强网络成员之间的互动认知。在此基础之上，企业家与网络成员之间有可能形成较为稳定的关系，由此有可能会传递有价值的精细信息。此外，Rampersad、Quester 和 Troshani（2010）指出，网络异质性往往会产生行动者之间的权力依赖关系，而这样的关系恰恰对创新网络的协调与控制管理有着重要的影响，在网络行动者之间的高效协调与控制的基础上，促进企业现有技术与创新实践的应用（彭新敏，2009），最终促进企业利用式创新。本书对部分高技术企业的实地访谈也有类似的结论（见表4-12）。

表4-12   利用式创新对异质性与技术创新绩效关系的
中介作用访谈经典语句

企业	经典语句内容	职务
A 线缆企业	我认为，创新一定要落地，我经常呼吁全体公司全体员工在实践中求创新，我利用了我的信息渠道与资源渠道，从德国、瑞士、芬兰、美国等国家引进国际先进设备，即引进来的战略，其次，消化吸收很重要，我们每年投入投入大量的费用进行大规模的技术工艺改造……	XPJ 董事长

企业	经典语句内容	职务
B 制药企业	我对企业的创新过程遵循"鱼论哲学"，同时，坚信"不求所有，但求所用"，我要求企业的技术研发中心开展与日本、美国、巴西、意大利、芬兰等国家的科学机构以及科学家开展合作交流、研究，我亲自聘请了国内外20多名高级研究人员任技术顾问，成为我公司自主创新的远程支持平台……我们的技术创新路线经过了"花钱买鱼"到"借池养鱼"到"放水养鱼"再到"筑渔养鱼"的过程……我经常告诫同事们，渐进主义是创新的大敌，我坚信"面倒桌子上吃"，行动要快……发达国家普遍实行药政认证制度，我动用了海外关系，借助与西班牙菲玛药业这一合作途径引入了药政注册方面知识，以此强化了企业的创新能力	XMJ 董事长

根据以上研究以及实地访谈情况，本书提出以下假设：

假设 H12：利用式创新在异质性影响技术创新绩效机制中起中介作用。

第六节　双元性创新对关系强度与技术创新绩效的中介作用

学界已经把社会网络的强弱关系视作影响企业技术创新的重要因素。但针对双元性创新行为中探索与利用活动的研究，必须要鉴定出分析层面，因为不同的分析层面对双元性创新行为的研究结论或许存在差异（Gupta，Smith & Shalley，2006；彭新敏，2011）。如果以社会网络作为前因变量，探索与利用创新活动作为结果变量，来考察前自变量与因变量之间的科学关系，那么从网络的哪个层面特征去考察？其实，大部分研究是基于企业层面的网络视角来探讨对组织创新行为的影响（Vanhaverbeke，Gilsing & Duysters，2005），而建立在网络组织中的高层决策者个体之间的相互认同、全面信任层面的研究则相对缺乏（Vissa，2011），但逐渐成为一个新的研究趋势。实际上，企业之间进行合作创新时，必须考虑个人关系网络的重要作用，尤其当知识的复杂性限制了知识跨越组织边界扩散的可能性时，那些人与人之间的社会关系网络是知识跨界的催化剂（Sorenson，2003）。具体就针对前文关于网络关系强弱与双元性创新两者之间出现的"关系嵌入性悖论"现象，本书认为，要辨析网络嵌入性对双元性创新的影响，必须关注网络成员个体层面的合作关系情景。因为不同的关系情景对于企业采取哪种创新行为，其研究结论是不一致的（Christine et al.，2003；Gibson & Birkinshaw，2004）。

企业家社会网络的关系强度意味着其与网络成员之间的频率联系高低对信息、知识资源交换的数量与质量方面起着关键性作用，同时也保证了组织创新所需的知识得以有效转移与获取。本部分将基于社会网络的成本与时间[①]（Soda et al.，2004）、环境要素（Christine et al.，2003）、文化准则（Xiao & Tusi，2007）之关系情景，探讨双元性创新在关系强度与创新绩效之间的中介机理。从整体上来说，企业家社会网络关系强度对双元性创新影响主要存在于以下两个方面：首先，企业家个人关系带来的信息与知识方面的冗余利益、排他性关系均有利于企业家积累交换利益；其次，企业家与众多利益相关者成员的信任，提高了企业家的协调和效率水平，有利于企业家个体获取更多知识共享机会与企业创新资源。

一　探索式创新对关系强度与技术创新绩效关系的中介作用

首先，从社会网络成本及时间方面来看，根据 Burt（2008）关于网络冗余关系人的分析结论，即关系人与关系人之间构建的关系强度需要占用企业家时间与精力。如果关系人之间都是冗余的，反而降低了知识转移的效率，或者说企业家只有极少的机会搜寻到新的信息与知识。反之，如果增加非冗余比例，那么企业家可以以较少的精力与时间占据更多的结构洞，企业家也因此就有充分的谈判余地。即使企业家个体并不与弱关系主体定期交互，弱关系仍有可能比强关系提供更多的异质性资源。同样地，如果企业家在其社会网络中占据着桥梁位置，不仅接近了优质资源与接触了异质性信息，而且有利于企业家节约时间与资源，其从弱关系中获取的信息优势与控制优势的社会资本显然有利于企业的探索式创新。同时，探索式创新需要的是新奇的信息与知识，企业家无须在一些技术利益相关者身上进行投资，其可以以较低的成本来获取更宽的知识与异质性的创业思想来推进企业的探索式创新。

其次，从环境要素方面来看，Rowley、Behrens 和 Krackhardt（2000）研究发现，强弱关系在不同产业情景下对企业创新绩效的影响存在明显的

[①]　周雪光（2003）认为，网络是一种投资，如果不考虑投入成本，只考虑它的回报，这个问题是不完整的。

差异性。具体来说，弱关系在探索性环境下对探索性知识要求高，弱关系对组织（半导体产业）绩效正相关。Lazer 和 Friedman（2007）针对探索与利用的二元网络结构分析发现，高关系网络联结降低了信息多元化，损害了组织的长期竞争优势，而低关系网络联结因具有更多的多元性，有利于企业的探索式创新行为发生。与此同时，Knack 和 Keefer（1997）的研究表明，一个国家的社会资本水平应该度量为该国国民之间的诚信程度，并指出处于高度信任环境中的个人则更容易进行创新，而低信任度却会破坏创新。郑海涛（2011）指出，信任即使在市场式的组织之间可能不必签订正式合同，也无须说明每个突发事件，法律诉讼的也不多。由此，企业家不必花费时间成本去面临其他成员之不法行为，企业家也因此能集中精力搞好探索式创新。

最后，从文化准则来看，文化不仅存在于国家层面，也在组织层面上发挥着重要作用（Martin，1992；O'Reilly & Chatman，1996）。James（2005）对美国盐湖城高技术企业研究发现，那些具有摩门教信仰的企业在选择合作伙伴时侧重于具有该教信仰的企业。同样地，在中国集体主义的文化背景下，人们大都基于亲属关系、共同的家乡、校友以及共同的经历等形成自己人的网络，这些关系通常是永久的、固定的群体（Triandis，1995）。但是那些跨越结构洞的行动者，会被认为是脚踏两只船，是备受污蔑与惩罚的社会行动行为，与那些布满结构洞的社会网络相比，简单的浓密的社会网络更能代表清晰的群体成员身份，带来更多的社会资源（Xiao & Tusi，2007）。其实，探索式创新由于与组织已有的知识存在较大的差距，往往需要频繁的交流与互动，正是从这个意义上来说，网络成员间密切的交流与合作将有助于知识的获取与创新的发现，并通过组织的充分吸收与消化，从而有助于探索式创新。

根据罗家德（2011）观点，西方的社会信任是建立在以自我为中心的团体格局之上，也相应地融入了契约精神，而在华人的商业行为中，那些拉关系以及建人脉，其实就是建立信任关系以及布建自己的自我中心信任网络，有了这个网络，行动者才能动员资源。也就是说，如果企业高层拥有社会交换内涵的弱连带或建立在互利的信任理论基础上的工具性交换关系，那么这些关系又构成了一个差序格局的中国式信任网络。那些"愈推愈远，也愈推愈薄"的信任关系创造了最小信任或者仅仅是市场正式契约关系，有利于企业独立创造知识（Hansen，1999）。因此企业家与那些

"九同甚至是十同"关系的接触，可以扩大知识搜索的广度，于是，异质性的、新奇的、非冗余资源正向影响着企业的探索式创新。本书对部分高技术企业的实地访谈也有类似的结论（见表4-13）。

表4-13　　　　　　探索式创新对关系强度与技术绩效关系的
中介作用访谈经典语句

企业	经典语句内容	职务
江苏 YD 电缆	我们做线缆产品这块，当地有 500 多家类似的企业，竞争非常激烈，我们必须与客户处理好关系，我也必须花很多时间去做些调研。在我公司，我规定，营销员要长期驻扎当地，一年四季，回来次数与休假日也是有限的……这样营销员可以经常保持与客户的联系，得到客户的信任……我也常常从客户获取同行的样品，必须进行研究，以此取长补短。……客户经常给我提新产品建议……我觉得处理好客户关系，他们也会介绍新的客户给我们做……如果没有这些关系，公司每年的新品销售收入怎么占到全年销售收入的 60% 以上呢？	蒋董事长
浙江 JF 药业	我经常邀请一些企业外的关键人物在"圆桌会议"上进行商量产品开发，做制药行业，药品科技含量高，我们有时为一个新品开发会不间断地讨论三个月，甚至时间更长，毕竟是大投资嘛，风险也大，所以我必须慎重，每一次讨论，大家都会积极地发表观点，我也愿意倾听，虽然时间跨度大，但通过这样的讨论，一些关键利害关系的人为我们的新项目的可操作性增添了信心……	蒋董事长

根据以上研究以及实地访谈情况，本书提出以下假设：

假设 H13：探索式创新在关系强度影响技术创新绩效机制中起中介作用。

二　利用式创新对关系强度与技术创新绩效关系的中介作用

首先，从社会网络成本及时间方面来看，如果企业家与网络成员保持着亲密的合作关系，那么企业家与其交流复杂知识的动机则较强，而复杂知识的转移与吸收需要具有较强的背景知识，或者说保持亲密的人际关系对背景知识积累有着重要的影响，可以认为利用式创新恰恰是需要通过长期累积成的强关系中有效转移复杂知识才能成就的（蔡宁等，2008）。此外，个体之间的一些特定相互投资可以锁定行动者之间的合作关系，提高了网络成员各自的转换成本，信任也由此得以构建且更容易维持。换而言之，通过强关系建立的信任可以减少决策者进行产品开发决策时在认知上的成本（McEvily, Perrone & Zaheer, 2003），也可以提升行动者之间相互交流信息的意愿，那些行动者之间的专有性知识、隐性知识、复杂性知识及精确的市场信息也能得以交换，更多对组织创新行为至关重要的个人信息也由此被共享，但需要注意的是，知识广度搜索的可能性却被大大降低，因为此种特定知识只是对企业的利用式创新行为产生影响（彭新敏，2009）。

其次，从环境要素方面来看，Luhmann（2003）的研究表明，信任的环境增加了网络行动者之间交换获取价值的预期，也使个人对各种事实保持开放的心态，确保网络行动者之间高质量的互动，这些关系行为促进了企业利用式创新。一些实践已经表明，我国地方产业集群中的一些高技术企业，多数属于家族企业，企业高层中既有家族成员，又有非本地的职业经理人，企业家因与职业经理人之间深厚关系而得到创新资源的分配，有助于企业利用新的生产工艺与进一步深挖现有市场的机会，同时也为企业提供了新的方式来整合现有知识信息以利于企业的利用式创新行为。

最后，从文化准则来看，利用式创新强调扎实的专业知识，而不同的强关系网络所传递的信息、知识类型、数量或者质量等方面存在差异。而特定的文化特征对网络关系强度或许会影响组织间关系质量（Vanhaverbeke & Noorderhaven，2002）。根据罗家德（2011）观点，人脉不是一般的信任关系，它是具有特定对象的，行动者十分清楚对象可以调动的资源，行动者也因人情而获取精确的潜在信息与知识，反之，模糊性知识的交互在两两熟人连带中是无法容忍的。于是，如果企业家建立在血缘结亲与结拜之上的家人连带，或者是建立在人情交换与人情账上的熟人连带所带来的同质性资源甚至是重复性的资源，对企业的利用式创新显然十分有利。本书对部分高技术企业的实地访谈也有类似的结论（见表4-14）。

表4-14　　利用式创新对关系强度与技术创新绩效关系的
中介作用访谈经典语句

企业	经典语句内容	职务
A 线缆企业	我认为，我们企业和海尔、华为这样的企业还无法比拟，要做百年企业，实属不易，但绝不是靠一个人，要靠各种各样的团队，要靠亲戚、朋友，甚至要靠一些企业与机构，如果没有这些人之间的相互照应，线缆这块竞争这么激烈，技术变化也越来越快……人与人之间相处长了，这些朋友与商业伙伴就成了一个很关键的消息来源，他们会主动帮助企业提供一些管理咨询与研发服务……做企业一定要强调天时、地利、人和……人和就是人才济济，团结一心、要相互包容、要相互补充……有时合力就是能促进事半功倍。	XPJ 董事长

续表

企业	经典语句内容	职务
B 制药企业	拿市场营销这块来举例，我通过医药公司、医院以及各大零售药店给我带来各种市场信息。这种信息也是很多的，因为他们往往直接面对就医人员，这些朋友反馈回来的信息非常有用且重要……进军医药这块已经十多年了，全国各大医药公司关系可以说非常好，比如说，我们有个医药公司商希望我给他们做个 GSP 认证……反过来，他们也会帮助我们解决现有市场的挖掘，利用他们代理的关系来更好地疏通一些关键医院的终端市场关系，帮助我们赚更多的利润，对我来说，也能帮我接触一些医院名师，帮助我们改善产品工艺，提高医药生产能力，我想朋友关系就是双赢的关系……	XMJ 董事长

根据以上研究以及实地访谈情况，本书提出以下假设：

假设 H14：利用式创新在关系强度影响技术创新绩效机制中起中介作用。

综上所述，本书提出如图 4 - 4 所示的企业家社会网络与技术创新绩效关系的概念模型。

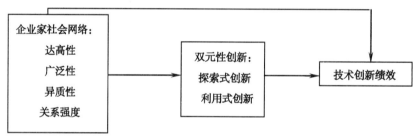

图 4 - 4   企业家社会网络对技术创新绩效作用机制概念模型

本 章 小 结

本章经过相关文献梳理与推导，对企业家社会网络与双元性创新及技术创新绩效的关系进行了进一步的分析。运用企业家社会网络中的达高性、网络广泛性、网络异质性以及网络关系强度等四个维度来表征企业家社会网络特征，并把双元性创新划分为利用式创新和探索式创新，深刻剖析了企业家相应网络特征通过双元性创新进而提升技术创新绩效的作用机制。通过推理论证企业家社会网络与技术创新绩效之间的关系，提出了相应的 14 个理论假设，汇总如表 4 - 15 所示，并认为四大关键社会网络特征对技术创新绩效都有显著影响；包含探索式创新和利用式创新两大要素的双元性创新是"企业家社会网络—技术创新绩效"关系实现的内在机制，并在两者关系中起中介作用。

表4-15　企业家社会网络、双元性创新与技术创新绩效的研究假设

假设序号	假设内容
假设 H1	企业家社会网络的达高性对技术创新绩效有显著的正向影响
假设 H2	企业家社会网络的异质性对技术创新绩效有显著的正向影响
假设 H3	企业家社会网络的广泛性对技术创新绩效有显著的正向影响
假设 H4	企业家社会网络的关系强度与技术创新绩效呈倒"U"型关系
假设 H5	探索式创新对技术创新绩效有显著的正向影响
假设 H6	利用式创新对技术创新绩效之间有显著的正向影响
假设 H7	探索式创新在达高性影响技术创新绩效机制中起中介作用
假设 H8	利用式创新在达高性影响技术创新绩效机制中起中介作用
假设 H9	探索式创新在广泛性影响技术创新绩效机制中起中介作用
假设 H10	利用式创新在广泛性影响技术创新绩效机制中起中介作用
假设 H11	探索式创新在异质性影响技术创新绩效机制中起中介作用
假设 H12	利用式创新在异质性影响技术创新绩效机制中起中介作用
假设 H13	探索式创新在关系强度影响技术创新绩效机制中起中介作用
假设 H14	利用式创新在关系强度影响技术创新绩效机制中起中介作用

第五章

企业家社会网络与技术创新绩效
关系的实证研究方法论

科学规范的研究方法是研究论文中十分重要的组成部分，主要回答"如何研究（how）这个问题"，也是保证研究质量的重要一环。本章将侧重阐述"企业家社会网络与技术创新绩效关系研究"所采用的研究方法。本书主要研究企业家个体层面，其中涉及的个体间关系与网络特征等相关数据难以从公开资料中获取，因而通过大样本问卷调研途径进行数据收集。本章具体安排如下：首先，阐述问卷设计过程；其次，如何对相关的科学变量进行测量；最后，说明数据获取过程、样本分布、数据的描述性统计量以及使用的定量分析方法。

第一节　问卷设计

一　问卷的基本结构

王重鸣（1990，转引自勾丽，2010）认为问卷设计应包含四个方面：所体现的理论构思与研究目的、问卷格式、问卷测量条款语句和问卷语言。在设计问卷时，问卷设计的目的确定了问卷的内容构思和子量表；应该避免词不达意或语句唐突或带有诱导性的问题出现，其中测量条款语言应明确、具体，同时避免多重含义或隐含另类假设。问卷用词的抽象性尽量避免以防止反应定式，其中也要控制反应偏向。

本书主要围绕企业家社会网络、双元性创新与创新绩效关系及作用机制展开问卷设计，问卷设计的重要任务能为本书提供所有有效数据。运用SPSS19.0统计软件进行变量之间的因子分析、相关分析及多元回归分析。基于第四章的理论研究假设来确定问卷量表中需要测量的相关变量包括：

企业家社会网络特征（达高性、异质性、广泛性与关系强度）、双元性创新（利用式创新与探索式创新）、技术创新绩效、企业家背景、企业规模等。本书的调查问卷设计主要涉及以下部分内容（参见附录2）：①企业家基本情况：身份、学历情况、行业领域、企业规模等；②企业家社会网络情况：包括达高性、异质性、广泛性与关系强度；③双元性创新情况：具体包括利用式创新与探索式创新等变量；④技术创新绩效表现；⑤问卷填写者的企业基本信息。

二　问卷设计过程

合理的问卷设计是保证数据信度和效度的重要前提。本书参照Churchill（1979）、Dunn 和 Seaker 及 Waller（1994）、Hinkin（1998）、彭新敏（2009）、范志刚（2010）、勾丽（2010）等学者提出的建议，采取以下流程进行问卷的设计：

（1）文献梳理与企业访谈调查形成问卷题项。对企业家社会网络、双元性创新与技术创新绩效等国内外文献阅读分析的基础上，借鉴经典文献的理论构思以及被广泛引用的实证研究量表，在此基础之上形成访谈大纲，并深入到多家高技术企业进行为期4个月的实地调研，其中笔者与董事长、总经理等企业高层进行了沟通。测度题项的设计是基于已有研究中被证实具有较高信度和效度的量表，并结合前期的调研结论，形成问卷初稿。

（2）与专家团队讨论对问卷题项进行修改。在笔者所在的技术与服务管理研究中心学术周例会上进行讨论，就涉及变量之间的科学关系及测度题项设计问题，向技术创新及社会资本等诸多研究领域的教授、博士寻求建议。笔者根据这些学院派专家针对问卷中的题项措辞与题项归类等方面提出的建设性建议进行了相应的调整，并对部分题项进行增删，由此形成问卷的第二稿。

（3）对问卷题项向企业界征求修改意见。首先，与4位具有良好管理知识背景的高技术企业的董事长/总经理进行深入访谈，针对问卷中的两个关键问题向其征询意见：一是企业家社会网络的特征、双元性创新以及创新绩效等变量的理解问题；二是变量之间的逻辑关系是否能够反映企业实际情况。其次，再与3位学术背景相对较弱的董事长/总经理进行交流，对问卷中题项的可理解程度等方面做了交流，尽量使问卷中不包含学术用语，增加了问卷中题项的可理解程度，形成了第三稿问卷。

（4）对题项进行预测试与纯化，最终确定问卷。在问卷第三稿形成之后，笔者在2012年10月选取了广州华南理工大学一个EMBA班级（约10人）以及浙江大学企业管理高管研修班（约10人）进行了预测试，预测试人员是本书较为理想的问卷调查对象。根据他们的反馈进行量表的初步检验分析，由此进一步地对问卷进行了修改完善以规避问卷设计中潜在的问题，最后形成了调查问卷终稿（参见附录2）。

三　问卷防偏措施

由于本书问卷的答案主要建立在应答者的主观评价之上，这或许会带来数据结果的偏差问题。Fowler（2008）认为主要有该问题的答案应答者不知道、问题所涉及的信息应答者无法回忆、这些问题应答者不想回答、所问的问题应答者不能理解等四大原因所致。本书在参考李正卫（2003）、陈学光（2007）、许冠南（2008）、郑素丽（2008）、彭新敏（2009）、范志刚（2010）、勾丽（2010）等学者研究的基础上，采取了相应的有效措施，以求正确答案：

（1）针对问卷答案应答者不知道的情况下，本书选择在该企业工作三年以上、对企业战略合作以及技术创新情况较为熟悉的其他高层管理人员来填写问卷，并请求答卷者针对不清楚的问题向企业知情者求助。

（2）针对问题所涉及的信息应答者无法回忆的情况下，本书就问卷题项所涉及的问题尽可能是针对企业当下的情景回答，或者是近三年内的总体情况，以尽量消除那些答卷者记忆问题所引起的偏差问题。

（3）针对问卷问题应答者不想回答的情况下，本书在问卷的卷首部分交代了本书目的，并承诺对问卷所获胜的信息予以保密或者把本书结果反馈给对方。

（4）针对应答者不能理解问卷所问问题的情况，本书在问卷设计过程中广泛地听取了学院派与业界诸多专家与管理者的意见，以尽量减少词不达意或语句唐突的测量题项，且在问卷卷首部分附上了笔者的相关联系信息，由此应答者在不理解题意的情况下可以及时与笔者联系，以排除那些难以理解或表意含混不清的题项所造成的问题。

第二节　变量测度

本书所涉及的变量主要包括四个方面：企业家社会网络特征维度、双元性创新、技术创新绩效以及相关的控制变量。其中，针对企业家社会网络的各个网络特征变量，依据国外文献中常用的"自我中心网络分析法"，结合相关的研究目的，让受访者提供其所认知的网络成员个体特征以及成员之间的相互关系等信息，从而使研究者可以根据这些相关信息来测度社会网络。Burt 和 Ronchi（1994）认为，在测度社会网络相关指标时，只要求应答者描述其最主要联系人的相关特征。

此外，本书在变量的测量方式上，以 Likert 5 分量表的形式对变量进行测量。7 分量表虽然能够增加变量之间的变异量，同时也能提高变量之间的区分度，但是，Berdie（1994）（引自吴明隆，2010）认为，5 分量表是最可靠的，如果选项超过 5 分，那么应答着难以有足够的辨别能力。因此，本书采用 Likert 5 分量表来评估。

一　技术创新绩效变量

本书以企业技术创新绩效作为因变量（被解释变量）。对此进行梳理后发现，创新绩效主要包括了评价企业创新活动的效果与效率的指标。需要指明的是，学界并没有提出一个公认的测量体系。其实，关于技术创新绩效的测量主要包括两个方面，一是基于单一维度视角进行测度，二是从多维度角度进行度量。究其原因在于创新绩效产出的复杂性与多样性使然。从单一维度视角来看，主要是利用专利数量来测量技术创新绩效（Tsai，2001）。围绕反映企业技术与能力的发展轨迹所展开的测量，比如 R & D 投入、引用的专利数量、申请的专利数量、新产品开发数量（Hagedoom & Cloodt，2003），研发成功率、技术转换率、专利水平、新产品占销售额的比重（Zhou et al.，2008）。Devinney（1993）提出，在企业层面专利数量能解释新产品开发数的方差仅不到 3%，即专利数作为测度创新绩效的指标存在一些缺陷，且专利数量仅在产业层面而非企业个体层面的研究中得以证实（Dosi，1988）。Flor 和 Oltra（2004）认为，专利仅仅是发明而非创造，且专利数与新产品数量之间的相关关系也较弱（Devinney，1993）。由此，专利作为技术创新的度量指标的信度值得商榷

（辛晴，2011）。学界还是提倡运用多指标来测度技术创新绩效（Luo & Park，2001；范志刚，2010）。因此，从多维度的角度进行度量的有，Lin 和 Chen（2005）认为创新绩效可以从经济绩效和科技成果计量两个方面来测量。Gemunden 等（1996）选取了产品创新和工艺创新两个维度对技术创新绩效进行了度量。国内的学者胡恩华等（2002）、张方华（2006）、韦影（2010）、马富萍（2011）分别从经济效益和社会效益、创新效益和创新效率、产出绩效和过程绩效、产品创新与工艺创新、创新经济绩效和创新生态绩效等方面对技术创新绩效进行了初试测量。

本书秉承前人研究观点，结合高技术企业的经营特点，选取多指标对企业的创新绩效进行度量，具体包括创新表现与市场表现两个方面。其中选取了新产品数量、新产品销售额占销售总额的比重、近三年销售额平均增长幅度以及近三年的总体市场竞争力四类度量指标，其中，新产品销售额占销售总额的比重刻画了企业的创新绩效和创新力度（官建成等，2004）。

在选定技术创新绩效的度量指标后，需要进一步确定度量企业技术创新绩效的具体方法。一是客观指标还是主观指标的选取，学界普遍认为运用企业财务的客观数据是简单而又有效的办法。然而，Mcgee 和 Peterson（2000）认为，很多企业不会也不愿意提供研究所需的真实财务数据，一般企业的财务数据不太可能会公开，因此企业财务资料的客观正确性难以保证。其实，学者们广泛地运用主观指标来评价技术创新绩效，且采用主观指标往往具有较高一致性与可信性（Chandler et al.，1993）。Lee 等（2001）认为，可以通过企业家评分方式来获取企业相关创新信息，此举既保证了问卷题项设计的灵活性，又保证了研究的信度与效度。二是绝对指标与相对指标的选取，学界主要采用相对指标来测量（Lee et al.，2001）。本书根据 Zahra（1993）的观点，为保证数据的获取和真实，减少不可控外部的环境因素，将创新绩效的测度时间定为 3 年。

综上所述，本书采用由问卷填写者回答：近三年内，新产品数量、新产品销售额占销售总额的比重、销售额平均增长幅度以及近总体市场竞争力四类度量指标来测量企业的技术创新绩效，如表 5-1 所示。

表 5 - 1 技术创新绩效的测量

构思变量	测量题项
创新绩效	1. 与竞争对手相比，本公司的新产品数量较多
	2. 与竞争对手相比，本公司的新产品有较高独创性
	3. 本公司能够比竞争对手更快地推出新产品
	4. 本公司能够持续不断地推出新产品
	5. 本公司新产品开发项目的成功率高
	6. 与竞争对手相比，本公司拥有一流的先进技术与工艺
	7. 本公司新产品销售额占企业销售总额的比重高
题项依据	Levin et al. （1987）；Lee et al. （2001）；Hagedoorn & Cloodt （2003）；Laursen & Salter （2005）；Alegre et al. （2006）；Alegre & Chiva （2008）；朱朝晖 （2008）；郭爱芳 （2010）

二 企业家社会网络的特征变量

（1）达高性

本书认为，达高性是指企业家通过与各级各类政府部门、金融机构等规制机构的工作人员建立联系而获取到的外部支持程度，它衡量的是企业家摄取等级体制内稀缺资源的能力水平。根据 Lin（2005）观点，企业家通过其社会关系网络可以在等级制结构中触及最高位置的资源，其中企业家接触的职位按等级可以划分为厂党委书记、局党委书记以及市委书记。目前，中国企业正处于经济转型的过程中，各级党政机关仍然保持着对许多关键性稀缺资源的控制。由此考察能否和政府等相关规制机构的工作人员建立关系是衡量企业家社会网络达高性的重要标准。关于测量方面，前人尝试从行政层级、党派网络等维度来度量那些解释变量（Li & Zhang，2007）。尽管如此，现有关于此解释变量的度量研究方法并不统一（江雅文等，2012），其中主要的方法是以"企业家是否在政府部门任职"来进行测量，例如企业家是否是"行业协会委员""共产党员"，如果"是"则将其定义为达高性（边燕杰，2000；张其仔，2000；李孔岳，2011），但是，他们所选用的指标主要是虚拟变量。

本书主要关注企业家主动寻求与各级党政机关各级职位人员之间的联系对技术创新的影响。Li 和 Zhang（2007）认为，单一维度的测量难以全面衡量出此类政治联系。因此本书分别从企业家纵向联系（行政层级）

与横向联系（行政职权）对社会网络的达高性进行测量。

首先，从企业家社会网络纵向联系来看，不同的层级党政机关成员是不同层次公共资源的实际控制者与分配者（曾萍等，2011），层级的差异影响着官员们的政治影响力与声誉（孙晶，2012）。因此，关于行政层次纵向联系的测量研究有：Acquaah（2007）利用企业高层与国家政府官员的联系、城市议会成员联系、与州政府官员联系、与区议会成员联系、与监管和支持机构官员联系等 6 个题项来测量。孙晶（2012）从全国人大代表或政协委员或曾任省部级及以上官员、省级人大代表或省级政协委员或曾任地厅级官员、曾在政府重要部门工作过等 6 个题项来测量。马富萍（2011）通过对内蒙古、山东、山西等地区的调研得出用 6 个题项测度企业高层制度性社会资本：与各级政府官员的联系、与各级政府官员的关系、与各级政府官员之间的承诺是可靠的、与各级政府官员双方保持的交往关系、与各级政府官员对于重大问题的看法、与各级政府官员交流方面。

其次，从企业家社会网络横向联系来看，孙晶（2012）认为，行政职权是各级政府机关制定和颁布的行政法规，或者执行法律，或者是在法律的授权之下对公共性事务予以管理以解决行政问题的影响力和强制力，同时，行政层级的差异导致了政府部门间的职权差异。因此在测量上，学者们通过代表横向职权差异的政府等规制机构中的人员联系行为来表征。例如，魏江等（2009）通过对浙江省内的机械、电子、化工、能源、建筑和五金等行业中 140 位企业管理者进行问卷调研，验证了管理者利用与税务、工商等政府监管部门的联系，与政府行业主管部门的联系，与银行、金融界人员的联系等，企业管理层与公共性事务管理者联系对企业绩效的影响机理。耿新等（2010）通过对淄博、济南、青岛、北京、武汉等地的企业董事长或总经理深度访谈，分别从工商、税务等行政管理部门，开发区管委会、行业协会等行业主管部门，银行和其他金融机构等三个方面测度了企业家与公共性事务管理者主动性联系的行为。

综上所述，结合实地调研中所获取的一手资料，本书使用 4 个题项来测量企业家社会网络的达高性，见表 5 - 2。

表 5 - 2　　　　　　　　　　企业家网络达高性特征的测量

构思变量	测量题项
达高性	1. 能争取到各级党政机关人员的支持
	2. 能从工商、税务、科学技术等行政管理部门人员处获得支持
	3. 能从开发区管委会、行业协会等行业主管部门人员处获得支持
	4. 能从银行和其他金融机构人员处获得支持
题项依据	Faccio et al.（2006）；Fan et al.（2007）；Acquaah（2007）；Li & Zhang（2007）；Lin（2005）；耿新等（2010）；马富萍（2011）；孙晶（2012）。本书实地调研

（2）广泛性

广泛性是指企业家与其社会网络中不同身份成员之间存在的关系数量，反映了企业家通过社会关系网络得以有效动员的资源数量。Collins 和 Clark（2003）提及，高层管理者拥有更大的网络规模则意味着有更多的网络联结。Keegan（1984）、张文宏（1999）、张其仔（2000）等认为，可以用网络规模来衡量网络的广泛性问题。其实，企业家是通过网络中成员数量来表示有效调动资源的数量，因为网络成员数量的多少在一定程度上表征了企业获取创新资源的丰裕程度（Granovetter，1973）。相应地，Batjargal 和 Liu（2004）直接采用了企业家个体联系的单位数量来测度网络规模。

本书关注的是企业家作为个体行动者如何受到社会关系网络的影响，进而研究企业家如何通过人际关系结合成社会网络，以及分析企业家与其他网络行动者之间的关系。因此针对此类关系的具体测量，学界提出包括"提名生成方法"与"位置生成法"①。国内学者赵延东、罗家德（2005）认为，根据不同的研究目的，让每位被访者提供其符合要求的社会网络成员信息特征以及这些成员之间的相互关系信息，可以对网络中存在的关系状况进行测量，但是由于"位置生成法"无法进一步了解被调查个体的社会网络具体情况，也就难以测量相关指标。"提名生成方法"是指让个

---

① 学界针对此类测量提出，除了上述两类测量方法，针对中国情景还有拜年网（Chinese New Year Greeting Network）、最大宴席网等测量方法。但这些方法似乎都存在着相应的缺陷。详见周超文、曾明彬《拜年网还是宴席网——本土个体社会资本测量方法讨论》，《管理学家》2012年第10期。本书无意探究这些区别，而是参照西方学界的通常做法，采用对企业家"自我中心网"的测度采用"定名方法"。

体列出其找哪些人进行咨询或讨论重要的问题。本书遵循西方创业者们提出的"核心讨论网"思想,通过询问企业家在以往的一段时期之内曾与哪些人讨论过对企业管理运营而言重要的决策问题,并进一步发掘这些讨论对象的属性。同时,学者们将个体讨论过问题的人数作为个体社会网络广泛性的测量(边燕杰,2008)。

Collins 和 Clark（2003）认为,高层管理人员社会网络联结的数量可以用网络规模来概括,可以用以行动者的类别来测量。在实践中,每一类别企业家回答所涉及的"核心讨论网"人数方面的问题,已有学者也做出了相应的回答。例如,Sawyerr 和 McGee（2001）对企业家"核心讨论网"的研究显示的人数为 4.8（排除了主体（ego）本身,下同）,边燕杰（2004）认为,中国人的关系网人数要大于提名生成法所限定的 3—5 人,胡平等（2010）针对我国西安地区私营企业家社会网络特征分析得出,与企业经营发展相关的频繁来往成员数的平均值显示为 3.13,显然学者们关于此类的研究结论有不一致的地方。因此可以认为,目前也缺乏适合我国国情的有关企业家"核心讨论网"人数的研究结论来借鉴。为了让被调研者尽可能多地列举核心讨论网人数,本书在问卷中留出 7 个人的空项。

综上所述,结合实地调研中所获取的一手资料,本书根据相关学者关于测量企业家外部网络成员数量研究成果的启发,采用 4 个题项来测度企业家社会网络的广泛性,具体题项如表 5 - 3 所示。

表 5 - 3　　　　　　　企业家网络广泛性特征的测量

讨论对象的数目	A	B	C	D	E	F	G
工作部门: 党政机关							
高校或科研机构							
同行业企业							
其他①							
题项依据	Aldrich & Reese（1993）；Sawyerr & McGee（2001）；Collins & Clark（2003）；Yoo（2003）；边燕杰（2008）；耿新（2010）；李淑芬（2011）						

---

① Mintzberg（1973）研究认为,企业高层网络中往往存在成百上千潜在联系者。

（3）异质性

异质性指企业家社会网络成员的差异化程度，它反映了企业家社会关系网络中嵌入性资源的多样性。Collins 和 Clark（2003）在对高层管理人员的社交网络与企业业绩关系的研究中提出，各联系人越是来自不同单位，意味着联系人的多元化程度越高，即异质性越强。进一步地，与不同机构成员联系可以为高层管理人员带来不同的资源与信息。本书认为，异质性的网络成员决定了企业家能够接触到组织外部资源的幅度，可以用被访者的职业类别来测度企业家社会网络的异质性程度。

事实上，针对网络异质性的测量学界普遍受 Hirschman—Heffindahl index（赫希曼—赫芬达尔指数，简称 HHI）启发，其实 HHI 原本是测量产业集中度的一个指标，其虽反映了某一产业内成员企业的分布情况，然而其与网络异质性的含义非常接近（Yoo，2003），其中，Agresti 和 Wackerly（1977）最早使用 HHI 来测度网络异质性。本书借鉴 Yoo（2003）的观点，计算公式如下：

$$H = \frac{1 - \sum_i P_i^2}{1 - \frac{1}{k}}$$

其中，H 表示企业家社会网络的异质性指数，P_i 表示单位部门出现的概率，k 表示单位部门类型的总数，企业家社会网络的异质性指数 $H \in [0, 1]$，0 表示网络的异质性最小，1 表示网络的异质性最大。算法举例如下（以核心讨论网人数 ABCDEF 共 6 人为例）（见表 5 - 4）。

表 5 - 4　　　　　　　企业家网络异质性

讨论对象及特征 工作部门：	A	B	C	D	E	F
政府	√		√			
同行业企业		√				
高校或科研机构				√		
其他					√	√

其中 A、B、C、D、E、F 是与企业家联系最紧密 6 个人的代码，四类网络类型的概率分别为 $\frac{2}{6}$、$\frac{1}{6}$、$\frac{1}{6}$、$\frac{2}{6}$，异质性指数 $H = \left[1 - \left(\frac{2}{6}\right)^2 - \right.$

$$\left(\frac{1}{6}\right)^2 - \left(\frac{1}{6}\right)^2 - \left(\frac{2}{6}\right)^2 \right] \ / 1 - \frac{1}{4} = 0.963。$$

综上所述，结合实地调研中所获取的一手资料，本书使用下列不同单位的联系人来测量企业家社会网络的异质性，见表5-4。

表5-5   企业家网络异质性特征的测量

讨论对象及特征	A	B	C	D	E	F	G
工作部门： 党政机关							
高校或科研机构							
同行业企业							
其他							
题项依据	Agresti & Agresti（1977）；Collins & Clark（2003）；Yoo（2003）；边燕杰（2004）；耿新（2010）						

（4）关系强度

网络关系强度指企业家与其社会关系网络中成员联系的强弱。Granovetter（1973）认为，网络关系强度可以由很多方面组成，比如交流的频率、交流的时间与情感的强度或者友好的合约。Collins 和 Clark（2003）认为，针对企业高层管理人员来说，交流频率指企业高层人员在每月与其他网络成员之间的平均交流次数。交流时间的持续与企业高层管理人员对问题反应的程度有关。情感强度可以表示为与联系人关系的亲密程度。Uzzi（1997）针对网络嵌入性程度从信任、信息共享以及共同解决问题等三个维度来测量；Capaldo（2007）从时间维度、资源维度和社会维度等三方面对关系强度进行测量，其中涉及的具体指标包括了关系持续时间、合作频率与合作强度。勾丽（2010）根据访谈结果和文献研究选取了关系范围、关系强度和关系稳定性等三个维度来测量网络关系。结合第四章访谈建构与理论分析，本书按照 Granovetter、Collins 和 Clark 的观点来测度关系强度这一指标，具体从交往频率、认识时间以及成员之间情感强度等三个方面来进行测度。

针对交往频率，邬爱其（2007）、彭新敏（2008）用"每年一两次""每月不到一次""每月一两次""每周一两次""每周两次以上"五个选项，分别赋值1—5，这些学者采用了因素提取法进行分析。针对企业家关系网络形成的时间刻度，本书借鉴 Reagans（2005）、盛亚等（2013）

研究观点，针对企业家网络中除企业家之外的联系人之间的交往时间用"少于一年""一年至二年""三年至五年""六至七年""七年以上"等五个选项。针对情感强度，邬爱其（2004）用"亲属""朋友""同学""同事""熟人"五个选项。

综上所述，结合上述关于企业家回答所涉及的"核心讨论网"观点以及实地调研中所获取的一手资料，本书使用下列不同单位的联系人来测量企业家社会网络的关系强度，见表5-6。

表5-6　　　　　　　企业家网络关系强度特征的测量

讨论对象及特征	A	B	C	D	E	F	H
工作部门：党政机关							
高校或科研机构							
同行业企业							
其他							
交往频率：							
每年一两次以下							
每月不到一次							
每月一两次							
每周一两次							
每周两次以上							
认识的时间：							
少于一年							
一年至二年							
三年至五年							
六至七年							
七年以上							
情感强度							
亲属							
朋友							
同学							
同事							
熟人							

续表

讨论对象及特征	A	B	C	D	E	F	H
题项依据	Capaldo（2007）；Granovetter（1973）；McEvily & Zaheer（1999）；Uzzi（1997）；Collins & Clark（2003）；邬爱其（2007）；吴波（2007）；勾丽（2010）；耿新（2008）；李淑芬（2011）						

三　双元性创新变量

Li Ying 等（2008）指出，探索式和利用式创新这两种行为可以在功能领域和知识距离的两个视角进行逻辑定义。其中，前者强调根据创新活动是否集中在某一价值链来进行界定，后者则强调创新活动是基于新知识还是企业的现有知识来进行定义。结合本书对科技创新企业的创新活动的实际调研后认为，探索式创新是以满足现有或潜在目标市场为目的，越来越偏离现有技术轨道的知识基，而利用式创新则是一种锚定公司既有技术轨道知识的创新（Benner & Tushman，2002：679）。

已有研究将探索式创新和利用式创新行为作为类别变量来处理，通过此行为发生所在不同的创新过程和结果来分别进行侧重性的测度（Li Ying et al.，2008），其中，当作为过程来处理时，其涉及学习活动、行为、投入以及策略方面（He & Wong，2004；Van Looy，Martens & Debackere，2005；Sidhu，Commandeur & Volberda，2007），当此双元性创新行为直接指向创新产出时，其与突破式创新与渐进式创新同义（Jansen，Van Den Bosch & Volberda，2006，Greve，2007）。然而，Volberda（2006）认为，当创新行为无论是探索还是利用直接指向创新产出时，仍然可以采取创新过程的视角来测度，因此本书根据学界普遍采用针对创新过程的量表来测度。

Yalcinkaya 等（2007）用 Likert scale 测度了企业的双元性创新，其中，针对探索式创新的测度题项包括了"本企业与已有的战略相比，企业在生产流程、产品和服务上包含了一些新事物"以及"本企业选择了哪些不同于过去使用过的新的工艺、产品和服务方法"等 2 个题项。针对利用式创新的测度题项包括了："本企业员工尽可能地改进企业生产流程、产品以及服务"，"本企业员工相信生产流程、产品和服务的改善是员工们的责任"等 2 个题项。

国内学者彭新敏（2009）用 Likert scale 测度了企业的探索式学习与

利用式学习，针对探索式学习的测度题项包括了"企业是否正在开发一种革命性的新产品""企业是否正在实验一种突破性的新工作方法"以及"企业是否正在挑战传统的现有技术领域"等 3 个题项，针对利用式的测度题项包括了"企业是否最大可能地利用了已有的生产技能""企业产品或服务是否体现了现有优势""企业现在的工艺是否与过去的成功做法很相似"等 3 个题项。

具体到本书，根据调研对象的实际情况，本书在概念界定和测量方法上，主要依据 Volberda（2006）、李忆等（2008）及李璟琰（2011）等研究成果，采用 Likert 5 分量表，具体而言，题项和来源见表 5 – 7。

表 5 – 7   双元性创新的测量

构思变量	测量题项
探索式创新	1. 本公司积极采用全新技能和知识开发新产品和新服务以满足市场需求
	2. 本公司能够冒险采用新创意在现有市场上试验新的产品和服务
	3. 本公司勇于进入新的技术领域而拓展全新的、尚无相关经验的细分市场
	4. 本公司能够搜寻新信息而能够在新市场上发现并利用新的机会
	5. 本公司常常实验突破性新方法在新市场上寻找并接触新的顾客
	6. 本公司经常获取产品策略知识以拓展新的营销渠道
利用式创新	1. 本公司积极利用获得的信息、技能改进现有的产品和服务的质量
	2. 本公司重视改进成熟技术以提高产品和服务的供应效率
	3. 本公司注重新工艺对现有目标市场的产品或服务进行改善
	4. 本公司致力于增加市场经验来扩大现有市场的规模
	5. 本公司定期搜索信息为现有客户提供更多的服务
	6. 本公司努力体现现有的优势以降低生产和服务成本
题项依据	He & Wong（2004）；Jansen，Bosch & Volberda（2006）；Atuahene-Gima &Murray（2007）；李剑力（2009b）；李忆，司有和（2008）；彭新敏（2009）；李璟琰（2011）

四 控制变量的测量

本书企业技术创新绩效是一个多因素共同作用的结果，除了考虑企业家社会网络特征、双元性创新等变量外，还可能有另外一些因素对研究结果产生影响。虽然这些变量不是本书所关注的重点，但现有研究已经证实了它们与技术创新绩效之间存在一定的相关关系，因此有必要在实证研究中进行相应的控制。如企业家个人特征、学历、所属行业、企业规模等。为了减少这些因素对本书结果的影响，更加突出理论模型中各变量对技术创新绩效的影响，将这些变量作为控制变量。

首先，有关企业家的个人特征方面。已有研究表明，年龄、性别这样的社会人口特征对社会网络的构建会产生影响（张文宏，2005）。如企业家的年龄与人生经验、人际关系呈线性关系，由此企业家的网络规模也将越大（李淑芬，2011）。Gimeno 等（1997）、Tang 和 Murphy（2012）将年龄划分为① < 25，②25—34，③35—44，④45—54 以及 ⑤ > 55，本书将参照其观点。同时，企业家学历根据学界普遍做法，具体划分为 4 层次，分别是高中及以下、专科、本科、研究生。

其次，有关行业类型。在以往的研究中，企业所属行业是最常见的控制变量。本书根据学界普遍认可的行业划分类别，具体包括了机械制造、信息技术、纺织化工、生物制药、新能源新材料以及其他。需要特别说明的是，Thornhill（2006）认为，不论企业运营是否拥有高技术或低技术，行业同样可以影响公司的新产品和服务的产出。同时，McGahan 和 Porter（1997）认为，产业类型会影响企业绩效。为了剔除行业类型对本书结果可能产生干扰作用，我们将行业类型作为控制变量。

再次，有关企业的规模。Dunne 和 Hughes（1994）在研究英国企业成长的决定因素时发现，企业本身的规模与成长绩效呈相关关系，即企业规模越大，企业就会有获取更多的资源与创新能力以实现高速成长。总的来说，已有研究认为，企业规模可以用多种指标来测量，如总员工人数、总资产额、总销售额等。Tang 和 Murphy（2012）指出，企业规模可以用现有员工的数量来衡量。因此，本书将用员工人数作为测度企业规模的指标。由于本书对象是中小型高技术民营企业，因此参照国家经贸委等部门2003 年联合公布的《中小企业标准暂行规定》（国经贸中小企业［2003］143 号），经适当调整，将企业规模按照员工人数分为 5 个水平，1 表示员工数在 100 人以下，2 表示 101—300 人，3 表示 301—1000 人，4 表示1001—3000 人，5 表示 3000 人以上。

第三节　数据收集与有效性控制

一　样本与调研对象选择

根据本书对象的界定，首先，根据研究目的，对样本的选择对象为近三年有过合作经历的企业①。其次，选择有代表性的高技术企业，既体现了符合本书对象的选择要求，又体现了我国有关高技术产业发展特色。最后，综合考虑调研对象的特殊性和数据的可获得性（马庆国，2002），问卷具体调研区域范围尽可能广泛，具体来说包括了浙江宁波、金华、绍兴、温州、台州以及丽水等地区，上海闵行区，江苏南京、苏州、无锡、常州等地区，辽宁锦州、辽阳、丹东等地区，山东济南、淄博等地区，广东广州、佛山、潮州、东莞等地区，湖南衡阳地区，以及江西上饶等地区的生物制药类、信息技术、机械制造、纺织化工以及新能源材料类等高技术民营企业。

在高技术产业中，合作创新非常频繁，并且企业之间有效学习以及对其他企业运营经验的交流与移植是企业获取竞争力的最主要来源（金星，2010）。其中，信息技术与生物制药类产业是近年来国民经济的重要产业，由于这两类企业面临技术变革与不确定的速度、广度等问题，因此在这两个行业中有关技术的合作交流最为频繁，截至20世纪末，在这两个行业中的技术合作交流比例就始终高达90%以上（MERIT-CATI数据库，2002）。此外，机械制造工业也是国民经济的装备产业，是科学技术物化的基础，也是高技术产业化的载体。笔者在调研中了解到，机械装备行业的企业家经常参与有关科研院所等有关精密加工、数控技术与集成、工业仿真技术、光机电一体化、芯片设计、节能减排方面进行技术交流的对接活动，以达到充分把握企业内外的技术能力来把握市场营销机会，获取竞争优势的目的。纺织化工行业为响应"循环经济"与"绿色经济"的号召，一些企业已经围绕科技创新，大力推进了纺织化工产品关键技术、新型纺织技术等领域拓展。随着市场需求朝着多样化、个性化的方向发展，

---

① Madhok（1998）认为，如果超过三年年限，被调查者往往会出现记忆模糊而导致信息扭曲。

导致该产业以高科技民营企业的内涵与成长为主要特征。此外通过调研了解，新能源材料行业的企业家大多是技术出身，他们其实已经认识到自身对市场方面等专业知识的缺陷问题，加之整个行业低层次的竞争、模仿与复制等问题的存在，企业家们更多的精力正向产品创新与营销方面拓展，他们正带领着企业开始不同以往的探索与转型。事实上，本书所选择的调研问卷发放区域在某种程度上受到问卷回收可能性等问题的限制，但涉及的行业企业与本书所关注的情景研究问题高度吻合。

有关调研对象的确定，本书主要选择企业的法人代表，或者是企业其他高层主管人员①，同时也配以三角测量方法，通过企业办公室主任、跨组织边界的供应商或者大客户高层等人员进行调研。根据 Parmigiani 和 Mitchell（2006）研究观点，在组织之间的各项交易活动中，无论是正式的还是非正式的网络关系管理，除了企业家本身之外，上述关键高层管理者也应该是最知晓合作事实的人员，同时他们也是对组织间合作效果满意与否的最直接感知者。总之，上述被调研者的确定，对于问卷中条款信息的理解以及回答应该具有较高的可靠性。

二 问卷的发放及回收

数据的真实性是进行数理统计研究的前提，直接决定着实证数据的有效与可靠。笔者尽可能获取适用于本书的相对真实的且相对充实的样本量，因此数据收集途径方面做了大量的前期工作。西方学者认为采用调研问卷收集大样本数据具有低成本和及时的优势。同时，入户调研也是国内最为常用的一种方法。事实上，互联网等有效通信手段的确提高了问卷调研之效率，但一般而言，电子邮件与信件方式在获取数据的效果与效率上并不理想，其原因可能在于：一是似乎实业派与理论界存在"文人相轻"现象；二是国内学界对于实证定量研究的重视，使企业管理人员颇有疲惫之感；三是管理人员特别是企业高层日理万机，没有精力填写问卷。又鉴于本书调研问卷的特

---

① 根据第二章有关企业家内涵的文献梳理，本书抽象出企业家的一般规定性，企业家是企业创新成长的天然起点，对企业技术创新具有直接责任的行为活动主体，由此意味着敢冒风险、勇于创新是企业家的基本素质，那些富有企业家精神的企业高层组织者发生了发现与创造资源的行为，因为民营高技术企业中的企业家社会网络实际上代表了整个企业从其关系网络中所能获取的大部分创新资源（游家兴、刘淳，2011）。据此，本书根据吕淑丽（2008）的观点，界定调研范围为企业总经理、副总经理等担任高层职务的技术创新组织者。

殊性，必须通过社会关系网络进行发放。具体来说，调研方式分为两种：首先，由于可能涉及企业家管理经营活动的一些商业机密或敏感性问题，如果要了解一线的、相对真实的资料，只有选择关系较为熟悉的企业，才能保证良好的调查效果。因此，本书课题组成员充分动员了亲朋好友等社会关系网络，即分别通过浙江省科学技术厅高新处、浙江省经营管理研究会学术部、温州市鹿城区政协、台州路桥工商管理局个私协会、衡阳市科技局、无锡市工商管理局个私协会、山东财经大学管理创新研究院、华南理工大学 MBA 中心、沈阳农业大学经济管理学院以及南京大学金陵学院等朋友关系的介绍，笔者、课题组成员以及关心本书的热心学者、朋友、同学以及学生亲自进入相关的高技术民营企业进行调研。其次，所有帮助本书调研的人，在具体调研前，笔者分别通过面对面培训、电话、邮件以及 EMS 信件等方式对他们进行沟通与培训，其中包括各个测量条款的调研目的、含义以及本书的理论模型，尤其强调了调研问卷最好由企业家本人填写。每一份问卷调研的过程中，调研者对问卷中的各个条款做客观的解释并遵循以下原则：一是在对调研者的指导下，由被调研者企业家（或者其他相应的企业高层领导）立即亲自填写；二是如果问卷的回答率少于5%则视为无效；三是被调研者按照客观的第一感觉选择答案；四是如果问卷中出现多次的同类答案选择，那么该问卷视作无效。

整个问卷调研过程从 2012 年 6 月开始，持续到 2012 年 12 月结束，历时 7 个月。其间共发放 180 份，回收问卷 164 份，其中有效问卷 151 份（剔除了残缺值较多、选项单一重复和非民营高新技术企业的样本 13份），有效回收率 83.9%。Gaedeke 和 Tooltelian（1976）提出，高层管理者的回应率达到 20% 即是可以接受的。因此，本问卷采取人员入户的调研方式促进了非常高的回收率。

第四节　分析方法

为验证本书所讨论的问题，除问卷设计、数据搜集之外，选择合适的数据分析工具是理论假设科学性的关键。其实，在管理实证研究方法中，比较实用以及最为普及的统计分析方法应当是多元回归分析。多元回归检验方法综合运用了描述性统计方法以及推论统计中的各种原理与概念，适合科学研究的实证性、客观性以及概括性等要求，且有比较成熟的统计软件进行运行，使用极为方便。本书将对回收的调研数据进行描述性统计、信度与效度检验、相关性分析、多元回归分析等统计分析工作。具体分析方法如下：

（1）描述性统计分析

描述性统计主要对样本企业特征用数学语言表达，包括企业规模、产业类型、企业成立年限等特征进行统计分析，说明各变量的均值、标准差等，用以描述样本类别、特征以及分布情况。通过描述性统计分析，可以将众多数据融为一体，其将有利于研究者把握数据的整体特征及形成对数据处理结果的新的认识提供科学依据。

（2）因子分析

因子分析是指从研究指标相关矩阵内部的依赖关系出发，把一些信息重叠、具有错综复杂关系的变量归结为少数几个不相关的综合因子的一种多元统计分析方法（范柏乃等，2008）。通过因子分析可以达到三个目的：首先，将预试问卷中筛选出的载荷分散的测量条款进行剔除，由此对问卷进行完善；其次，检验各变量的结构效度；最后，对变量进行赋值，以体现出各观测变量对指标的不同贡献（刘寿先，2009）。

（3）信度与效度检验

在进行假设检验之前，应对测量结果进行信度和效度分析。测量量表只有满足了信度和效度的要求，分析结果才具有说服力（李怀祖，2004）。信度是指衡量效果的一致性和稳定性程度，其有外在与内在信度这两大类。本书涉及多题项测度量表，内在信度非常重要，主要利用Cronbach's α 系数来衡量。根据经验判断法，题项—总体相关系数（CITC）应大于0.35，测量值 α 应该大于0.70。效度是指各测量题项能够正确测量出研究者想要衡量性质的程度，即概念和它的测量指标之间的关系。由于本书各个题项都是进行直接测量的，因此仅仅讨论内容效度与结构效度。内容效度旨在检测衡量该领域的专家对测量题项内容能够测度事物的认可程度，为达到本书之目的，笔者以相关理论为基础，参考现有的成熟量表，并加以适当修正。问卷经过初步设计后，笔者带着课题组团队成员经过访谈研究、问卷预调研，并经过笔者每周参与技术与服务创新研究中心例会，和与会专家进行讨论修正，因此在某种程度上保证了调研问卷应具有的内容效度。所谓结构效度是量表测度出理论的概念与特征的程度，一般可以通过因子分析来检测结构效度。通常采用 KMO 值来检验数据。Kaiser（1974）认为，KMO 值在 0.9 以上，非常适合；0.8—0.9，比较适合；0.7—0.8，适合；0.6—0.7，不太适合；0.5—0.6，很勉强；0.5 以下，不适合。本书将针对概念模型中涉及的企业家社会网络相关网络特征变量、双元性创新行为及技术创新绩效等变量进行探索性因子分析，以检验本书变量中题项是否具有结构效度。

（4）相关分析

许多现象之间存在着相互依赖、相互制约的关系，这种关系通过大量的观测数据，可以发现它们之间存在着统计规律性。值得注意的是，事物之间有相关，不一定是因果关系，也可能仅是伴随关系。但如果事物之间有因果关系，则两者必然相关。本书将运行概念模型中涉及的企业家社会网络、双元性创新、技术创新绩效及控制变量的相关系数矩阵，考察各研究变量之间是否有显著的相关性，作为进一步多元回归分析的基础。

（5）回归分析

本书以多元回归分析探讨企业家社会网络与企业技术创新绩效、企业家社会网络与双元性创新、双元性创新与企业技术创新绩效三组变量之间的关系，检验本书提出的假设①。其实，多元回归分析是研究一个被解释变量与多个解释变量之间的线性统计关系（马庆国，2002）。本书主要运用 SPSS19.0 软件包对概念模型各变量之间进行因子分析，确定最终的要素构成。进一步地，计算模型中各要素的均值、标准差以及相关系数，并以此得出描述性统计值。总的来说，针对假设检验主要运用多元回归分析方法进行分析。

本 章 小 结

本章从问卷设计、变量测量、数据收集以及分析方法等四方面进行了叙述。在调研问卷设计的过程中，尽量采用科学、合理的步骤进行，尽可能降低一些干扰因素的影响。在变量测度上，梳理了相关研究文献，选择被证明具有较高信度与效度的测度指标，并结合实际调研确定

---

① 鉴于 SEM 模型的本身限制，本书借鉴 Baron 和 Kenny（1986）的层级回归分析方法验证双元性创新在企业家社会网络与技术创新绩效之间的中介作用。

了高技术企业技术创新绩效、企业家社会网络的达高性、异质性、广泛性以及关系强度、探索式创新、利用式创新以及相应控制变量的测量题项。在数据收集过程中,主要采取入户的调研方式对进行问卷的发放与回收,通过社会关系的途径进行入户调研,此举确保了调研问卷回收的数量与质量。在相应的统计分析方法方面,本书对所采用的主要数量分析方法进行了相应的说明。下一章中,本书将基于调研回收数据运用上述统计分析方法,对企业家社会网络对技术创新绩效影响机制的研究假设进行实证分析。

第六章

企业家社会网络与技术创新绩效关系的实证研究

本章将根据第五章阐述的研究方法对第四章推演理论假设进行实证检验。首先，通过信度和效度检验等途径对变量的测量题项进行检验。其次，在此基础上进行相关分析、回归分析，检验理论假设是否成立。最后，对本部分的实证研究结果进行解释与讨论。

第一节 描述性统计分析

通过问卷发放、回收和筛选，本书共获得了有效样本 151 份。为了从整体上进一步浓缩样本信息，便于从整体上显示样本特征，以下内容将对样本企业行业类型、企业规模、企业家性别、年龄和学历等进行描述性统计，此外还包括研究变量的均值和标准差，具体如表 6 - 1 和表 6 - 2 所示。

从企业角度出发，主要考察了行业类型和企业规模两大指标，这也是大量研究中被证实对研究结果起到重要影响而需加以控制的变量。本书样本企业涉及六大类行业，包括机械制造、信息技术、纺织化工、生物制药、新能源新材料和其他，分别有 22 家、27 家、23 家、29 家、26 家和 24 家，分别占到样本总数的 14.6%、17.9%、15.2%、19.2% 和 17.2%。行业分布中以生物制药和信息技术最多，分别占到 19.2% 和 17.9%，行业总体分布较为平均，各大类行业所占比例均在 10% 以上。以员工数为指标所衡量的企业规模变量表明，样本企业规模集中在 100—1000 人，其中 100 人以下企业 39 家，101—300 人之间的 50 家，301—1000 人之间的 40 家，1001—3000 人的 15 家，大于 3000 人的则有 7 家。这与研究背景 "高新技术企业" 密切相关，区别于传统劳动密集型制造企业。样本企业规模处在"1—1000人"的有129家，占到样本总数的85.4%。

从企业家自身特征来看，性别方面，以男性企业家为主，女性企业家仅占到企业家总数的22.5%，这与实际情况较为符合，也与企业家社会网络调查的以往研究较为一致（耿新，2008）。企业家年龄分布情况则是小于25岁的为17人，占11.3%；25—34岁的为30人，占19.9%；35—44岁的为56人，占37.1%；45—54岁的为36人，占23.8%；55岁及以上则有12人，占7.9%。可见年龄集中在35—54岁，共92人，超过总数的60%。企业家学历情况主要是专科学历，这与样本的企业家年龄偏大有关，但是作为高技术企业的企业家专科以上学历占到总数的90.1%。

除样本分布特征变量外，研究涉及的其他变量如表6－2所示。从表中可以看出，达高性的均值3.93说明国内企业家在"达高性"方面平均水平较高；广泛性则在一定程度上反映了企业家核心讨论网的规模，介于2—7人，均值为3.62；同理，异质性、关系强度、双元性创新和技术创新绩效如表6－2所示。

表6－1　　　　　　企业和企业家基本特征描述（N＝151）

指标	类别	样本数	百分比（%）	累计百分比（%）
行业类型	机械制造	22	14.6	14.6
	信息技术	27	17.9	32.5
	纺织化工	23	15.2	47.7
	生物制药	29	19.2	66.9
	新能源新材料	26	17.2	84.1
	其他	24	15.9	100.0
企业规模（员工数）	≤100	39	25.8	25.8
	101—300	50	33.1	58.9
	301—1000	40	26.5	85.4
	1001—3000	15	9.9	95.4
	≥3000	7	4.6	100.0
企业家性别	女	34	22.5	22.5
	男	117	77.5	100.0

续表

指标	类别	样本数	百分比（%）	累计百分比（%）
企业家年龄	≤25	17	11.3	11.3
	25—34	30	19.9	31.1
	35—44	56	37.1	68.2
	45—54	36	23.8	92.1
	≥55	12	7.9	100.0
企业家学历	高中及以下	15	9.9	9.9
	专科	78	51.7	61.6
	本科	33	21.9	83.5
	研究生	25	16.6	100.0

表6－2　　　　　　　　　研究变量描述性统计分析

变量名称	极小值	极大值	均值	标准差
达高性	1.75	4.30	3.93	1.30
广泛性	2.00	7.00	3.62	1.21
异质性	0.37	0.97	0.88	0.79
关系强度	2.11	4.56	3.24	1.04
探索式创新	2.83	4.61	3.38	1.16
利用式创新	2.33	4.53	4.19	1.23
技术创新绩效	2.00	4.28	3.77	1.29

第二节　信度与效度检验

只有满足信度和效度要求的实证研究，其结果才具有可信度和说服力（李怀祖，2006）。根据第五章研究方法介绍，效度检验主要采用因子分析方法，考察测量题项结构效度。信度检验则采用 Cronbach's α 值，考察测量题项的稳定性。

一　效度检验结果与分析

效度检验一般包括内容效度和建构效度两个方面，内容效度指的是所用测量题项是否适合所需要了解的问题测量。本书依据领域内相关研究成果的成熟问卷设计，并结合实地调研和团队讨论（研究专家）加以修订，因而可以认为内容效度较高。建构效度则是指测量题项测出潜变量的程度，较常采用的分析方法是因子分析。具体分析结果如表 6 – 3、表 6 – 4 和表 6 – 5 所示。需要特别说明的是，异质性和广泛性并没有进行效度检验（包括后文信度检验），原因在于异质性和广泛性的度量用的是具体数值，不存在多个测量题项问题，无须考量测量题项与所测构念间的关系问题，故效度和信度检验时不予考虑。

将两大解释变量的 7 个测量题项一起放入进行因子分析，表 6 – 3 表明：通过旋转可以得到两个因子分别对应于达高性与关系强度，各因子题项载荷均大于 0.6，KMO 值大于 0.7，Bartlett 球形检验值亦通过了显著性检验，因此达高性和关系强度效度检验结果良好，可以开展后续分析。

表 6 – 3 达高性和关系强度效度检验结果

变量名称	测量题项（简写）	因子载荷		KMO 值	Bartlett 球形检验值及显著性
		达高性	关系强度		
达高性	党政府机关支持	0.843	0.069	0.735	176.818 **
	工商等行政管理部门支持	0.889	0.075		
	行业协会等行业部门支持	0.693	– 0.029		
	银行等金融机构支持	0.672	0.251		
关系强度	交往频率	0.192	0.741	0.729	128.302 **
	认识时间	0.121	0.693		
	情感强度	0.113	0.711		

说明：** 表示显著性水平 p < 0.01，因子分析累计解释变差为 71.986%。

同理，将中介变量的 12 个测量题项一起放入进行因子分析，表 6 – 4 结果表明：通过旋转可以得到两个因子分别对应于探索式创新和利用式创新，各因子题项载荷均大于 0.6，KMO 值大于 0.7，Bartlett 球形检验值亦通过了显著性检验，因此探索式创新和利用式创新效度检验结果良好，可以开展后续分析。

表6-4　　　　　　　　　　　双元性创新效度检验结果

变量名称	测量题项（简写）	因子载荷		KMO 值	Bartlett 球形检验值及显著性
		探索式创新	利用式创新		
探索式创新	开发新产品或新服务	0.687	-0.317	0.718	272.802**
	现有市场试验新产品或服务	0.647	-0.344		
	拓展全新细分市场	0.774	-0.316		
	在新市场上发现利用新机会	0.765	-0.239		
	新市场上开发新顾客	0.690	0.076		
	拓展新的营销渠道	0.678	-0.155		
利用式创新	改进产品或服务质量	0.144	0.773	0.777	160.641**
	提高产品或服务的供应效率	0.217	0.653		
	对现有目标市场产品或服务进行改善	-0.033	0.723		
	致力于扩大现有市场的规模	0.023	0.699		
	为现有客户提供更多的服务	0.167	0.625		
	注重降低生产和服务成本	0.131	0.708		

说明：** 表示显著性水平 $P < 0.01$，因子分析累计解释变差为76.619%。

最后，将被解释变量的7个测量题项一起放入进行因子分析，表6-5表明：通过旋转可以提取一个因子对应于技术创新绩效，各测量题项载荷均大于0.6，KMO 值大于0.7，Bartlett 球形检验值亦通过了显著性检验，因此探索式创新和利用式创新效度检验结果良好，可以开展后续分析。

表6-5 技术创新绩效效度检验结果

变量名称	测量题项（简写）	因子载荷	KMO 值	Bartlett 球形检验值及显著性
技术创新绩效	本公司新产品数量较多	0.821	0.818	396.608**
	本公司新产品有较高独创性	0.749		
	本公司能够快速推出新产品	0.847		
	本公司能够持续不断地推出新产品	0.811		
	本公司新产品开发项目的成功率高	0.629		
	本公司拥有一流的先进技术与工艺	0.657		
	本公司新产品销售额占企业销售总额的比重高	0.640		

说明：** 表示显著性水平 P < 0.01，因子分析累计解释变差为 67.793%。

二 信度检验结果与分析

Cronbach's α 系数比较适用于态度、意见式量表的信度检验。α 系数介于 0—1，值越大，信度越好。一般，α 系数大于 0.7 表明信度较好，0.5—0.7 则是可接受的，低于 0.35 的则应该放弃（李怀祖，2004；吴明隆，2009）。本书采用 SPSS19.0 软件检验，对量表信度检验 α 系数如表 6-6、表 6-7 和表 6-8 所示。

表 6-6 表明，达高性的 Cronbach's α 值为 0.757，大于 0.7，四个题项"删除该题项后的 α 值"分别为 0.644、0.592、0.745 和 0.785，如果前删除前三个题项中的任何一个，信度值都将下降。此外，尽管删除第四个题项后信度值将大于 0.757，但是增加幅度不大，且考虑到该构念测量采用的是成熟量表，因而保留题项。对于关系强度，Cronbach's α 值为 0.708，大于 0.7，三个题项"删除该题项后的 α 值"分别为 0.703、0.682 和 0.652，故题项均应保留。整体来看，达高性和关系强度量表信度较好。

表6-6 达高性和关系强度信度检验结果

变量名称	测量题项 （简写）	Item-total 之相关系数	删除该题项 后之 α 值	Cronbach's α 值
达高性	党政机关的支持	0.649	0.644	0.757
	工商等行政管理 部门支持	0.737	0.592	
	行业协会等行业 部门支持	0.465	0.745	
	银行等金融机构 支持	0.388	0.785	
关系强度	交往频率	0.342	0.703	0.708
	认识时间	0.435	0.682	
	情感强度	0.528	0.652	

说明：异质性和广泛性的度量用的是具体数值，故无须进行信度检验。

同理，表6-7和表6-8分别测量了双元性创新和技术创新绩效，信度值大于0.7并且不存在题项方向不一致问题。综上，各变量的Cronbach's α 系数值均大于0.7，且不存在删除某一题项后，Cronbach's α 值大幅增大的情况，表明量表的信度较好，数据分析稳定性能够得到保证。

表6-7 双元性创新信度检验结果

变量名称	测量题项 （简写）	Item-total 之相关系数	删除该题项后 之 α 值	Cronbach's α 值
探索式创新	开发新产品或新 服务	0.434	0.737	0.756
	为现有市场试验 新产品或服务	0.496	0.720	
	拓展全新细分 市场	0.594	0.691	
	在新市场上发现 利用新机会	0.596	0.702	
	新市场上开发新 顾客	0.426	0.738	
	拓展新的营销 渠道	0.463	0.730	

续表

变量名称	测量题项 （简写）	Item-total 之相关系数	删除该题项后 之 α 值	Cronbach's α 值
利用式创新	改进现有产品或服务质量	0.582	0.641	0.724
	提高产品或服务的供应效率	0.359	0.703	
	定期对现有目标市场产品或服务进行改善	0.514	0.655	
	致力于扩大现有市场的规模	0.331	0.717	
	为现有客户提供更多的服务	0.425	0.682	
	注重降低生产和服务成本	0.518	0.652	

表6-8   技术创新绩效信度检验结果

变量名称	测量题项 （简写）	Item-total 之相关系数	删除该题项后 之 α 值	Cronbach's α 值
技术创新绩效	本公司新产品数量较多	0.699	0.786	0.830
	本公司新产品有较高独创性	0.602	0.803	
	本公司能够快速推出新产品	0.743	0.779	
	本公司能够持续不断地推出新产品	0.689	0.790	
	本公司新产品开发项目的成功率高	0.411	0.832	
	本公司拥有一流的先进技术与工艺	0.401	0.835	
	本公司新产品销售额占企业销售总额的比重高	0.513	0.817	

第三节　相关分析与回归三大问题检验

一　相关分析

变量间如不存在相关关系，进行回归分析显然是不合适的。因此进行回归分析之前，首先需考察各研究变量间的相关关系，通过 SPSS 软件对本书涉及的 12 个变量（包括控制变量）进行相信相关分析，结果如表 6 – 9 所示。表中 1—5 项为研究的控制变量即行业类型、企业规模、企业家性别、企业家年龄和企业家学历。相对来说企业家个体特征（性别、年龄和学历）比企业特征对研究变量的影响要大。特别是企业家年龄，如年龄与异质性显著正向关（$r = 0.209$，$P < 0.05$），年龄与关系强度正相关（$r = 0.202$，$P < 0.05$），这表明企业家年龄与企业家社会网络的特征密切相关，年龄越大企业家网络资源来源越异质化，企业家与网络成员的关系强度也越强。表中第 6—9 项为本书的解释变量即达高性、广泛性、异质性和关系强度，达高性与探索式创新（$r = 0.230$，$P < 0.01$）、利用式创新（$r = 0.475$，$P < 0.01$）和企业技术创新绩效（$r = 0.350$，$P < 0.01$）均存在显著的正向关系。企业家网络的达高性越强获取资源的能力越强，这也会促进企业的创新行为和绩效。同样，广泛性与探索式创新（$r = 0.346$，$P < 0.01$）、利用式创新（$r = 0.385$，$P < 0.01$）和企业技术创新绩效（$r = 0.467$，$P < 0.01$）亦存在显著的相关关系，包括异质性和关系强度。探索式创新与技术创新绩效正相关（$r = 0.512$，$P < 0.01$），利用式创新与技术创新绩效正相关（$r = 0.662$，$P < 0.01$），表明相对而言利用式创新与技术创新绩效更为相关，这与当下中国的创新实践密切相关，虽然国家自主创新体系不断发展，但企业由于资源限制和发展积累问题，更多开展的还是利用式创新。

总体而言，解释变量（达高性、广泛性、异质性和关系强度）与中介变量（探索式创新和利用式创新）和被解释变量（技术创新绩效）之间均存在显著的相关关系，中介变量（探索式创新和利用式创新）与被解释变量（技术创新绩效）之间亦存在显著的相关关系，这为本书的预期假设提供了初步证据。但相关关系只是表明变量间是否存在关系，不一定表示变量间有因果关系存在。因此，后文将采用多元线性回归方法对各研究变量之间的关系进行更精确的验证。

表 6-9　　研究变量间相关系数

	1	2	3	4	5	6	7	8	9	10	11	12
1. 行业类型	1											
2. 企业规模	-0.115	1										
3. 企业家性别	-0.083	0.082	1									
4. 企业家年龄	-0.010	0.057	0.348**	1								
5. 企业家学历	-0.015	0.170*	0.121	-0.199*	1							
6. 达高性	-0.128	0.240**	-0.011	-0.032	0.114	1						
7. 广泛性	0.090	0.110	0.033	0.114	-0.098	0.257**	1					
8. 异质性	0.046	0.077	0.118	0.209*	-0.146	0.170*	0.351**	1				
9. 关系强度	0.136	-0.003	-0.128	0.202*	-0.219**	0.269**	0.428**	0.345**	1			
10. 探索式创新	-0.013	0.087	0.217**	0.178*	-0.063	230**	0.346**	0.154*	0.195*	1		
11. 利用式创新	-0.168*	0.093	0.048	0.143	-0.051	0.475**	0.385**	0.249**	0.325**	0.616**	1	
12. 创新绩效	-0.068	0.177*	0.057	0.261**	-0.184*	350**	0.467**	0.478**	0.469**	0.512**	0.662**	1

说明：* 表示显著性水平 $p < 0.05$（双尾检验）；** 表示显著性水平 $p < 0.01$（双尾检验）。

二　回归三大问题检验

本书后续研究中将涉及多元回归分析，而为了保证回归分析结论的科学性，需要对回归模型是否存在多重共线性、异方差和序列相关三大问题进行检验（马庆国，2002）。①多重共线性检验。多重共线性指解释变量之间存在严重的线性相关关系，在这种情况下虽然仍能得到回归模型结果且效果往往较好，但是此时的结果将严重失真。统计分析中一般采用方差膨胀因子（Variance Inflation Factor，VIF）和容忍度（Tolerance，TOL）两个指标来检验共线性是否存在，一般认为 TOL > 0.1，VIF < 10 则不存在多重共线性，否则需要采用主成分分析、回归等方法消除共线性。本书在进行多元回归分析时勾选了统计项中的"Collinearity Diagnostics"值，发现 TOL 值均大于 0.5，VIF 值均小于 5，因而不存在多重共线性问题。②异方差检验。异方差是指被解释变量残差的方差随着解释变量的变化呈现出明显改变，即可能残差项中有尚未被提取的解释变量。一般采用散点图的方式来加以判别，以标准化预测值为横轴，以标准化残差为纵轴，散点图无序则可认为不存在异方差，本书在进行回归分析时设定了"Plots"中的相应坐标，得出散点图大体呈无序状态，因而不存在异方差问题。③序列相关检验，序列相关指不同期的样本值之间存在相关关系，这样就不符合最小二乘法回归（OLS）的设定条件。本书中，数据来自不同样本的截面数据并非时间序列数据，因而序列相关存在可能性较低，在回归分析中，输出结果亦勾选了"Durbin-Watson"项，该项值介于 1.8—2.1，一般认为 Durbin-Watson 值接近于 2 则表明样本数据不存在序列相关问题。

第四节　企业家社会网络与技术创新绩效关系检验

为验证企业家网络各特征维度与技术创新绩效的关系，即假设 H1、假设 H2、假设 H3 和假设 H4，本书以技术创新绩效为被解释变量，以企业家网络达高性、广泛性、异质性和关系强度为解释变量，并控制企业行业类型、企业规模和企业性别、年龄和学历年龄影响，建立回归模型。回归分析结果如表 6 - 10 所示。

从表 6 - 10 可以看出，当回归方程中仅存在控制变量时（模型 1），企业规模对企业技术创新绩效有显著的正向回归效应（$P < 0.05$），表明企业规模增大将促进企业技术创新绩效的提升，这与企业成长理论研究结果基本一致。企业家年龄对企业技术创新绩效有显著的正向回归效应（$P < 0.05$），说明随着企业家年龄的增长，企业家动用资源的能力越强，企业在技术创新方面的表现也越强。此外，企业家学历表现出与企业技术创新绩效显著的负向回归效应，这源于调查企业的企业家年龄结构偏大，由于历史原因没有接受更高学历的教育，但是凭借自身创新精神使企业在技术创新绩效方面的表现甚至更好。模型2是在模型1的基础上加入企业家社会网络的广泛性特征维度考虑其对企业技术创新绩效的影响。之所以将广泛性区别于企业家社会网络的其他维度提前放入回归模型，原因在于广泛性表示的企业家社会网络规模变量实际上将影响到其他变量对企业技术创新绩效的回归效果，因此应加以控制。模型2是在模型1的基础上加入企业家社会网络的"广泛性"特征维度，数据显示模型2的整体效果相对模型1有了显著提升（$\Delta R^2 = 0.175$），回归系数表明广泛性对企业技术创新绩效有显著的正向回归效应（$P < 0.01$），说明企业家社会网络的广泛性越强，技术创新绩效越高，故假设H2得到数据支持。模型3则是在模型1的基础上加入企业家社会网络的剩余3个特征维度即达高性、异质性和关系强度，模型3的整体回归效果相对模型2又有显著提升（$\Delta R^2 = 0.155$），说明企业家社会网络各特征维度存在很强的解释力度。回归系数结果表明达高性（$P < 0.05$）、异质性（$P < 0.01$）和关系强度（$P < 0.01$）与企业技术创新绩效均存在显著的正向回归效应，故假设H1、H3得到数据支持。模型4是为了验证关系强度与技术创新绩效之间的倒"U"型关系假设，通过将关系强度平方项加入回归模型，我们发现模型的整体回归结果并没有显著提升（$\Delta R^2 = 0.068$），关系强度平方项对技术创新绩效回归结果呈显著负相关关系，表明随着关系强度的增大，企业技术创新绩效亦在提升，但是超过一定临界点后，关系强度再增大将带来企业技术创新绩效的降低，即关系强度与企业技术创新绩效之间存在显著的倒"U"型关系，故假设H4得到数据支持。

表 6 – 10　　　　企业家社会网络与技术创新绩效回归分析结果

变量	技术创新绩效			
	模型 1	模型 2	模型 3	模型 4
控制变量				
行业类型	– 0.048	– 0.121 *	– 0.095	– 0.066
企业规模	0.189 **	0.088	0.089	0.095
企业家性别	– 0.020	– 0.012	0.001	0.015
企业家年龄	0.223 **	0.091	0.121 *	0.166 **
企业家学历	– 0.170 **	– 0.091	– 0.092	– 0.142 **
解释变量				
广泛性		0.428 ***	0.218 ***	0.209 ***
达高性			0.174 **	0.211 ***
异质性			0.259 ***	0.213 ***
关系强度			0.209 ***	0.265 ***
关系强度平方				– 0.281 ***
模型统计量				
R^2	0.125	0.300	0.455	0.523
调整后 R^2	0.095	0.271	0.420	0.489
F 统计值	4.142 ***	10.293 ***	13.082 **	15.332 ***
ΔR^2		0.175	0.155	0.068

说明：* 代表 $p < 0.1$；** 代表 $p < 0.05$；*** 代表 $p < 0.01$，数值为标准化回归系数。考虑到广泛性即网络规模对其他变量的影响，将其先进入回归以控制其影响。

第五节　双元性创新与技术创新绩效关系检验

双元性创新问题受到越来越多研究的关注，企业双元性创新行为将直接影响到技术创新绩效，本部分将建立起双元性创新（探索式创新和利用式创新）对企业技术创新绩效的回归模型，具体回归结果如表 6 – 11 所示。基于数据结果来看，$R^2 = 0.456$，调整 $R^2 = 0.448$，F 值为 61.969（$P < 0.01$），表明回归模型的整体结果较好。探索式创新对企业技术创新绩效回归系数为 0.169（$P < 0.05$），利用式创新对企业技术创新绩效回归系数为 0.558（$P < 0.01$），表明探索式创新和利用式创新与企业技术创新绩效存在显著的正向回归效应，且利用式创新的回归系数和显著性大于探

索式创新，故假设 H5 和 H6 得到数据支持。

表 6 – 11　　　　双元性创新与技术创新绩效回归分析结果

变量	技术创新绩效
解释变量	
探索式创新	0. 169 **
利用式创新	0. 558 ***
模型统计量	
R^2	0. 456
调整后 R^2	0. 448
F 统计值	61. 969 ***

说明：** 代表 $p < 0.05$；*** 代表 $p < 0.01$，数值为标准化回归系数。

第六节　双元性创新中介效应检验

通过前文的数据分析，企业家社会网络有利于企业技术创新绩效的提升，但是这种提升的中间机理是什么？根据本书理论预设，存在"结构—行为—绩效"的分析范式，本部分将对双元性创新行为的中介效应进行统计检验。在管理学研究中，采用 SPSS 软件对中介效应最经典的检验步骤源自温忠麟等（2004）发表于《心理学报》的论文，论文给出了中介效应检验的三大步骤：第一步，检验解释变量到被解释变量的回归系数是否显著，如不显著则停止中介效应检验；第二步，检验解释变量到中介变量、中介变量到被解释变量的系数是否显著，如果两个都显著，则开展第三步，如果至少一个不显著则需要做 Sobel 检验[①]；第三步，检验将解释变量和中介变量同时放入与被解释变量回归，如果自变量对被解释变量的回归系数显著（系数减小）则部分中介，不显著则完全中介（陈晓萍等，2012）。依照该步骤，本部分将分别对探索式创新和利用式创新的中介效应做出检验。

---

① 关于 Sobel 检验网络上有相关计算程序，可参考：http：//www. danielsoper. com/statcalc3/ calc. aspx？ id = 31。

一　探索式创新中介效应检验

按照上文介绍的检验步骤，探索式创新中介效应检验结果如表 6 - 12 所示：模型 1 是控制变量分析，模型 2 在此基础上考察解释变量对被解释变量的回归效应，结果表明模型整体回归效果良好（$R^2 = 0.455$，F 统计检验显著），企业家社会网络的四特征维度均对企业技术创新绩效产生显著正向影响，回归系数分别为 $\beta = 0.218$、$\beta = 0.174$、$\beta = 0.259$ 和 $\beta = 0.209$。如此可以进入中介效应检验的第二步，模型 3 检验的是解释变量对中介变量的影响，结果表明模型整体回归效果良好（$R^2 = 0.352$，F 统计检验显著），企业家社会网络的达高性、广泛性、异质性和关系强度对探索式创新回归效应显著，回归系数分别为 $\beta = 0.373$、$\beta = 0.230$、$\beta = 0.156$ 和 $\beta = 0.149$。模型 4 则检验中介变量对被解释变量的影响，结果表明模型整体回归效果良好（$R^2 = 0.501$，F 统计检验显著），探索式创新与技术创新绩效存在显著回归效应（$\beta = 0.483$，$P < 0.01$）。由此，可以进入中介效应检验第三步，将解释变量和中介变量同时放入对被解释变量回归，结果表明模型整体回归效果良好（$R^2 = 0.610$，F 统计检验显著），企业家社会网络中达高性对企业技术创新绩效回归效应显著，但是对比模型 2 和模型 5 中达高性对企业技术创新绩效的回归系数 $\beta = 0.218$ 与 $\beta = 0.221$ 可知，回归系数并没有减小，这表明将探索式创新作为达高性对企业技术创新绩效影响的中介是不合适的（陈晓萍等，2012），故假设 H7 没有得到数据的支持。企业家社会网络的广泛性在模型 2 中与企业技术创新绩效的回归是显著的（$\beta = 0.174$，$P < 0.05$），但是在模型 5 中加入探索式创新后变为了不显著（$\beta = 0.106$，$P > 0.1$），说明广泛性对企业技术创新绩效的影响是通过探索式创新中介来完成的，故假设 H8 得到数据支持。企业家社会网络中异质性对企业技术创新绩效回归效应显著，但是对比模型 2 和模型 5 中异质性对企业技术创新绩效的回归系数 $\beta = 0.259$ 与 $\beta = 0.231$ 可知，回归系数有减小，这表明达高性对企业技术创新绩效影响有一部分是通过探索式创新中介完成的，故假设 H9 得到数据支持。企业家社会网络中关系强度对企业技术创新绩效回归效应显著，但是对比模型 2 和模型 5 中关系强度对企业技术创新绩效的回归系数 $\beta = 0.209$ 与 $\beta = 0.215$ 可知，回归系数并没有减小，这表明将探索式创新作为关系强度对企业技术创新绩效影响的中介是不合适的，故假设 H10 没有得到数据的支持。综上，在探索式创新中介效应检验中，对达高性和关系强度没有得到通过，而对广泛性影响企业技术创新绩效是完全中介，对异质性影响企业技术创新绩效则是部分中介。

表6-12   探索式创新中介效应检验结果

变量	技术创新绩效				探索式创新
	模型1	模型2	模型4	模型5	模型3
控制变量					
行业类型	-0.048	-0.095	0.053	-0.016	-0.162**
企业规模	0.189**	0.089	0.142**	0.112**	-0.047
企业家性别	-0.020	0.001	-0.012	-0.006	0.014
企业家年龄	0.223**	0.121*	0.138**	0.0678	0.087
企业家学历	-0.170**	-0.092	-0.147**	-0.084	-0.017
解释变量					
达高性		0.218***		0.221***	0.373***
广泛性		0.174**		0.106	0.230***
异质性		0.259***		0.231***	0.156**
关系强度		0.209***		0.215**	0.149**
探索式创新			0.483***	0.367***	
模型统计量					
R^2	0.125	0.455	0.501	0.610	0.352
调整后 R^2	0.095	0.420	0.481	0.582	0.311
F统计值	4.142***	13.082**	24.142***	21.867***	8.513***
ΔR^2		0.330	0.376	0.485	—

说明：*代表$p<0.1$；**代表$p<0.05$；***代表$p<0.01$，数值为标准化回归系数。

二　利用式创新中介效应检验

同理，采用如上方法和步骤检验利用式创新对企业家社会网络影响企业技术创新绩效的中介效应。利用式创新中介效应检验结果如表6-13所示：模型1是控制变量分析，模型2在此基础上考察解释变量对被解释变量的回归效应，结果表明模型整体回归效果良好（$R^2=0.455$，F统计检验显著），企业家社会网络的四维度均对企业技术创新绩效产生显著正向影响，回归系数分别为$\beta=0.218$、$\beta=0.174$、$\beta=0.259$和$\beta=0.209$。

如此可以进入中介效应检验的第二步，模型 3 检验的是解释变量对中介变量的影响，结果表明模型整体回归效果良好（$R^2 = 0.303$，F 统计检验显著），企业家社会网络的达高性、广泛性、异质性和关系强度对利用式创新回归效应显著，回归系数分别为 $\beta = 0.165$、$\beta = 0.290$、$\beta = -0.146$ 和 $\beta = 0.258$。模型 4 则检验中介变量对被解释变量的影响，结果表明模型整体回归效果良好（$R^2 = 0.342$，F 统计检验显著），利用式创新与企业技术创新绩效存在显著回归效应（$\beta = 0.631$，$P < 0.01$）。由此，可以进入中介效应检验第三步，将解释变量和中介变量同时放入对被解释变量回归，结果表明模型整体回归效果良好（$R^2 = 0.562$，F 统计检验显著），企业家社会网络中达高性对企业技术创新绩效回归效应显著，但是对比模型 2 和模型 5 中达高性对企业技术创新绩效的回归系数 $\beta = 0.218$ 与 $\beta = 0.114$ 可知，回归系数在减小，这表明企业家社会网络达高性对企业技术创新绩效影响有一部分是通过利用式创新中介完成的，故假设 H11 得到数据的支持。企业家社会网络的广泛性在模型 2 中与企业技术创新绩效的回归是显著的（$\beta = 0.174$，$P < 0.05$），但是在模型 5 中加入利用式创新后变为了不显著（$\beta = 0.102$，$P > 0.1$），说明广泛性对企业技术创新绩效的影响是通过利用式创新中介来完成的，故假设 H12 得到数据支持。企业家社会网络中异质性对企业技术创新绩效回归效应显著，但是对比模型 2 和模型 5 中异质性对企业技术创新绩效的回归系数 $\beta = 0.259$ 与 $\beta = 0.294$ 可知，回归系数并没有减小，这表明将利用式创新作为异质性对企业技术创新绩效影响的中介是不合适的，故假设 H13 没有得到数据支持。企业家社会网络中关系强度对企业技术创新绩效回归效应显著，但是对比模型 2 和模型 5 中关系强度对企业技术创新绩效的回归系数 $\beta = 0.209$ 与 $\beta = 0.187$ 可知，回归系数有减小，这表明企业家社会网络关系强度对企业技术创新绩效影响有一部分是通过利用式创新中介完成的，故假设 H14 得到数据的支持。综上，在利用式创新中介效应检验中，仅异质性度没有得到通过，对广泛性影响企业技术创新绩效是完全中介，对达高性和关系强度影响企业技术创新绩效则是部分中介。

表 6 – 13   利用式创新中介效应检验结果

变量	技术创新绩效				探索式创新
	模型1	模型2	模型4	模型5	模型3
控制变量					
行业类型	– 0.048	– 0.095	– 0.054	– 0.094	– 0.003
企业规模	0.189 **	0.089	0.150 **	0.085	0.013
企业家性别	– 0.020	0.001	– 0.112	– 0.076	0.211 **
企业家年龄	0.223 **	0.121 *	– 0.179 **	0.095	0.070
企业家学历	– 0.170 **	– 0.092	– 0.131	– 0.067	– 0.069
解释变量					
达高性		0.218 ***		0.114 *	0.165 **
广泛性		0.174 **		0.102	0.290 ***
异质性		0.259 ***		0.294 ***	– 0.146 **
关系强度		0.209 ***		0.187 ***	0.158 **
利用式创新			0.631 ***	0.489 ***	
模型统计量					
R^2	0.125	0.455	0.342	0.562	0.303
调整后 R^2	0.095	0.420	0.314	0.531	0.292
F 统计值	4.142 ***	13.082 **	12.467 ***	17.989 ***	7.999 ***
ΔR^2		0.330	0.217	0.437	—

说明：* 代表 $p < 0.1$；** 代表 $p < 0.05$；*** 表示显著水平 $p < 0.001$，数值为标准化回归系数。

第七节   分析与讨论

一   实证研究的整体结果

我国高技术企业亟须增加竞争力、提升绩效。相关研究认为，企业要摆脱已有不可持续发展模式的有效做法就是升级，其实，企业升级的本质即是创新（Pietrobelli & Rabellotti，2004）。因此，弗泰恩与阿特金森认为，创新更注重通过借助一种动态生产关系或通过合作的网络来实现（引自李慧斌等，2000）。同时研究表明，企业通过与外部知识源建立广泛的社会关系网络可以获取技术创新优势（Wu & Wei，2004）。此外，学界对促成我国中小企业技术创新绩效提升因素的探讨中，企业家社会网络的阐释视角逐渐被认可与接受，企业家追求有价值的关系网络节点有着明确的战略性方向。因此，从某种程度上讲，企业创新成败的关键取决于企业家社会网络关系的联结而获取企业创新所需的资源与学习知识。然而，Park和Luo（2001）认为，企业家社会网络对企业绩效的影响过程是复杂的，即社会关系网络能够给企业带来较高绩效，但却局限于销售业绩的增长、市场的拓展以及竞争地位的提高，而对企业的内部运作则无促进作用。同时，相关研究对于企业家个体社会网络的作用途径不一致、正负效应以及在高技术行业之情景下对技术创新绩效有何具体影响却缺乏深入验证。进一步地，企业家社会网络中的资源对企业双元性创新具有怎样的作用成为一个值得深入研究的命题。

秉承原子主义观点的学者认为，企业竞争优势主要来自企业所处的地域或产业集群（Porter，2002），或者来源于企业拥有和控制的难以模仿、无可替代的特殊资源（Penrose，1959；Barney，1991）。上述的战略定位学派与资源基础理论都受到了学界的一些质疑。事实上，企业发展的各项战略要素与其所嵌入的关系网络有关（Granovetter，1985）。于是，Rowley和Behrens（2000）、Mahmood和Zhu（2011）探讨了组织之间的网络联结对于企业创新能力提升的影响。因此，为了获取创新能力，企业通常会通过与其他组织或个人建立各种正式与非正式关系网络来获取各种资源，以节省信息搜寻成本以及各项交易费用（Maskell，1999，引自张方华，2005）。进一步地，Witt（2004）发现，企业家被嵌入的社会关系网络不仅保障了企业以低于市场交易价格而购得资源，而且也获取了市场交易中无法获取的资源，如声誉与亲密的客户接触等无形资源，也恰恰因为这些优势成为影响企业间绩效差异的重要因素。Mateja和Otmar及Marjana（2008）、Jones和Jayawarna（2010）；Balagopal（2011）在研究中认为，为应付外部环境的不确定性以及企业的高额利润的回报，企业家面临的一个关键问题是需要不断地评估各种人际关系以及拓展各类人际关系。此类人际关系网络所带来的资源不仅影响了企业的创新能力，也影响了企业的创新过程（Ford，Cova & Salle，2010；Story，O'Malley & Hart，2011）。不过从总体上而言，关于企业家社会网络与技术创新绩效提升之间的互动作用机理，企业家个体社会网络是如何促进技术创新绩效获取以及两者之间的连接机制的论述还不多见。并且在高技术产业情景下，以高技术民营企业为研究对象探讨企业家社会网络、双元性创新与技术创新绩效提升的关系也并不多见，高技术企业家社会网络的网络特征对技术创新绩效的影响有待具体分析与探讨。

基于上述研究缘由，本书以高技术企业为研究对象，基于网络成功经验假说，探讨开放式创新背景下高技术行业中的企业家社会网络对技术创新绩效提升的作用机理。为揭示其内在作用机理，本书从探索式创新与利用式创新两个构念来提双元性创新对企业家社会网络与高技术企业技术创新绩效提升之间关系的中介作用，构建起了"企业家社会网络特征—双元性创新（探索式创新与利用式创新）—技术创新绩效提升"的理论逻辑框架，并对高技术企业的 151 份问卷采用多元回归的数理统计分析方法，考察变量之间的内在逻辑关系。结果表明，已有的研究假设大部分都得到了证实，实证检验结果汇总见表 6 - 14。

表 6 - 14　　　　　　　　　　假设验证结果汇总

假设序号	假设具体描述	检验结果
假设 H1	企业家社会网络达高性对技术创新绩效有显著的正向影响	支持
假设 H2	企业家社会网络广泛性对技术创新绩效有显著的正向影响	支持
假设 H3	企业家社会网络异质性对技术创新绩效有显著的正向影响	支持
假设 H4	企业家社会网络关系强度与技术创新绩效之间呈倒"U"型关系	支持
假设 H5	探索式创新对技术创新绩效有显著的正向影响	支持
假设 H6	利用式创新对技术创新绩效有显著的正向影响	支持
假设 H7	探索式创新在达高性影响技术创新绩效机制中起中介作用	不支持
假设 H8	利用式创新在达高性影响技术创新绩效机制中起中介作用	支持
假设 H9	探索式创新在广泛性影响技术创新绩效机制中起中介作用	支持
假设 H10	利用式创新在广泛性影响技术创新绩效机制中起中介作用	支持
假设 H11	探索式创新在异质性影响技术创新绩效机制中起中介作用	支持
假设 H12	利用式创新在异质性影响技术创新绩效机制中起中介作用	不支持
假设 H13	探索式创新在关系强度影响技术创新绩效机制中起中介作用	不支持
假设 H14	利用式创新在关系强度影响技术创新绩效机制中起中介作用	支持

二　企业家社会网络与技术创新绩效的关系

研究结果表明，虽然企业家同时可用不同类型社会关系网络来表征，但这些不同社会关系网络特征分别对企业技术创新绩效产生影响作用。

（1）企业家社会网络的达高性

Fishman（2001）、Li和Atuahene（2001）、吴宝（2012）认为，企业家的政治联系是一种特殊的企业管理资源，能够为企业的发展带来很多好处。尤其是在转型经济国家里，有关资源配置因市场机制未能发挥基础性作用，引致了制度的缺失，造成了发展的约束，从而使民营企业转向非正式关系网络这一替代机制来寻求企业的发展。由此，企业家政治联系网络的功效得以凸显（Bai，Lu & Tao，2006；Charumilind，Kali & Wiwattana-kantang，2006）。少量关于企业家社会关系网络的达高性对于技术创新绩效存在正效应的研究表明①，建立政治联系的企业比那些没有政治联系的企业更可能进行技术研发（江雅雯等，2012），且政治联系能够帮助企业获取战略优势资源，此举对于民营企业的技术创新绩效的提升有着积极的正向影响作用（Li & Zhang，2008；Goldman et al.，2009；郭亚平等，2009）。通过假设H1实证分析，本书发现企业家社会网络的达高性对企业技术创新绩效具有正向作用。此结论与Hillman、Keim和Schuler（2004）、赵文红等（2011）以及蔡新蕾等（2013）的研究观点趋于一致，即通过政治联系企业不仅获取市场价值与财务绩效，也能对企业其他多种绩效产生影响。因此，本书结论将企业家社会网络达高性产出拓展到了技术创新绩效层面，丰富了企业家政治战略讨论框架领域的研究。

进一步地，产生这种结果的原因或许在于两个方面：一方面，处在转型期的中国高技术民营企业，许多企业家为了摆脱因制度缺失给企业创新发展带来约束，积极构建与政府等规制机构人员的政治联系，通过这样的政治联系来获取关键性资源，由此，消除了一些对技术创新不利的因素。正如第三章案例研究中所阐述的，案例企业家在遇到企业发展约束时，企业家通过戴"红帽子"作为一种管理层联结，企业可以获取政府在金融、信息和技术方面的支持。另一方面，由于本书的调研问卷涉及高技术企业有来自国内经济不发达地区的，而这些区域内市场化程度较低、相关制度与经济发展较为落后，企业的发展存在着地方政府机构的过度干预。因此，当政府所掌控的战略性资源越多，企业家寻求政治联系的诉求就越强

---

① 已有文献针对企业绩效问题，企业家与政府规制机构人员之间的政治交往对企业绩效存在两面性现象，本书的因变量是企业技术创新绩效，针对此变量的相应研究则很少（赵文红、原长弘，2011）。

烈（李宝梁，2001）。此举在某种程度上降低了企业创新所面临的环境不确定性，成功进行创新活动，获取了较高的经济回报。不过，一些经济发达的高新区企业，当高技术企业家成长到一定程度的时候，比如拥有了良好的社会声誉与广泛的客户资源，那么当地政府官员也有可能做一些"锦上添花"之事，即企业家通过与政府官员关系的建立反而能得到更好的税收优惠、政府补助及更为便利的外部性融资等企业创新发展所需的战略性稀缺资源。同时，企业完全可以利用企业家在政治联系中所积累的政治性社会资本优势来进行组织间信息的收集和再分配（Lin，2005）。

正如笔者在调研中一位工商管理部门的官员所言："×××企业家是我们当地的旗帜性人物，我们找他商谈一些事，需要提前预约，我们对他非常尊重，因为他的企业是我们当地的龙头企业，因此我们现在对×××企业的工作导向即是向他们提供服务，当然各项政策的优惠也倾向于他，我们真心为这样的高技术企业提供服务支持，……你能来调研虽然是好事，但客观上会增加×××董事长的负担，所以我必须亲自带你过去进行引荐，其实我也是要说好话的……"（24－A－D，浙江台州工商管理局某处长）

（2）企业家社会网络的广泛性

与 Aldrich 和 Reese（1993）、Hoang 和 Antoneis（2003）、Collins 和 Clark（2003）的研究结论相似，本书证明了假设 H2，即企业家社会网络的广泛性有利于企业技术创新绩效的提高。本书认为，可以从以下两个方面对该结果进行解释：

首先，企业家社会网络的广泛性是指能直接与企业家发生各种联系的网络行动者数量，而行动者背后的资源数量受到网络成员数量的影响。也就是说，企业家社会网络中的核心讨论网规模越大，企业家能调动的资源规模与数量也就越多。因此，那些行动者所带来的潜在资源越多，提供支持企业进行创新的可能性越大，从而促进高技术民营企业技术创新绩效的提升。但是，本书测量内容仅仅是网络成员的个数，然而较大的网络规模未必存在网络的多样化（Granovetter，1973）。如以客户导向为中心的企业家，其固然有大量的顾客关系网络，但却疏忽了其他类型的利益相关者的联系。因此，假如能直接测量企业家能调动的网络资源数量，将能更有效地测量网络广泛性这一网络特征指标。如利益相关者的权益份额，这些将在后续的研究中进一步深入考察论证。

其次，企业家社会网络也是一个潜在的、资源丰富的信息网络，此网络所提供的创新机会恰恰是外部客观环境为企业家提供了拓展公司新业务的可能性，其实企业在创新过程中已经涵盖了大量的创新机会以及为警觉搜寻创新机会而产生的各类企业家行为。因此，企业的技术创新绩效往往会极大地依靠企业家的外部信息资源网络，企业家可能通过结识更多的行业专家或技术专家，这将有助于企业家进行信息与资源的最大化收集、筛选与整理，从而为企业提供一个更强的信息优势，同时以较低的成本获取一些信息与资源的利益（Nohria，1998）。总体而言，较大的企业家社会网络规模比那些小规模的企业家网络提供了更多企业创新所需的资源与信息，从而有助于企业的产品和技术创新。

（3）企业家社会网络的异质性

与 Lepak 和 Snell（1999）、Renzulli（2000）、Baum 等（2000）、Ahituv 和 Carmi（2007）的研究相似，本书验证了假设 H3，即企业家社会网络的异质性有利于企业技术创新绩效的提高。其主要原因在于以下几个方面：

首先，资源是企业成长的基本要素（Penrose，1959），企业家社会网络异质性的强弱反映了其获取异质性资源的多寡。诚然，一些异质性的资源也不一定立刻转化为企业的创新绩效，而是需要一个有效的转化过程。因此，从长期来看，异质性资源决定了企业技术创新的程度，且对企业已有的技术范式有着重要影响。

其次，企业家社会网络中领先用户、技术中介组织中关键技术专家成员的增加，帮助企业家脱离了研究性朋友的圈子，弱连带数目增加，创造了非冗余性关系网络，丰富了网络结构洞，使企业家成为一个联结他人的"群体枢纽"。由此，给企业家创造了协调网络成员行动的机会，获取了更多的信息优势与控制优势，且网络内资源的互补性增强，从而促进了企业技术创新绩效的提升。与此同时，异质性强的资源群体将会增加外部知识源溢出的获取，与不同背景行动者进行交流合作，将有助于企业家与相应的利益相关者进行知识的共享与创造，增强企业家资源获取的广度与深度，有助于技术创绩效提升。

总的来说，拥有强异质性关系网络的企业家解决了企业家关于时间与精力的约束，那些不同社交圈子的个体或团队与企业家建立了广泛的新联系，增加了企业家的社会资本，提高了企业的技术创新绩效。

（4）企业家社会网络的关系强度

本书支持了企业家社会网络的关系强度与技术创新绩效之间呈倒"U"形关系的假设得到证实，即较弱的底中度水平网络关系可以提高企业的创新绩效，但是当企业家与网络成员之间的关系强度超过某一临界值后，关系强度会削弱其企业技术创新绩效的积极效应。这个发现拓展了Peter Witt（2004）、Sarah L. Jack（2005）等的研究观点，他们认为那些通过企业家网络关系强度给企业带来发展所需资源的同时也带来了企业与企业家个体的声誉，最终有利于企业的创新性成长。本书展示了新的实证结果，对企业家社会网络关系强度实证研究的获取方面做出了有意义的补充。针对本书结论的可能解释如下：

首先，处在创新网络下的高技术企业家通过频繁的合作关系，在企业创新网络体系结构与形成方面发挥了关键作用，更加强调通过企业家这一关键"学习代理人"之间的正式与非正式网络关系的沟通，相关资源（知识、技能）大多通过这种通路在企业内部进行价值的创造及传递，最终促进了企业在技术和成本等方面获得核心竞争力与技术创新绩效的提升。但是Crouch（2004）的研究结论表明，行动者的社会网络可以使其获取社会资源，但也限制了行动者的其他行为，否则会锁定于某种次优的行为模式中。与此同时，企业家社会网络是需要花费金钱与时间来加以投资与维护的，因此对于企业来说，当企业家的网络关系增强时，相应的成本费用也必将提高，于是企业技术创新绩效在此类成本超过某一临界之后会影响其提升的速率。在企业家的时间成本以及精力成本等综合成本的有效的条件下，同行之间的高密度交流带来了资源的冗余性，也正因为冗余带来的低效率性最终转换成了企业的机会成本（姜卫韬，2012）。

其次，企业家与网络成员之间存在的血缘关系、人际关系等共同构筑了企业家社会网络的基础，企业家社会网络内各成员之间正式与非正式联系的频繁状况界定了网络成员之间是否是强联结关系。然而本书的结论表明，极强或者极弱的关系强度都不利于企业家获取企业创新成长所需的资源。一方面，假如企业家与网络成员之间的联结关系比较强时，确实有助于企业家搜寻与转移网络成员背后的各种隐性的与复杂的知识、技能，从而有利于在企业已有的技术轨道上进行深度挖掘，最终有利于企业技术创新绩效的提升。另一方面，由于任何事物具有对立统一、相互转换的规律，当企业家过分依赖于这种关系时，往往会产生惰性，并减少企业家与其他成员之间联结的可能性，从而减少新机会与非冗余信息的获取。同理，过低的网络关系强度，虽然容易形成弱联结，但是弱联结有时难以承担转移、整合一些专有性的知识与技能，以及复杂的、隐性的知识与技能的重任，因此需要加强彼此之间的信任与熟悉以及提高知识、技能流动与互惠的频率（徐蕾，2012），以减少因知识距离域带来的知识、技能等资源在利用与转换上的困难，从而有助于提升企业技术创新绩效。总之，高技术行业的企业家应当平衡管理各类社会关系网络与个人关系网络的数量与频率，根据企业发展的不同阶段及相应的战略目的，有意识地、动态地、有选择地构建与各类本地与非本地的社会网络成员之间的关系强度，保持其社会网络战略应有的柔性战略，以避免陷入过强的关系网络中。

三 双元性创新与技术创新绩效的关系

（1）探索式创新与技术创新绩效的关系

本书假设的探索式创新对企业技术创新绩效的正向影响得到了实证的支持，即假设 H5 通过了验证。这与 Adler 和 Borys（1996）、Benner 和 Tushman（2003）、Colbert（2004）、He 和 Wong（2004）、Yalcinkaya 和 Calantone 及 Griffith（2007）、Biazzo（2009）、Cao 和 Gedajlovic（2009）等的研究结论相一致。针对此研究结论的可能解释是：首先，企业可以通过对外部知识、技能等资源的重新整合来产生新颖的产品，并将之投放到新的目标市场，拓展顾客价值的新空间，从而提高企业的技术创新绩效。其次，对于被调研的高技术民营企业来说，探索式创新是脱离现有市场（产品）而开发全新市场（产品）以获得竞争优势。虽然探索式创新在促进企业长期绩效提升的过程中往往存在着较大的技术创新风险，但是由于企业家是关键"学习代理人"，其对于企业内各个部门负责人提出的战略提议是非常支持的，且企业家等高层制定的组织绩效考核准侧重相应部门的战略行为质量而非短期的财务绩效，因此组织内部更可能承担风险性创新项目。

（2）利用式创新与技术创新绩效的关系

本书假设的利用式创新对企业技术创新绩效的正向影响也得到了实证支持，即假设 H6 通过了验证。这与 Berthon 和 Hulbert 及 Pitt（1999）、Katila 及 Ahuja（2002）、Rothaermel 及 Deeds（2004）、Atuahene-Gima（2005）等的研究结论一致。针对此研究结论的可能解释是：首先，被访企业能够深入地揭示已有目标市场中客户的价值以及杠杆利用企业已有创新资源及外部同质性知识资源，其在已有技术轨道内实现了相应的创新。其次，企业家作为关键学习代理人，其主要工作重心转移到了外部网络关系的构建，他们深深地体会到对于企业来说采取社会关系网络的成长战略是最有利的选择。因此，在涉及具体内部的管理运行方面，往往采取一种结果式控制的绩效考核导向，企业家们尽量少干涉他们的日常经营活动，此举增强了各个部门参与创新的积极性，使部门根据企业家的战略意图能做出即时的反应，最终有利于技术创新绩效的提升。

此外，从回归系数来看，利用式创新比探索式创新与企业技术创新绩效更大，此结论与国内学者于海波等（2008）、彭新敏（2009）研究观点一致。针对转轨时期我国的制造企业来说，大量的民营高科技企业面临的市场资源往往是稀缺的（吕薇，2012），对大部分刚步入发展轨道的高技术企业而言，对现有知识基础的充分利用或许能更好地支撑企业技术创新绩效，但对于知识的开发与创新来说，探索式创新的正面效应就显得略微低些。

事实上，由实证结果还可以发现：虽然利用式创新比探索式创新回归系数大，但考虑控制变量影响后，两者之间的差值并不太明显，其原因可能在于利用式创新和探索式创新之间存在协同或者反哺的关系，即利用式创新使企业不断挖掘企业既有知识，并对其进行重组以保持知识的完整性，当然重组的过程也正是探索式创新的重要基础（张婧、赵紫锟，2011）。正如本书第三章探索性案例研究中B公司的XMJ董事长所言：

势者，机也，贵在先得，先贵首在顺变，商战尤重于此……我们企业在企业机制、运行机制上，强调灵，即灵活、善变、适应，亦指智慧、准确、快捷……我们坚信坚持先利用后探索的路子，而且永远要朝这个方向跑……在未来的三年（2012—2014）规划中，将继续依托国内科研院所和大专院校，走引进消化与自主开发相结合的开发思路，即沿着生产一代、开发一代、构思一代的产品开发模式，走可持续发展道路，这样可能更加符合市场中的创新规律……（2－D－F，B制药企业董事长）。

其实，探索与利用呈共存互容的关系（Gupta et al.，2006），企业必须处理好既有的利用式创新来保证生存，又要用探索式创新来保证战略发展的关键问题（李剑力，2009）。对于以获取技术优势带来经济租金的企业来说，除了开发与维持利用式创新以获取技术上的精益求精以获取探索式创新所需的资金资本外，还可以在良好的利用式创新基础上促使企业进一步探索技术的未知领域，从而实现企业创新技术的不断推陈出新以保证技术能力的跃迁（朱朝晖等，2008；王耀德等，2012）。因此本书认为，从以知识利用为主的技术范式到以知识创新为导向的发展模式，是我国高技术民营企业开展自主创新、提升竞争力的必由之路。此外值得一提的是，鉴于第五章统计方法的限制原因，有关探索与利用的关系将在后续的研究中做进一步的讨论。

四　双元性创新的中介作用

企业需要通过企业家社会网络所带来的知识、技能等资源才能进行组织的双元性创新，从而实现高技术民营企业技术创新绩效的提升。在此过程中，企业技术创新绩效的提升需要通过不同途径的双元性创新得以实现。

（1）企业家社会网络达高性通过利用式创新影响技术创新绩效，但探索式创新的中介效应并不显著。

首先，H7实证结论的可能性解释是：根据韦伯的观点，行动者可以使用诸如财富（经济财产）、权力（政治财产）以及名声（社会财产）等三种社会关系资源类型，其中权力的社会资本内容具有达高性特征（Lin，2005）。企业家"自我"通过这样的权力关系触及企业技术创新所需的最好资源，由此企业家享有了获取企业创新所需的信息、知识以及资金资源的优先权。然而，仅从信息与资金资源来看，尽管其降低了企业的创新风险、外部环境的不确定性以及提高了企业的创新能力，但作为探索性创新来说，其对知识资源的需求要求极高，单从企业家与党政机关等工作人员的关系交互中难以获取探索式创新所必需的全部知识、技能资源。其实Taylor（1997）的研究指出，那些参政议政行为可能是企业技术研发的必要因素之一，但是，企业家政治性社会资本对此类资源获取的支持更多地体现于非公开的宏观政策信息（Yang，1994），创造了一个更为稳定的市场环境（江雅雯等，2012）。此外，从知识资源来看，虽然相应各级政府科技部门的人员掌握着技术知识与创新管理知识，但这些知识往往具有资产专用性以及专利权许可等问题，也就是说企业家政治联系虽然为获取创新知识提供了可能性，但真正探索式创新资源的获取还依赖于企业家与其他类型合作伙伴的交流与沟通。

其次，从假设 H8 的研究结论来看，企业家通过社会网络达高性获取了科技政策信息资源、产业政策信息资源以及资金资源，这些资源的获取对企业的利用式创新非常有利（存在部分的中介作用）。原因可能是被调研的高技术民营企业可能具有较多的组织冗余资源（slack resource）（例如高水平的技术专家），当企业家享有了政府鼓励的新技术、新工艺政策取向及行业标准制定等优先权时，再加上技术创新所需的资金资源支持，企业往往会对比这些资源来思考自身已有的创新运作，并依据这些资源选择性地来改进已有技术范式的不足，即利用式创新在达高性网络特征和技术创新绩效之间起到中介作用（存在部分的中介作用）。

（2）企业家社会网络的广泛性正向作用于双元性创新，进而对技术创新绩效有积极的影响。

假设 H9、H10 实证结论的可能性解释是：一方面，企业家个体越利用血缘、朋友等联结途径来扩张社会网络规模，就越容易有效地拓展企业家拥有知识、技能资源的广度与深度。进一步地，这些资源中有些是企业进行研发创新所急需的、异质化程度较强的，有些是与企业已有的知识、技能等资源是同质的，因此企业在已有的技术基础上分别进行了探索与利用式创新，推动了企业技术创新绩效的提升。另一方面，企业家在有效调动大量资源过程中，也可能非常注重提高这些知识、技能基础的相关性，增加企业的知识存量，而知识存量越多，探索式创新所需的知识、技能与已有资源的重合概率则越高，由此促进企业的利用式创新能力的提升，即越容易将外部新知识转化为已有的知识。同理，从大规模的企业家社会关系网络中获取的各类新型的知识、技能资源经过组织的有效转化与消化吸收，以及积极采用模仿、学习等手段，有效解决了企业现有成熟产品的改进与完善，切实强化了外部知识、技能资源的运用力度，最终形成了一些独创性的知识，由此促进了企业探索式创新能力的提升。总之，企业在企业家广泛性关系网络所动员资源的基础上从事了探索式创新与利用式创新的活动，必然推动企业总体创新绩效的提升。

（3）企业家社会网络的异质性正向作用于探索式创新进而对技术创新绩效有积极的影响，但利用式创新的中介效应并不显著。

首先，假设 H11 实证结论的可能性解释是：探索式创新并非企业现有的存量知识所能实现的，往往需要探索、转换以及获取不同背景领域的知识、技能资源。企业家在与多类型的个体行动者进行交流沟通，意味着企业家能够获得更加多样化和更丰富的新颖的市场信息、技术信息以及其他类型的互补性资源，由此这些非冗余性的资源可能经过企业探索式创新创新后的吸收、融合以及创新扩散后，引起企业进行重大活动的组织变革，如技术的突飞猛进与组织架构的重组。但是笔者根据以往深入高技术民营企业调研与观察认为，有些企业从事的探索式创新行为还处在一个相对较低的层次，有些企业因企业家社会网络带来的创新资源广度与深度以及差异度存在重大差异，企业自身对获取创新资源的吸收与转化能力存在显著差异，即超越企业既有的知识基础能力有待提升，从而影响了企业的技术创新绩效，不过探索式创新作为其中的一个重要变量，对企业家社会网络的异质性特征和技术创新绩效关系起到中介作用（存在部分的中介作用）。

其次，假设 H12 实证结论的可能性解释是：由于被调研的企业家与不同社会阶层、职业背景等差异化明显的网络成员交往，此类的网络异质性程度预示着能为调研企业创新提供多元化的信息获取渠道，与同质性网络成员的关系交往相比，其不利于企业家共享同质性知识资源，因此在一定程度上限制了企业的利用式创新行为。实践表明，企业在原有技术基础上对产品或者服务进行局部的改进与完善主要依赖于同质性的知识资源。

（4）企业家社会网络的关系强度正向作用于利用式创新进而对技术创新绩效有积极的影响，但探索式创新的中介效应并不显著

首先，假设 H13 实证结论的可能性解释是：依据强联系优势理论，企业家与网络成员的强关系促进了高质量的知识、技能以及缄默性知识资源的交换，以信任形式存在的关系强度减少了彼此间的机会主义行为及提高了交易效率，并且关系持续时间长，双方有长期的互动则有利于同质性知识的共享（Andrews，Delahay，2000）及更愿意进行彼此间的信息交流（Tsai & Ghoshal，1998），也增强了网络成员之间的交互学习与深度知识交流。已有研究表明，强联结网络非常适合现有知识的充分利用，有利于利用式创新（向永胜，2013）。因此，拥有较多强联结关系网络的企业家能得到网络成员在物质与精神上的极大支持，并且也利用了外部高质量的知识资源，通过利用式创新（存在部分的中介作用）进而促进了企业技术创新绩效的提升。

其次，假设 H14 实证结论的可能性解释是：一是根据弱联系观点以及我国特殊的文化情景，企业家关系网络所表现出来的强地缘和人伦关系

的特点反映了企业家与网络成员之间的知识结构与背景的相似性，其间高频率的互动所增加的知识、技能等资源大部分是冗余性的，显然弱化了企业的探索式创新行为；二是信任的缺乏对探索式创新意味着，网络成员对企业家不太可能提出新颖性的技术解决方案，企业也无法获取创新能力的跃迁，从而影响了企业技术创新绩效的提升；三是如果企业家社会网络中成员关系过强，加上企业家网络能力的有限性导致其获取信息量的有限性，此时如果企业本身吸收能力表现差则也会减少其对新颖知识转化的可能性。因此企业家社会网络关系强弱与探索式创新目标的均衡组合适配对于技术创新绩效提升非常重要。

本 章 小 结

本章在第四章提出的企业社会网络对技术创新绩效作用机制的概念模型与研究假设基础上，通过 151 份高技术企业调研问卷综合运用因子分析、相关分析、多元回归分析方法进行了相应的实证检验，深入探讨了企业家社会网络的达高性、广泛性、异质性以及网络关系强度等四大特征维度、探索式创新、利用式创新以及技术创新绩效之间的作用关系。

第五章提出的本书主要研究变量——企业家社会网络的达高性与网络关系强度、探索式创新、利用式创新以及企业技术创新绩效等构成的测度量表在本章分别通过效度检验和信度检验。然后运用多元回归双元性创新进行了相应的中介检验。除探索式创新在企业家社会网络达高性、关系强度与技术创新绩效之间与利用式创新在异质性与技术创新绩效之间的中介作用未通过验证外，已有的研究假设均通过了验证：企业家社会网络的达高性通过利用式创新正向影响企业技术创新绩效；广泛性特征通过双元性创新正向影响了技术创新绩效；异质性特征通过探索式创新正向影响技术创新绩效；网络关系强度特征通过利用式创新正向影响企业的技术创新绩效。

第七章

结论与展望

通过前面章节的分析和阐述，本书已对企业家社会网络对技术创新绩效的作用机制进行了较为系统、深入的理论分析与验证。本章将对前面章节的研究内容进行归纳总结，阐明本书的主要结论、理论贡献与学术价值，在此基础上指出本书存在的局限与不足，提出未来的研究方向。

第一节　主要研究结论

产业结构调整和经济发展方式转变的关键在于持续不断地创新。这对于创新主体的高技术民营企业来说，既是机遇又是一项重要课题。20 世纪 80 年代前，企业只要拥有一项核心的发明技术，就可以"一招鲜，吃遍天"，即创新被认为是一个离散事件。在科技竞争日益激烈的时代背景之下，企业仅凭借内部资源来寻求技术诀窍已不再能维持竞争优势，通过增加知识存量已经成为技术创新的源泉，而新知识的获取更离不开与外部不同利益相关者的合作与联系。研究的焦点正从战略网络向社会网络转移，这种转移过程中的核心焦点是，如何将外部多种物质的、信息的和情感的资源融合到企业的技术创新上。其实，企业家社会网络充当着企业创新所需资源的交换通道。对企业创新能力实现跃迁的过程中作为"天然起点的"高技术民营企业家来说，其社会关系网络本身就是一个不可模仿的资源、一项获得资源与信息的有效途径。企业家社会网络扮演了信息联结、减弱社会风险以及外部不确定性的角色，并在企业多样化的技术创新过程中起到关键作用。如何通过企业家社会网络来提升技术创新绩效，从而促进经济转型升级和新一轮的持续增长，实现企业新的突破，已成为学界亟待认真思考的问题。

围绕"企业家如何构建恰当的社会网络模式来提升企业技术创新绩

效"这一基本命题，本书综合运用探索性案例研究、半结构式访谈、理论研究、大样本统计等一系列研究方法以及 SPSS19.0 等数量统计工具，将定性与定量分析结合，循序渐进地解决了所要研究的各个子问题：社会资源视角的企业家社会网络特征维度的构成有哪些？企业家社会网络对企业技术创新绩效有何影响？双元性创新是否会对企业技术创新绩效产生积极的影响？双元性创新是否起到中介作用？通过全文的分析论证，本书明晰了企业家社会网络、双元性创新及技术创新绩效三者之间的机理，并形成的主要观点与结论：

（1）企业家社会网络结构特征的细化

企业家社会网络究竟是什么，迄今仍然莫衷一是，且由于东西方企业家所嵌入社会情境的差异性，导致了前人涉猎企业家社会网络问题时，对企业家社会网络采用了不同的划分维度，由此在一定程度上导致了企业家社会网络问题研究和测度上的混乱。本书将企业家社会网络界定为企业家与企业外部网络成员间的关系集合，这个关系集合中所蕴含的资源为企业赢得技术创新绩效提供了行动机会，而企业家则通过这种关系集合获取到创新机会开发和企业经营所需的信息、资源、服务以及实质性的支持。就企业家社会网络的外延而言，则包括了个人网络（亲属、朋友、同事、熟人等）和社会网络（同行、政府等规制机构人员、供应商及客户）两种类型。本书认为达高性、广泛性、异质性以及关系强度是企业家社会网络的整体结构特征。基于个体关系网络中获取的不同资源视角用于探讨企业家如何构建社会网络，对企业家社会网络整体视角的识别用于探讨如何运用企业家社会网络。需要明确的是，西方学者从结构主义出发探讨企业家社会网络结构对企业创业的影响，国内学者遵循人际关系网络的研究传统，从利益相关者网络的角度探讨企业家社会网络对企业绩效的影响。本书秉承的是对网络成功假设的进一步验证和发展，我们明确的是企业家个体在其社会关系网络中所涉取的其他人所拥有的有价值资源。同时，企业家的社会网络结构是嵌入性资源的必要条件。通过细化企业家社会网络研究强调达高性、广泛性、异质性以及关系强度等网络结构特征，能够给高技术民营企业的技术创新提供不同的创新资源。总之，从本学科的实践指导意义出发，考察企业家社会网络本质是获取企业的技术创新所需资源和支持的关键"通道"。

（2）企业家社会网络对技术创新绩效的影响作用

通过探索性案例研究，并结合文献梳理和理论推演以及半结构式访谈，本书探讨了企业家社会网络的四大特征维度对企业技术创新绩效的影响。实证研究结果显示：①企业家社会网络的达高性对技术创新绩效存在积极的影响作用。此结论说明，由于政府政策服务体系并不完善，使基于普遍信任和社会网络的规范性社会资本较为稀缺，迫使民营企业家转向基于特殊信任和关系网络的非规范性社会资源。进一步地，特别是在经济不发达地区，政府所掌控的战略性资源较多，企业家寻求政治联系的诉求则越强烈，企业家通过政治联系获取了企业创新的关键性资源，此举消除了企业创新所面临的一些不利因素，成功进行创新活动，获取了较高的经济回报。Ozer 和 Markoczy（2010）的研究观点也支持这一结论。②企业家社会网络的广泛性对技术创新绩效存在积极的影响作用，说明企业家核心讨论网的规模越大，网络行动者所带来的潜在资源越多，从而促进企业技术创新绩效的提升。Hansen（1995）、Kim 和 Aldrich（2003）的研究支持了这一结论。③企业家社会网络的异质性对企业技术创新绩效存在积极的影响作用，说明因网络成员的背景不同，企业家获取了技术创新所需的多种互补性资源，从而促进了企业创新绩效的提升。McEvily 和 Marcus（2005）的研究支持了这一结论。④企业家社会网络的关系强度与技术创新绩效之间存在倒"U"型关系，说明企业家利用网络成员的关系动员资源，或许由于地位的不对称性而需要维护，往往存在成本高昂与同质性知识过多的问题，因此两者之间呈现了倒"U"型关系。

（3）双元性创新对技术创新绩效的影响作用

通过探索性案例研究，并结合文献梳理和理论推演以及半结构式访谈，本书将双元性创新划分为探索式创新和利用式创新两种创新行为，剖析了双元性创新对企业技术创新绩效的影响。实证结果表明，探索式创新、利用式创新对企业技术创新绩效存在积极的影响作用。这些结论说明高技术民营企业对既有的知识、技能等资源的深入挖掘与企业经验的积累，利用式创新行为提高了企业的创新效率，在短期内给企业带来了良好的技术创新绩效。同样，企业通过大量投资，另辟蹊径，以市场先入者的角色增强了企业核心业务的长期竞争优势。

（4）企业家社会网络通过影响双元性创新进而作用于技术创新绩效

本书通过探索性案例研究，并结合文献梳理和理论推演以及半结构式访谈，在分别实证检验企业家社会网络对技术创新绩效、双元性创新行为的基础上，探讨了开放式创新背景下高技术民营企业的企业家社会网络对技术创新绩效提升的作用机理。为揭示内在作用机理，本书从探索式创新和利用式创新两个构念来提出双元性创新对于企业家社会网络与企业技术创新绩效之间关系的中介作用，构建起"企业家社会网络（行动者被观察到的某种属性作为网络中的地位功能，即网络结构特征）—双元性创新（探索式创新与利用式创新两个创新行为）—技术创新绩效的获取"的理论逻辑。本书参照 Baron 和 Kenny（1986）的中介效应验证步骤，实证检验了探索式创新和利用式创新在企业家社会网络与技术创新绩效关系中所起到的中介效应，与本书假设相一致。

总之，企业家社会网络既可能作为一种特殊的第三种资源配置手段对企业创新绩效提升尤其是对新创企业的创新成长具有重要的促进作用，也可能由于网络成员在行动中存在大量的交易成本以及其他的干扰因素，企业家社会网络未必对创新绩效产生积极效应，这对企业家社会网络的作用效应存在有待通过实证加以再审视和澄清的必要。本书根据浙江等地的高技术民营企业的实际情况，明确得出了企业家社会网络结构特征对企业技术创新具有积极的影响作用。从这个意义上讲，本著作属于对网络成功假设的验证和进一步发展。同时，研究结论也表明这种影响是多维度的：达高性通过利用式创新对技术创新绩效产生了积极影响，探索式创新的中介效应并不显著；广泛性通过探索式创新和利用式创新进而积极影响了技术创新绩效；异质性通过探索式创新对技术创新绩效产生了积极影响，利用式创新的中介效应并不显著；关系强度通过利用式创新对技术创新绩效产生了积极影响，探索式创新的中介效应并不显著。

第二节　理论贡献与学术价值

本书以高技术民营企业为研究对象，以探索影响技术创新绩效之源的企业家社会网络特征为出发点，以提升企业技术创新绩效为导向，引入双元性创新这一中介变量，逐层深入剖析了企业家社会网络、双元性创新与技术创新绩效间的关系，具有一定的理论贡献和学术价值。

一　理论贡献

（1）基于社会资源视角的企业家社会网络特征维度构成的提出，有助于克服企业家社会网络研究中概念宽泛、难以操作化测量等问题，提升了企业家社会网络研究的严谨性。

国外学者研究认为，企业家社会网络结构会对其企业（尤其是新创企业）绩效产生积极的影响作用，被称为"网络成功假设"。因此，进行企业家社会网络的实证研究具有重要的理论意义。然而，已有的国内研究从社会网络去研究企业家的实证相对较少，此外研究者对企业家社会网络的概念界定不同，往往在社会网络操作化方面也产生了较大的分歧（张文宏，2011）。同时，企业家社会网络与企业战略网络乃至企业社会网络都存在着一定的差异（邓学军，2009）。由此，本书从"资源说"视角切入，明确提出了基于社会资源视角的企业家社会网络概念，且细化了企业家社会网络的研究，强调可将企业家社会网络特征区分为达高性、广泛性、异质性以及关系强度。此举将有助于基于社会资源视角的企业家社会网络的本质理解，即企业家通过外部网络成员间的关系集合获取到创新机会开发和企业经营所需的知识、信息、服务以及实质性的支持。因此，企业家社会网络概念更为明确，对象更为聚焦，企业家社会网络边界更为清晰，将企业家社会网络从各种含糊的"纵向网络关系"与"横向网络关系"转变为可观测的具体过程，避免陷入企业家个体社会网络无边界化测量研究问题的困境。本书采用了"企业家核心讨论网"思想揭示了企业家社会网络测量量表，为研究此类主题的学者们提供了一个具有较强代表性与可操作化的工具，或者说企业家社会网络研究不再局限于定性分析，即推动了企业家社会网络实证研究，且对尚处于研究起步阶段的关于企业家社会网络双重效应评价以及与其他变量之间科学关系的定量实证研究将产生积极的推进作用。

（2）通过引入双元性创新作为中介变量，揭示了企业家社会网络影响企业创新绩效的具体作用机制，对打开企业家社会网络作用"黑箱"做了尝试性探索。

本书通过探索性案例研究、理论推演和定量实证检验，从网络结构特征角度揭示了企业家社会网络对企业技术创新绩效的影响，证实了企业家社会网络的达高性、广泛性、异质性和关系强度等不同网络特征维度分别对探索式创新和利用式创新具有显著的影响。本书还深入探讨了双元性创新与企业技术创新绩效的关系，证实了双元性创新对企业技术创新绩效具有重要的正向影响，从而建立了"企业家社会网络—双元性创新—技术创新绩效"的理论框架，进一步打开了企业家社会网络作用机制的黑箱。同时，本书所涉及变量之间的科学关系选择是针对目前关于组织双元性创新的前置因素研究显得比较薄弱的基础上展开的，此举有助于在网络环境中组织双元性创新研究的深入开展。

尽管企业家社会网络对企业技术创新绩效的重要性已经得到学界的普遍认同，但梳理相关研究的结论却尚未形成一致性的意见，由此形成了诸多的企业家社会网络研究的"悖论"：有的研究认为企业家的政治联系对企业价值、企业财务绩效有着积极的影响作用，而对于技术创新绩效却不存在影响，有的研究却认为企业家的政治联系网络对企业研发工作的开展、创新能力的提升、技术创新绩效的回报有着重要的推动作用；有些研究认为，企业家社会网络的广泛性越强，企业技术创新绩效越好，有的研究结论却不支持这一点。有些研究认为网络的异质性推动了企业的技术创新绩效，有些研究认为网络封闭性能够为企业带来一些独特的网络利益。有些研究认为强关系可以促进企业的技术创新绩效，而有些研究认为弱联结可能更重要。这些"悖论"使学者们逐渐认识到"企业家社会网络两面性"的存在，并开始从各自的概念界定或者基于不同情景研究企业家社会网络对企业技术创新绩效的具体影响。基于此研究背景，本书通过实证研究得出了企业家社会网络对企业技术创新具有积极的影响作用，并拓展了对企业家社会网络和企业创新行为研究：一是细化了企业家社会网络的研究，有助于更好地理解被观察到的企业家社会网络特征对双元性创新和企业创新绩效的作用；二是丰富了企业家政治战略讨论框架领域的研究，在进一步明确企业家政治联系积极作用的同时，也发现了企业家在社会网络中"过度嵌入"所导致的创新绩效阻碍作用；三是通过引入双元性创新作为中介变量，解释了企业家社会网络影响企业创新绩效的具体作用机理，对打开企业家社会网络作用"黑箱"做出了尝试性探索。

二　学术价值

目前国内有关企业家社会网络与技术创新的研究专著较为缺乏，因此就学术价值而言可以表现为：首先，基于社会资源视角的企业家社会网络特征维度构成的提出，有助于克服企业家社会网络研究中概念宽泛、难以操作化测量等问题，提升了企业家社会网络研究的严谨性。在国内，企业家社会网络研究尚处于起步阶段，对于本主题的实证研究则更为缺乏。本著作研究不仅可以为企业家社会网络功效的定性研究提供实证支持，而且对中国本土企业家社会网络的定量研究也具有一定的参考意义与借鉴作用。其次，剖析了企业家社会网络、双元性创新及企业技术创新之间的影响关系，揭示了企业家社会网络通过双元性创新作用于技术创新绩效的机制，有助于在开放式创新之下企业家社会网络和技术创新绩效以及企业家社会两面性效应研究的深入开展，丰富了组织双元性创新的前置影响因素研究。本书尝试打开企业家社会网络在发挥作用过程中自身的"黑箱"，这些为培育与发展企业家社会网络、提升企业家社会网络对技术创新绩效的促进作用提供了理论依据，且验证了双元性创新的中介作用，此举明确了双元性创新可能的发展机制，这对于双元性创新理论的发展也有一定的益处。

第三节　管理启示：企业家与政府的行动

本书以高技术民营企业作为研究对象，采用理论与实际紧密结合的研究方法，针对企业如何通过企业家社会网络提升企业技术创新绩效的问题展开系统研究，在获取一些理论结论意义的同时，也得到了一些有助于高技术企业乃至是其他类型企业提升创新绩效的管理启示。

一　对企业家管理实践的启示

本书的研究结果对企业家社会网络和企业技术创新有以下的管理启示：

（1）企业家要以恰当的方式来构建与发展其社会网络

全球制造网络的时代到来，为企业家采取多样化方式发挥其创新精神带来了前所未有的机会，或许被国外企业家发现比较优势或获利机会，或许被中国企业家利用此发展机遇。在这些机会的评价过程中，中国企业家应根据自身优势与竞争环境有效地发挥其作为企业关键学习代理人的作用，加强与企业创新有关的各类利益相关者联系的数量与频率。

首先，从达高性角度考虑，企业家要特别关注并正确处理与各级各类政府部门、金融机构等规制机构工作人员之间的关系。在中国经济转型和政治体制改革的背景之下，以及在企业间以人际互惠为基础的关系网络中，规制机构人员往往扮演着重要的资源提供者与促进者等角色，且"政府依然是企业外部宏观环境的重要构成，企业家与规制机构人员关系产生了不同于正式命令经济关系或市场关系的委托网络……它们是控制着不对称资源的行动者之间的委托代理人的关系，并促进了相互获益的联盟，这些联盟……是根植于相互信任的企业家和官员之间的人际关系之中的……"（孙俊华，2008）此外，鲁冠球（2012）认为，企业家很有必要进行政治联系，因为企业在发展过程中，一些经营行为都与政府存在着关系的牵连，企业家要加强对政府政策的敏感性。因此从创新实践来看，一方面，企业家通过政治联系渠道增加与规制机构工作人员联系的数量与频率，可以摄取到等级体制内的稀缺资源或者寻求各种支持与庇护，降低企业创新的诸多不确定性因素。另一方面，本书研究结论也预示着，企业家在进行政治联系的时候，必须结合自身情况、企业特点以及企业产品可能存在的制度性障碍来决策。企业家的网络达高性这一特征进一步表明，企业家行动往往是在解读外部企业宏观层面上经济制度、政治制度、社会制度以及法律制度等外部制约性因素的基础上，在结合组织内部制约性因素后，进而促进了企业创新成长的能力。因此从某种程度上讲，企业家政治联系的这一行动是在推动整个社会的进步。但是，企业家又必须清醒认识到：面对国内经济转型的持续推进，基于其个体社会网络所嵌入的功效是会不断下降的，因为市场经济机制将逐渐替代其他资源配置机制，使政治关系网络资源的创新收益呈现出边际递减的趋势。总的来说，企业家必须全面把握政商关系乃企业长生之道（冯仑，2010）。此外，有一点必须明确地指出，本书所提及的企业家社会网络达高性这一网络特征并非指"官商勾结"，企业家所采取的政治联系活动是合法的，而"官商勾结"行为是非法的，即行为的法律定性是两者间差异的明确标准。

其次，从广泛性角度考虑，本书证实了企业家社会网络广泛性不但对探索式创新具有正向作用，对利用式创新也有显著的积极效应，即源于企业家社会网络中的各个成员身上所蕴含的技术、知识、市场、人脉等资源构成了企业家社会网络资本。因此，一方面，企业家有必要拓展其社会关系网络的空间、占据网络中心性的位置或者建立良好的声誉和社会地位，因为企业家声誉越高，在关系网络中获取信息的质量与机会较多，由此获取信息资源的质量也更高且数量更大。同理，企业家的社会网络地位越高，结合费孝通的差序格局之观点，那些"亲亲"、"尊尊"的关系交互模式，必然会促进企业家个体网络占据的结构洞位置的增多以及中心性地位的提高，进而提高对技术创新有利的信息的质量、多样性和数量。另一方面，企业家与外部的联系数量越多，则社会资本越多，表明获取的资源通路也就越多，结合网络复制演进模式之观点，企业家依赖于不断复制其已有的网络结构与特征，其网络资源的动员能力便时刻不停地得到增强，在此过程中能够有效促进企业不断地进行创新，即企业家应与其他网络成员建立起合作联结关系，彼此分享稀缺资源并获得社会情感支持，以此降低企业技术创新的不确定性，增加企业进入新的创新领域的可能性，同时也能帮助企业拓展创新能力的边界。反之，那些稀少的社会关系网络最终会限制企业家寻求创新盈利机会的能力。

再次，与西方企业相比，对于转型期的中国企业来说，对社会网络等非市场机制的依赖程度则更高。高技术民营企业的创新成长过程不仅依靠技术的推动、资本的支持及产业制度的推动，更需要外部环境的整体支持，即高技术民营企业与其生态系统中其他利益相关者存在着一定程度的相互依存关系。在此依存特性中，由于各类创新资源获取过程中的交易成本远低于组织内部的其他成员，企业家作为企业与社会外部环境的关键"节点"，会通过正式或非正式的社会关系、本地与非本地的公务或私人关系，时刻不停地为企业技术创新提供所需的资源。从实践上来看，当下的高技术民营企业对前沿技术也有着很强的依赖性，新技术的发明创造只有在开放系统中才能实现，并随着复杂性的增强而与外部环境发生着更为多元的联系，企业家社会关系网络也应该表现出更强烈的异质性。由此我们提出，一是企业家应该建立开放的企业文化、建立基于自身的完善的社会网络管理体系，积累曾经参与的各类社会网络活动经验，并逐步完善这些经验总结，将经验积极整合为组织的技术创新知识，以指导下一步的网络拓展活动，并最终提升企业的技术创新能力和绩效；二是社会网络的嵌入性是组织每个人的主要特征，企业家通过个体社会网络来完成组织扩展是长期以来的常用路径与方法，因此可以以"顾问""专家""独立董事""监事""指导"等灵活的兼职形式来实现企业组织结构的网络化，例如浙江绍兴精功集团的创始人 JLS 就是这样一个典型的案例（陶海青，2010）；三是企业家群体应该认识到其嵌入的社会网络这一异质性特征必然会对企业技术创新的战略决策产生影响。例如，浙江宁波企业家群体在创业、创新过程中充分运用了非本地社会关系网络，通过对非本地社会关系网络的节点建立人际信任和人情偏好，借助外部利益相关者获取了相应的创新资源。与此同时，在企业"走出去"的路径上，浙江宁波地区的企业家群体更倾向于融入东道国、借助东道国力量控制资源（陈翊、张一力，2013）。总的来说，企业家要注意到其与朋友之间的搜寻不应该在同一群体内采取滚雪球般的叠加，而应该积极秉承差异化联系思想，采取对自身社会网络资源增殖的策略建议。

第四，本书证实了企业家社会网络关系强度特征对技术创新绩效起着"胡萝卜＋大棒"的作用，因此需要辩证地看待企业家社会网络的关系强度问题。从管理哲学的角度来看，世界的万事万物都是普遍联系的，人是社会关系的总和。作为组织的创始人都会与身边的其他某些人进入"人情"和"关系"的权宜过程。在中国社会强烈的关系主义文化背景之下，企业家的强网络关系在技术创新过程中往往是常用的且是有效的。在本书的结论中，强关系的作用是信息资源。因此，企业家要厘清"人情"的本质内涵，即企业家个体在社交圈中要求能被网络成员"被看得起""被买账""被当回事"以及能"算老几""情份如何"等同网络成员交往。同理，通过讲究"面子""人情""报答""报恩"以及"回报"等将关系的手段来拥有更多的机会去获取较高的社会地位，而较高的企业家社会地位则是一种信号机制，向企业家本人传递着具有较高价值的网络信息资源。与此同时，辩证法告诉我们，任何事物都有两面性，企业家的社会关系网络强度也概莫能外。正如冯仑（2010）在《冯仑管理日志》中阐述道：企业家构建各类的合作伙伴关系有两条标准：一是价值观趋同；二是能力上的互补，万通与商业伙伴之间在能力上有很大的互补性，他们的彼此合作，都取得了很大的收益，但需要提醒的是，那些关系强度与资源控制能力往往成反比关系。与冯仑持相类似观点的还有国外著名的社会学家与组织学家 Uzzi（1997），他认为，关系网络过度嵌入或嵌入性不足都会影响企业最佳的经济回报。因此，企业家在创新实践中需要注意以下事项：一是任何资源获取是有成本的，尤其是针对企业家后天的获致性社会网络关系，因为其在获取、维护社会网络资源过程中的各项费用会产生社会关系网路成本（唐文军，2009）；二是排斥圈外人，根据科尔曼的观点，社交网络的质量在不同群体之间的分布差异可能会固化优势阶层的地位，导致了那些没有受到关系网络庇护的人将面临更加不利的窘境；三是强关系对网络圈内成员要求可能过多，因为那些"有亲""有义""有别""有序""有信"等成员会因企业家"混得不错"而跑来求其救济，也可导致企业家背后的企业成为"福利旅馆"，限制了企业的创新发展。因此，企业家在此类关系的嵌入性方面应把握一个"度"的问题，即企业家与网络成员之间拥有"亲密关系"的时候，要对"差序格局"下的亲疏关系有个判断，要积极利用正式规范约束获取稀缺资源的网络配置。此外，从短期来看，网络成员间的关系如果按照互惠原则的价值规范来处理的话，使"穷企业家"受益，无法集聚企业家个体社会资本，因而在创新发展中会"没有效率"；从长期看，强的社会网络关系更可能固化"贫穷"。在转型期的中国，社会网络关系强度的负面效应需引起企业家群体高度重视，目前我国相应的制度缺乏，即"体制洞"颇多，在竞争性市场体制与政策和公共服务体系等尚不完善的情况下，"拉关系"等非制度化因素会引致政府等规制机构人员的腐败与寻租行为，使人们陷入"非生产性努力的恶性循环"（奂平清，2010；边燕杰，2014）[①]。

与此同时，本书也必须旗帜鲜明地指出，随着中国市场化进程的加速，企业家社会网络在配置技术创新资源中的部分功效会被逐渐替代，同时企业家与不同网络行动者之间的关系网络对于企业发展过程中的创新贡献可能是有差异的。企业家要想实现个人价值对企业可持续快速创新的推动，或更有效地通过工具性的社会网络获取所需的创新资源，必须根据各类社会关系网络所能够提供的资源类型或支持通道类别，进行一定程度的取舍。

（2）企业要充分发挥企业家社会网络与双元性创新之间的战略协同作用

企业的创新知识一般来自于自主研发知识和外部知识。本书结论表明，实践中的高技术民营企业要获取高的创新绩效，必须通过利用式创新与探索式创新的过程来实现。但是 Gupta 等（2006）认为，探索式创新与利用式创新这两种技术创新行为作为连续统一体的两端，应该结合相应的分析层次来考察。比如，基于人力资本和资源配置视角，组织或更大的系统对探索式创新与利用式创新等创新行为比，个体相应地更具有兼容性，假如在同一个组织单元内，面临资源稀缺，探索式创新与利用式创新则是连续统一体的两端，呈此消彼长的竞争关系。因此，如果高技术民营企业

---

① 根据西安交通大学 2014 年实证社会科学方法培训中边燕杰教授关于"社会网络正负因果效应问题"讲话稿内容整理而得。

过多关注探索式创新则容易引致"失败陷阱",如果企业过分依靠于现有的技术轨道,往往会对组织外部新鲜事物产生抗拒心理,也容易使外部创新机会变成企业的机会成本,即容易导致企业"能力陷阱"。

美国经济学家简·弗泰恩和罗伯特·阿特金森(2000)指出,企业创新活动往往由企业家来组织和推动,社会资本已经成为科技创新的关键因子。因此从动态角度来看,企业家应针对自身企业发展的不同阶段利用其社会网络进行有针对性的创新资源获取。比如,当企业处于初创期时,企业家需要广泛利用社会网络,为企业争取启动性资源。在这个阶段中,尤其是要考虑企业家社会网络的达高性和异质性,即一方面获取包括政府及相关机构人员等拥有关键资源配置权的优质资源;另一方面,获取多样化的网络资源,包括供应商和下游客户、科研机构、行业协会、相关行业机构甚至是同行业竞争对手,最大限度为企业成长与初期拓展积累储备资源。此时,企业家社会网络对利用式创新往往起着更多的推动作用。另外,当企业逐渐成长壮大之后,企业规模扩大、人员增多,组织机构也变得相对复杂,企业由创业家企业转型为职业经理人企业。这个阶段,虽然企业家仍然需要继续维持并扩大其社会网络,但与初期不同的是,此时单纯采取利用式创新对自身技术创新绩效提升的作用已经不明显。由此,此阶段需要大力提高组织内部人员的综合素质,实施人才培育工程,促使他们积极去践行探索式创新策略。

总的来说,高技术民营企业既不能盲目自信地进行独立研发,也不能"妄自菲薄"地全盘引进,企业家作为企业中异乎寻常的创新组织者,理应根据企业创新发展战略的要求,充分挖掘与利用企业已有的创新成熟经验向市场投放优势产品与服务。同时秉承"他山之石可以攻玉"思想积极搜寻外部知识、技能资源,真正形成从模仿创新到自主创新的发展思路,以帮助企业获得可持续性的竞争优势。

二 对政府管理实践的启示

构建和谐的企业家群体之间以及企业家同组织外部重要利益相关者成员之间的社会网络关系是加快高技术民营企业创新成长的必要途径。各级地方政府要围绕企业技术创新需求,进一步健全高技术民营企业生态系统中社会网络的作用机制,主动对企业关键学习代理人进行有效的激励与监督,发挥企业家等在科技创新中的重要作用。具体建议如下:

（1）在组织协调方面

鉴于现阶段我国政策服务体系的不完善，同时鉴于普遍信任和社会网络的规范性社会资源较为稀缺，以及民营企业家比其他性质企业的企业家更关注社会关系网络建设，各类规制机构人员必须清醒地认识到企业家社会网络的构建与技术创新绩效的提升之间关系的意义非同寻常。因此，建议：一要改变政府等规制机构人员所掌控的创新资源分配权根据关系网络的亲疏而做相机分配的现状，需加大依法规制，倡导企业家社会网络与政府组织之间那种积极的相互报酬递增的路径依赖关系；二要进一步加强调研和检查，及时了解和把握企业家社会关系网络这一资源通道动态，协调解决有关问题；三要各地建立政府主要领导负责、分管领导具体抓、部门分工明确、责任到位、合力扶持企业家编织本地与非本地的技术与市场网络，进行全球化创新资源搜索，促使企业家"潜心根植、固本培元"，整合创新资源，提升企业创新绩效；四要特别发挥企业家在创新中的作用，各级需理解与宽容地看待企业家编制社会政治关系网络，需扫除各种制度与文化观念的束缚，构建与完善有利于企业家转型与成长的制度环境（刘志成、吴能全，2012）。

（2）针对企业家的政治诉求方面

鉴于企业家通过政治联系所获资源对企业创新成长绩效产生的显著影响作用，建议：一要各级需为各类企业的创新创业与发展提供更适合的土壤与公平环境，逐步完善各项外部制度以有效地激发企业的技术创新能力，以更有效地催生企业家社会网络资源；二要鼓励企业家对政府在制定涉及行业重大公共利益的地方法规、规章、公共政策、行政措施、行业发展规划时提出建议和意见，代表本行业参与行业性集体谈判，让企业家参与有关的行业技术标准的制定、重大行业技术改造项目的论证和行业市场秩序的整顿工作；三要建立企业家与政府对话制度，其中，关键是要反馈民营企业家对政府的诉求，加强政府与民营企业家的沟通；四要积极引导企业家进行参政议政、游说等制度经营活动，在此基础上推进整个社会创新的进步。总的来说，企业家在产业集群的转型升级中起到了至关重要的作用，各级政府机构的工作人员必须明确企业家自我中心的社会关系网络治理与企业的技术创新能力具有共同演化的属性。

（3）在物质支持方面（财政与金融方面）

鉴于资金是民营企业家建立与维护社会关系网络时最需要的资源，企业家如何筹集资金、向谁筹集资金是衡量社会现代化程度的重要指标之一，以及企业家在社会网络中的行动规范特征——不能破坏做生意的规矩，建议各地整合相应的财政扶持政策，重点用于支持那些龙头骨干民营企业家、上市公司企业家以及其他的高技术民营企业家所嵌入的本土技术关系网络和市场网络，集中财政向重点企业以及相应行业（比如在浙江省，在扶持领域上可以是42个块状经济与9大战略新兴产业等重点优势领域的科技合作交流）进行补助，同时可以向税收优惠或创新基金倾斜。特别是，针对重点培育的骨干新生代企业家编织技术与市场网络方面的相关行动，各级银行业等金融机构要提供信贷支持，创新金融服务。

（4）在信息支持手段方面

鉴于企业家社会网络中的信息资源对企业技术创新绩效的提升有明显的支持作用，建议：第一，积极组织各类科技合作交流活动，即各级需组织企业家、科技企业家出访、考察洽谈国内外企业和参加科技学术会议、科技展览会，通过互派科技人员交流等方式多渠道、多领域等科技合作途径以增加企业家社会网络的广度与深度；第二，各级应积极构建部门协调机制，依托高校，实施"企业家院校行"，加强企业经营管理者培训，为产学研紧密型合作而牵线桥梁，从而促进企业家与相关国家级行业协会、中科院、工程院等大院名校的科技人才之间的对接，提升企业家参与高水平、实质性的技术合作与交流能力；第三，真正发挥行业协会充分发挥行业协会的桥梁和纽带的"娘家"作用，结合产业发展趋势和政策解读以及网络社会创新发展的新知识、新理念来组织企业家专题培训班，以此促进企业家之间信息、资源的流动，开阔视野，转变理念，提升素质；第四，支持有条件的高技术民营企业从事研发活动、建立海外研发孵化器以及开拓海外市场，向企业经营管理者提供政策咨询、投融资与信息服务。

（5）在政府的服务方面

一要高度重视企业家的社会价值，加大对企业家、科技企业家、新生代企业家的培养力度，加强企业经营管理者培训，造就一支政治立场明确、具有开拓创新的企业家精神、具有战略思维能力的高素质企业家队伍；二要提高企业家的综合素质、社会影响力以及政治待遇；三要加强企业家开展编织技术与市场网络的监测分析，对企业家社会网络的构建活动进行动态跟踪，并展开相关课题研究，为企业家编织社会网络创造良好的政策条件与社会氛围。

第四节　研究局限与展望

本书尽管有一定的理论贡献和管理启示，但因受制于作者的时间、精力以及个人能力局限及研究问题的复杂性，本书还存在不少可深化之处，主要表现在以下三个方面：

（1）样本选取方面

首先，尽管本书花费大量的精力进行问卷调查，获得的有效问卷数量基本满足了样本量的要求，但由于问卷调查对象的特殊性，本书所获得的样本在代表性上仍显不足，例如发达地区与其他较落后地区的企业家样本数量上分布不均。未来的研究可以将样本调查扩大到全国范围，使研究结论更具有普适性。其次，本书调研样本大都是生存发展良好的企业，如果能对那些技术创新绩效不佳的企业甚至是已经消亡的企业进行深入调研，或许能增加本书的研究价值。再次，本书确实以民营高技术企业为样本，但全文阐述中与调研对象的特征联系还不够紧密，这在后续的研究中必须加以改正与完善。最后，尽管本书力求保证内在效度，但由于研究资源所限，外部效度还有待更大样本量、更多相关主题研究的佐证，不过，这也是当前管理学研究存在的重大难题，缺乏微观基础数据库支撑。笔者也希望有更多学术同行加入到企业家社会网络这一新兴领域研究中来。

（2）变量测度方法有待改善

由于研究者们对企业家社会网络概念没有统一界定，从而使企业家社会网络在测度方面存在着较大的分歧与困难性，同时，这也可能是企业家社会网络的定量研究并不多见的一些原因。本书对其网络特征的测量主要是通过整合相关文献后进行设计的，即针对企业家社会网络的网络特征维度遵循了美国学者以定名方法确定企业家"核心讨论网"这一做法。但是，基于中国本土情景之下，简单套用"核心讨论网"的社会关系网络衡量中国企业家社会关系网络可能并非十分合适。与此同时，"核心讨论网"往往会受到网络规模的限制，其实在社会网络结构中与那些网络成员之间弱关系都有可能给企业家带来莫大帮助却无法体现于其中，由此可能造成相应假设结论的误判。未来的研究应更注重基于中国文化背景之下企业家社会网络的维度构成的研究，以及个体社会网络维度的测量研究方法有待进一步的完善。例如，个体社会网络测量值得尝试的是"定位法"网络测量（Lin，2005），当然"最大宴席网"也有可能是测量个体社会网络的最有效工具（周超文等，2012）。

此外，企业家社会网络的达高性这一变量的测量是从社会学研究领域引进的，虽然在此基础上进行了相应的创新，但测量条款可能存在简单化处理问题，比如能否增加更能体现与企业技术创新相匹配的指标。此外，企业家社会网络的四大特征维度秉承了中西方学者的研究观点，但没有充分说明我国高技术民营企业家社会网络的特殊性，因此，在后续研究中应该对此类阐释加以改进。针对中介变量以及因变量的测量也主要通过梳理相关文献后进行题项设计且以主观评价进行。此主要原因在于如果采用客观指标设计可能无法获得一些真实的数据。因此，本书主观评价法的应用值得商榷。未来的研究应该根据我国企业的实际情况不同着重完善中介变量的各个条款设计，与此同时，技术创新绩效测量的稳健性需要更多关注，针对因变量研究尽可能采用客观指标替代测量，比如上市公司年报数据。

（3）引入时间框架进行纵向的动态研究

以往对企业家社会网络的分析停留在时间截面的分析上，尽管企业家已有的社会网络对技术创新绩效起着根本性的作用，但后期的网络建构能力与水平才是真正体现企业家这一代理机制的关键所在（秦海霞，2005）。因此，本书对企业家社会网络自身演化规律并没有进行深入探讨，实际上随着企业不断搜寻新的机会和资源来确保其发展，其网络关系开始发生动态演化（Hite & Hesterly，2001；Steier，2000）。在后续的研究中，可以借鉴 Hite（2005）的网络关系动态演进思路，采取从时间维度上进行纵向案例研究，即探讨企业家社会网络在企业生命周期［借鉴 Helfat & Peteraf（2003）观点］不同阶段中的网络特征表现，希冀取得对企业家社会网络与企业技术创新绩效关系的科学、清晰的阐释与验证，这对于管理实践有着重要的实践意义。

附录一

访 谈 提 纲

一 请您简要介绍一下贵公司概况

1. 贵公司成立于何时？目前员工人数多少？
2. 贵公司的主营业务是什么？近 3 年的市场销售情况如何？
3. 贵公司近 3 年新产品开发情况如何？
4. 贵公司的技术发展和新产品开发在业内处于什么水平？

二 请您介绍一下您对贵公司成功所起作用的社会关系类型与程度

1. 请您谈一下您对企业家社会网络的理解，请您举例说明。
2. 近年来，您是怎样与党政机关等工作人员建立联系的？在这个联系过程中，有没有让您印象深刻的事情？请您举例说明。
3. 近年来，与您联系的相关政府机构人员（如工商税务等）是帮助了还是阻碍了贵公司的发展？请您举例说明。
4. 近年来，您与党政机关等工作人员建立联系后，具体的政府政策（如降息、税收减免、鼓励高新科技等）是否对贵公司发展产生了影响？如果是，是更有利还是没有作用？请您举例说明。
5. 近年来，对贵公司而言，谁是对公司运作具有重要影响的人？这个"谁"为贵公司做了什么？您与他（她）关系怎样？请您举例说明。
6. 近年来，您与公司外部，比如行业专家、同行企业的总经理、供应商、客户的联系是怎样建立的？在这个过程中，有没有让您印象深刻的事情？请您举例说明。

三　请您介绍一下贵公司的创新行为情况

1. 对贵公司而言，您与外面那些重要人物建立联系后，企业开发新的技术领域给企业带来哪些收获？在这个过程中，有没有让您印象深刻的事情？请您举例说明。

2. 对贵公司而言，您与外面那些重要人物建立联系后，企业完善现有技术领域给企业带来哪些收获？在这个过程中，有没有让您印象深刻的事情？请您举例说明。

附录二

调 查 问 卷

企业家社会网络研究调查问卷

尊敬的先生/女士：

您好！本问卷是××大学×××组织开展的"企业家与企业外部人员的交往情况对企业技术创新的影响"课题研究的重要部分，为获取有效的研究结论，恳请企业家本人能够予以填答。本问卷仅为研究之用，所填答案没有对错之分，请您勾出最接近您想法的答案。我们将遵守《中华人民共和国统计法》，调研内容一方面并不涉及贵公司的商业机密，另一方面您的回答将完全保密。如果您对本书结论感兴趣，请在问卷最后备注，届时我们将会以电子邮件的形式发给您指正。您抽出宝贵时间来填写本问卷，体现了您对中国管理科研事业的支持！

我们承诺对您提供的所有信息保密，且调查所得数据绝不会用于其他任何商业用途。

×××大学×××研究中心

一 企业家基本情况

（提示：请您在相应选项前的□中打"√"；电子版也可将所选项改为红色）

1. 您的性别：

□ 男   □ 女

2. 您的年龄：

□ <25 岁   □ 25—34 岁   □35—44 岁   □ 45—54 岁   □≥55 岁

3. 您的学历情况：

□ 高中及以下   □ 专科   □ 本科   □ 研究生

4. 贵公司是否为民营企业：

□是　　□否

5. 贵公司是否为市（县）级及以上机构认定的高新技术企业：

□是　　□否

6. 贵公司所在的行业领域：

□机械制造　□信息技术　□纺织化工　□生物制药　□新能源新材料　□其他

7. 您公司拥有的员工人数为：

□ 100 人及及以下　　□ 101—300 人

□ 301—1000 人　　□ 1001—3000 人

□3000 人以上

二　企业家社会网络情况调查

社会网络的达高性

请在相应数字上做标记（打"√"）。以下表中各数字指代意义如下：

1——完全不同意；2——不同意；3——不确定；4——同意；5——完全同意

本人总能争取到各级党政机关的支持	1	2	3	4	5
本人总能从工商、税务、科学技术等行政管理部门获得支持	1	2	3	4	5
本人总能从开发区管委会、行业协会等行业部门获得支持	1	2	3	4	5
本人总能从银行和其他金融机构获得金融上的支持	1	2	3	4	5

社会网络的广泛性、异质性和关系强度

为了企业的产品开发成功，需要与一些公司以外的人（如以往同事、家人、在其他企业或政府部门工作的朋友、行业专家等）讨论企业创新方面的重要问题，以获得信息反馈或某种实质性的支持帮助。

现列出 A、B、C、D、E、F、G（分别表示"张三""李四""王五""赵六"等），请您回忆一下最近五年的情况，并尽可能多地列出这些曾与之讨论过问题的人（为了不涉及隐私，不需要填写联系人姓名）。请在相应位置打勾（√）。

讨论对象及特征	A	B	C	D	E	F	G
工作部门:							
党政机关							
高校或科研机构							
同行业企业							
其他							
交往频率:							
每年两次及以下							
每月不到一次							
每月一两次							
每周一两次							
每周两次以上							
认识的时间:							
少于一年							
一年至二年							
三年至五年							
六年至七年							
七年以上							
情感强度:							
亲属							
朋友							
同学							
同事							
熟人							

三　双元性创新

填写说明:下面是关于企业双元性创新方面的一些描述,请思考本公司在这些创新举措上所处的现状是否与以下描述相符,在相应的数字上做标记(√)。以下表中各数字指代意义如下:

1——完全不同意;2——不同意;3——不确定;4——同意;5——完全同意

探索式创新

本公司积极采用全新技能和知识开发新产品和新服务以满足市场需求	1	2	3	4	5
本公司能够冒险采用新创意在现有市场上试验新的产品和服务	1	2	3	4	5
本公司勇于进入新的技术领域而拓展全新的、尚无相关经验的细分市场	1	2	3	4	5
本公司能够搜寻新信息而能够在新市场上发现并利用新的机会	1	2	3	4	5
本公司常常实验突破性新方法在新市场上寻找并接触新的顾客	1	2	3	4	5
本公司经常获取产品策略知识以拓展新的营销渠道	1	2	3	4	5

利用式创新

本公司积极利用获得的信息、技能改进现有的产品和服务的质量	1	2	3	4	5
本公司重视改进成熟技术以提高产品和服务的供应效率	1	2	3	4	5
本公司注重新工艺对现有目标市场的产品或服务进行改善	1	2	3	4	5
本公司致力于增加市场经验来扩大现有市场的规模	1	2	3	4	5
本公司定期搜索信息为现有客户提供更多的服务	1	2	3	4	5
本公司努力体现现有的优势以降低生产和服务成本	1	2	3	4	5

四　技术创新绩效

填写说明：近三年来，请进行客观评价贵公司创新绩效，在相应的数字上做标记（√）。以下表中各数字指代意义如下：

1——完全不同意；2——不同意；3——不确定；4——同意；5——完全同意

与竞争对手相比，本公司的新产品数量较多	1	2	3	4	5
与竞争对手相比，本公司的新产品有较高独创性	1	2	3	4	5
本公司能够比竞争对手更快地推出新产品	1	2	3	4	5
本公司能够持续不断地推出新产品	1	2	3	4	5
本公司新产品开发项目的成功率高	1	2	3	4	5
与竞争对手相比，本公司拥有一流的先进技术与工艺	1	2	3	4	5
本公司新产品销售额占企业销售总额的比重高	1	2	3	4	5

本问卷到此结束，再次感谢您的热心参与和积极合作！

如果您对我们的研究感兴趣，您可以留下自己的联系方式和意见，我们会将本书最终的研究结论反馈给您！

参 考 文 献

1. Acquaah, M. , "Managerial Social Capital, Strategic Orientation, and Organizational Performance in an Emerging Economy", *Strategic Management Journal*, 2007, 28 (12) .

2. Adhikari, A. , Derashid, C. , & Zhang H. , "Public Policy, Political Connections, and Effective Tax Rates: Longitudinal Evidence from Malaysia", *Journal of Accounting and Public Policy*, 2006, 25 (5) .

3. Adler, P. , Borys B. , "Two Types of Bureaucracy: Enabling and Coercive", *Administrative Science Quarterly*, 1996, 41 (1) .

4. Adler, P. S. , & Kwon, S. W. , "Social capital: Prospects for a New Concept", *Academy of Management Review*, 2002, 27 (1) .

5. Ahuja, G. & C. M. Lampert, "Entrepreneurship in Large Corporations: A Longitudinal Study of How Established Firms Create Breakthrough Inventions", *Strategic Management Journal*, 2001, 22 (6) .

6. Aldrich, H . E, Zimmer, C. , "Entrepreneurship Through Social Networks", Ln. D. L. Sexton and R. W. Smilor (eds) *The Art and Science of Entrepreneurship*, Cambridge, MA: Ballinger Publishing Company, 1986.

7. Aldrich, H. E. , Reese, P. , Dubini, P. , Rosen, B. Woodward, B. , "Women on the Verge of a breakthrough: Networking between Entrepreneurs in the United States and Italy", *Entrepreneurship & Regional Development*, 1987, 1 (4) .

8. Alessia, S. , & B. Lucio, "Heterogeneity and Specificity of Inter – Firm Knowledge Flows in Innovation Networks", *The Journal of Management Studies*, 2008, 45 (4) .

9. Alexander, S. , "The Role of Social Capital in Knowledge Sharing: The

Case of a Specialist Rock Construction Company", *Construction Management and Economics*, 2008, 26 (9).

10. Amendola, M. and S. Bruno, "The Behavior of the Innovative Firm: Relations to the Enviorment", *Research Policy*, 1990, 19 (5).

11. Amit, R., & Zott, C. "Value Creation in e – Business", *Strategic Management Journal*, 2001, 22 (6 – 7).

12. Anderson, A. R., & C. J. Miller, "Class Matters: Human and Social Capital in the Entrepreneurial Process", *Journal of Socio – Economics*, 2003, 32 (1).

13. Anderson, A. R., "Paradox in the Periphery: An Entrepreneurial Reconception", *Entrepreneurship Reg*, 2000, 12 (2).

14. Atuahene – Gima, K., "The Effects of Centrifugal and Centripetal Forces on Product Development Speed and Quality: How Does Problem Solving Matter?", *Academy of Management Journal*, 2003, 46 (3).

15. Atuahene – Gima, K., "Resolving the Capability—Rigidity Paradox in New Product Innovation", *Journal of Marketing*, 2005, 69 (4).

16. Atuahene – Gima, K., & Murray, J. Y., "Exploratory and Exploitative Learning in New Product Development: A Social Capital Perspective on New Technology Ventures in China", *Journal of International Marketing*, 2007, 15 (2).

17. Auh, S., & Menguc, B., "Balancing Exploration and Exploit at ion: The Moderating Role of Competitive Intensity", *Journal of Business Research*, 2005, 58 (12).

18. Bai C. E., Lu J. Y., Tao Z. G., "Property Rights Protection and Access to Bank Loans: Evidence from Private Enterprises in China", *Economics of Transition*, 2006, 14 (4).

19. Baker, W. E., "Technology as an Occasion for Structure: Evidence from Observations of CT Scanners and the Social Order of Radiology Departments", *Administrative Science Quarterly*, 1986, 31 (1).

20. Balagopal Vissa, "A Matching Theory of Entrepreneurs' Tie Formation Intentions and Initiation of Economic Exchange", *Academy of Management Journal*, 2011, 54 (1).

21. Barney, J. B., "Firm Resource and Sustained Competitive Advantage", *Journal of Management*, 1991, 17 (1).

22. Baron R. M., Kenny A., "The Moderator Mediator Variable Distinction in Social Psychological Research: Conceptual, Strategic and Statistical Considerations", *Journal of Personality and Social Psychology*, 1986, 51 (6).

23. Baron, R. A., "The Role of Affect in the Entrepreneurial Process", *Academy of Management Review*, 2008, 33 (2).

24. Bass B., M., Avolio B., J., "Potential Biases in Leadership Measures: How Prototypes, Leniency, and General Satisfaction Relate to Ratings and Rankings of Transformational and Transactional Leadership Constructs", *Educational and Psychological Measurement*, 1989, 49 (3).

25. Bat Batjargal, "Social Capital and Entrepreneurial Performance in Russia: A longitudinal Study", *Organization Study*, 2003, 24 (4).

26. Bat, Batjargal, "Comparative Social Capital: Networks of Entrepreneurs and Venture Capitalists in China and Russia", *Management and Organization Review*, 2007, 3 (3).

27. Batjargal, B., "Effects of Networks on Entrepreneurial Performance in a Transition Economy: The Case of Russa", *Paper for Frontiers of Entrepreneurship Research*, *Babson College*, 2000.

28. Batjargal, B., & Liu, M., "Entrepreneurs' Access to Private Equity in China: The Role of Social Capital", *Organization Science*, 2004, 15 (2).

29. Baum, J. R., Locke, E. A., "The Relationship of Entrepreneurial Traits, Skill, and Motivation to Subsequent Venture Growth", *Journal of Applied Psychology*, 2004, 89 (4).

30. Baumol, W., "Entrepreneurship in Economic Theory", *American Economic Review Papers and Proceedings*, 1968.

31. Baysinger, B., Keim, G., & Zeithaml, C., "An Empirical Evaluation of the Potential for Including Shareholder in Corporate Constituency Programs", *Academy of Management Journal*, 1985, 28 (1).

32. Beckman, C. M., Haunschild, P. R., & Phillips, D. J., "Friends

or Strangers? Firm Specific Uncertainty, Market Uncertainty, and Network Partner Selection", *Organization Science*, 2004, 15 (3).

33. Benner J., Tushman L., "Exploitation, Exploration and Process Management: The Productivity Dilemma Revisited", *Academy of Management Review*, 2003, 28 (4).

34. Benner, M. J., & Tushman, M. L., "Process Management and Technological Innovation: A Longitudinal Study of the Photography and Paint Industries", *Administrative Science Quarterly*, 2002, 47 (4).

35. Benner, M. J., & Tushman, M. L., "Exploitation, Exploration, and Process Management: The Productivity Dilemma Revisited", *Academy of Management Review*, 2003, 28 (2).

36. Berthon, P., Hulbert, J., & Pitt, L., "To Serve or to Create? Strategic Orientations towards Customers and Innovation", *California Management Review*, 1999, 42 (1).

37. Bian, Yanjie, "Bringing Strong Ties Back in: Indirect Connection, Bridges, and Job Search in China", *American Sociological Review*, 1997, 62 (3).

38. Biazzo, S., "Flexibility, Structuration, and Simultaneity in New Product Development", *Journal of Product Innovation Management*, 2009, 26 (3).

39. Birley, S., "The Role of Networks in the Entrepreneurial Process", *Journal of Business Venturing*, 1985, 1 (1).

40. Brass, D., J. Galaskiewicz, J., Greve, H. R. & Wenpin, "T. Taking Stock of Networks and Organizations: A Multilevel Perspective", *Academy of Management Journal*, 2004, 47 (6).

41. Brown, B., Butler, J. E., "Competitors as Allies: A Study of Entrepreneurial Networks in the U. S. Wine Industry", *Journal Small Bus. Manage*, 1995, 33 (3).

42. Burgelman, R. A., "Strategy as Vector and the Inertia of Coevolutionary Lock – in", *Adminstrative Science Quarterly*, 2002, 47 (2).

43. Burpitt, W., "Exploration versus Exploitation, Leadership and the Paradox of Administration", *Institute of Behavioral and Applied Management*,

2009, 10 (2).

44. Burt, R., "Corporate Profits and Cooptation: Networks of Market Constraints and Directorate Ties in the American Economy", New York: Academic Press Inc. , 1983.

45. Burt, R. S. , & Reagans, R. , "Homophily, Legitimacy, and Competitions: Bias in Manager peer Evaluations", *Working Paper*, Graduate School of Business, University of Chicago, 1997.

46. Burt, R. S. , "The Network Structure of Social Capital. Research in Organizational Behavior", 2000, 22 (00).

47. Burt, R. S. , "Structural Holes & Good Ideas", *American Journal of Sociology*, 2004, 110 (2).

48. Burt, R. S. , "Structural Holes: The Social Structure of Competition", in N. Nohria , & R. Eccles (Eds.), *Networks and Organizations: Structure, form and Action*, Boston: Harvard Business School Press, 1992.

49. Butler, J. E. , Brown B. , & Chamornmarn, W. , " Informational Networks, Entrepreneurial Action and Performance", *Asia Pacific Journal of Management*, 2003, 20 (2).

50. Butler, J. E. , Phan, P. , Hansen, G. S. , "Strategic Alliances through Interorganizational Networks: A Path to Entrepre Neurial Success?", in Churchill, N. S. , et al. (Eds.), *Frontiers of Entrepreneurship Research*, 1990.

51. Cantù, C. , Corsaro, D. , & Snehota, I. , "Roles of Actors in Combining Resources into Complex Solutions", *Journal of Business Research*, 2012, 65 (2).

52. Cao Q. , Gedajlovic E. , Zhang H. , "Unpacking Organizational Ambidexterity Ambidexterity: Dimensions, Contingencies, and Synergistic Effects", *Organization Science*, 2009, 20 (4).

53. Capaldo, A. , "Network Structure and Innovation: The Leveraging of a Dual Network as a Distinctive Relational Capability", *Strategic Management Journal*, 2007, 28 (6).

54. Cardinal, L. B. , "Technological Innovation in the Pharmaceutical Industry: The Use of Organizational Control in Managing Research and Development", *Organization Science*, 2001, 12 (1).

55. Cardinal, L. B. , Sitkin, S. B. , Long, C. P. , "Balancing and Re-balancing in the Creation and Evolution of Organizational Control", *Organization Science*, 2004, 15 (4) .

56. Carsrud, A. L. & Johnson, R. W. , "Entrepreneurship: A Social Psychological Perspective", *Entrepreneurship Reg*, 1989, 1 (1) .

57. Chandler, G. N. , Hanks, S. H. , "Measuring the Performance of E-merging Businesses: A Validation Study", *Journal of Business Venturing*, 1993, 8 (5) .

58. Chesbrough, H. W. , "Open Innovation: The New Impertative for Creating and Profiting from Technology", Boston, MA: Harvard Business School Press, 2003.

59. Christine S. Koberg, Dawn R. Detienne, Kurt A. Heppard, "An Empirical Test of Environmental, Organizational, and Process Factors Affecting Incremental and Radical Innovation", *Journal of High Technology Management Research*, Greenwich: Spring, 2003, 14 (1) .

60. Churchill, G. A. , "A Paradigm for Developing Better Measures of Marketing Constructs", *Journal of Marketing Research*, 1979, 16 (1) .

61. Ci－Rong Li, Chih－Peng Chu & Chen－Ju Lin, "The Contingent Value of Exploratory and Exploitative Learning for New Product Development Performance", *Industrial Marketing Management*, 2010, 39 (7) .

62. Claessens, S. , Feijen, E. , & Laeven, L. , "Political Connections and Preferential Access to Finance: The Role of Campaign Contributions", *Journal of Financial Economics*, 2008, 88 (3) .

63. Colbert B. , "The Complex Resource－based View: Implications for Theory and Practice Strategic Human Resource Management", *Academy of Management Review*, 2004, 29 (1) .

64. Coleman, J. S. , "Social Capital in the Creation of Human Capital", *Am J Sociology*, 1998, 94 (Suppl 1) .

65. Collins, C. J. , & Clark, K. D. , "Strategic Human Resource Practices, Top Management Team Social Networks and Firm Performance: The Role of Human Resource Practices in Creating Organizational Competitive Advantage", *Academy of Management Journal*, 2003, 46 (6) .

66. Colquitt, J. A., & Zapata – Phelan, C. P., "Tends in Theory Building and Theory Testing: A Five – decade Study of of the Academy of Management Journal", *Academy of Management Journal*, 2007, 50 (6).

67. Crouch, C., Farrell, H., "Breaking the Path of Institutional Development? Alternatives to the New Determinism", *Rationality and Society*, 2004, 16 (1).

68. Daniela Corsaro, Chiara Cantù, & Annalisa Tunisini, "Actors' Heterogeneity in Innovation Networks", *Industrial Marketing Management*, 2012, 41 (5).

69. Danneels, E., "The Dynamics of Product Innovation and Firm Competences", *Strategic Management Journal*, 2002, 23 (9).

70. Das T. K., Teng B., "A Resource – based Theory of Strategic Alliances", *Journal of Management*, 2000, 26 (1).

71. Davern, M., "Social Networks and Economic Sociology: A Proposed Research Agenda for a More Complete Social Science", *Journal of Economics and Sociology*, 1997, 56 (3).

72. Devinney, T. M., "How Well Do Patents Measure New Product Activity", *Economic Letters*, 1993, 41 (4).

73. Dosi, G., "Sources, Procedures, and Microeconomic Effects of Innovation", *Journal of Economic Literature*, 1988, 26 (3).

74. Dov Dvir, Arik Sadeh & Ayala Malach – Pines, "The Fit between Entrepreneurs' Personalities and the Profile of the Ventures They Manage and Business Success: An Exploratory Study", *Journal of High Technology Management Research*, 2010, 21 (1).

75. Dubini, P., Aldrich, H. E., "Personal and Extended Networks are Central to the Entrepreneurial Process", *Journal of Business Venturing*, 1991, 6 (5).

76. Dunn, S. C., Seaker, R. F., & Waller, M. A., "Latent Variable in Business Logistics Research: Scale Development and Validation", *Journal of Business Logistics*, 1994, 15 (2).

77. Duysters, G. & De Man, A., "Transitory Alliances: An Instrument for Surviving Turbulent Industries", *R&D Management*, 2003, 33 (1).

78. Dyer Jr, W. , & Wilkins, A. , "Better Stories, not Better Constructs, to Generate Better Theory: A Rejoinder to Eisenhardt", *Academy of Management Review*, 1991.

79. Dyer, Jeffrey, H. , & Singh, H. , "The Relational View: Cooperative Strategy and Source of Interorganization Competitive Advantage", *Academy of Management Review*, 1998, 23 (4) .

80. Edmondson, A. C. , "Psychological Safety and Learning Behavior in Work Teams", *Administrative Science Quarterly*, 1999, 44 (2) .

81. Eisenhardt, K. M. , Graebner M. E. , "Theroy Building from Cases: Opportunities and Challenges", *Academy of Management Journal*, 2007, 50 (1) .

82. Eisenhardt, K. M. , "Building Theories from Case Study Research", *The Academy of Management Review*, 1989, 14 (4) .

83. Eisenhardt, K. , & Bourgeois, L. J. , "Politics of Strategic Decision Making in High Velocity Environments: Toward a Mid – range Theory", *Academy of Management Journal*, 1988.

84. Eisingerich, A. B. , Bell, S. J. , Tracey, P. , "How Can Clusters Sustain Performance? The Role of Network Stength, Network Openness, and Environmental Uncertainty", *Research Policy*, 2010, 39 (2) .

85. Faccio, M. & L. H. P. Lang, "The Ultimate Ownership of Western European Corporations", *Journal of Financial Economics*, 2002, 65 (3) .

86. Fan, J. P. J. Wong & T. Zhang, "Politically – connected CEOs, Corporate Governance and Post – IPO Performance of China's Partially Privatized Firms", *Journal of Financial Economics*, 2007, 84 (2) .

87. Filiou, D. , "Exploration and Exploitation in Inter – Organisation Learning: Motives for Cooperation Being Self – destructive for Some and Vehicles for Others, Some Evidence from the Biotechnology Sector in the UK between 1991 and 2001", *DRUID Tenth Anniversary Summer Conference*, 2005.

88. Flor, M. L. , & Oltra, M. J. , "Identification of Innovating Firms through Technological Innovation Indicators: An Application to the Spanish Ceramic Tile Industry", *Research Policy*, 2004, 33 (2) .

89. Foo, M. D. , Uy, M. A. , Baron, R. A. , "How do Feelings Influ-

ence effort: an empirical study of entrepreneurs affect and venture effort", *Journal of Applied Psychology*, 2009, 94 (4).

90. Ford, D., Cova, B., & Salle, R., "Merchants, banks, builders and bastards: Towards a parsimonious analysis of socio – economic behavior", *Industrial Marketing and Purchasing Conference*, Budapest, Hungary, 2010.

91. Fowler, F. J., "Survey research methods", *Newbury Park, CA: Sage Publications*, Inc., 1988.

92. Frazier, G. L, Rody, R . C., "The use of influence strategies in the interfirm relationships in industrial product channels", *Journal of Marketing*, 1991, 55 (1).

93. Freel, M., "External linkages and product innovation in small manufacturing firms", *Entrepreneurship & Regional Development*, 2000, 12 (3).

94. Fukuyama, F., "Trust: The Social Virtues and the Creation of Prosperity", New York: Free Press, 1995.

95. G. Abuja, R. Katila, "Where do resources come from? The role of idiosyncratic situations", *Strategic Management Journal*, 2004, 25 (8 – 9).

96. Gaedeke, R., Tootelian, D. H., "The Fortune 500 List — An Endangered Species for Academic Research", *Journal of Business Research*, 1976, 4 (3).

97. Gaglio, Katz, "The psychological basis of opportunity – identification: Entrepreneurial alertness", *Small Business Economics*, 2001, 16 (2).

98. Gemunden, H. G. Ritter, T. & Heydebreck, P., "Network configuration and innovation success: An empirical analysis in german high – tech industries", *International Journal of Research in Marketing*, 1996, 13 (5).

99. Gephart, R. P., "Qualitative Research and Academy of Management Journal", *Academy of Management Journal*, 2004, 47 (4).

100. Gibbert, M., Ruigrok, W., & Wick, B., "What passes as a rigorous case study?", *Strategic Management Journal*, 2008, 29 (13).

101. Gilsing, V. & Nooteboom, B., "Exploration and exploitation in innovation systems: The case of pharmaceutical biotechnology", *Research Policy*, 2006, 35 (1).

102. Gilson, L. L., Mathieu, J. E., Shalley, C. E., & Rubby,

T. M. , "Creativity and standardization: Complementary or conflicting drivers of team effectiveness", *Academy of Management Journal*, 2005, 48 (3) .

103. Gimeno, J. , Folta T. B. , Cooper A. C. and Woo C. Y. , "Survival of the Fittest? Entrepreneurial Human Capital and the Persistence of Underperforming Firms", *Administrative Science Quarterly*, 1997, 42 (4) .

104. Glaser, B. G. , Strauss A. ,   "The discovery of grounded theory: strategies for qualitative research", *Chicago: Aldine*, 1967.

105. Goyal, S. , & Moraga – Gonzalez, J. L. , "R&D Networks", *RAND Journal of Economics*, 2001, 32 (4) .

106. Granovetter, M. , "Economic action and social structure: The problem of embeddedness", *American Journal of Sociology*, 1985, 91 (3) .

107. Granovetter, M. , "The Strength of Weak Ties", *American Journal of Sociology*, 1973, 78 (6) .

108. Gulati, R. , Nohria, N. & Zaheer, A. , " Strategic Networks ", Strategic Management Journal, 2000, 21 (3) .

109. Gulati, R. , & Higgins, M. C. , "Which ties matter when? The contingent effects of inter – organizational partnerships on IPO success", *Strategic Management Journal*, 2003, 24 (2) .

110. Gupta, A. K. , Smith, K. G. , & Shalley, C. E. , "The interplay between exploration and exploitation", *Academy of Management Journal*, 2006, 49 (4) .

111. H. Hoang, B. Antoncic, "Network – based research in entrepreneurship a critical review", *Journal of Business Venturing*, 2003, 18 (2) .

112. Hagedoom, J. , Cloodt, M. , "Measuring innovative performance: Is there an advantage in using multiple indicators?", *Research Policy*, 2003, 32 (8) .

113. Hans Westlund, Roger Bolton, "Local social capital and entrepreneurship", *Small Business Economics*, 2003, 9 (21) .

114. Hansen, E. L. , Witkowski, T. H. , "Entrepreneur Involvement in International Marketing: The Effects of Overseas Social Networks and Self – imposed Barriers to Action", in Hill, G. E. , LaForge, R. W. (Eds.), *Research at the Marketing/Entrepreneurship Interface*, 1995.

115. Hansen, M. T. , "The search – transfer problem: the role of weak ties in sharing, knowledge across organization subunits", *Administrative Science Quarterly*, 1999, 44 (1).

116. He, Z. L. & Wong, P. K. , "Exploration vs. Exploitation: An Empirical Test of the Ambidexterity Hypothesis", *Organization Science*, 2004, 15 (4).

117. Hillman A. J. , Keim G. D. , & Schuler D. , "Corporate Political action: a review and research agenda", *Journal of Management*, 2004, 30 (6).

118. Hillman, J. & Michael Hill, "Corporate Political Strategy Formation: a Model of Approach Participation and Strategic Decision", *Academy of Management Review*, 1999, 24 (4).

119. Hinkin, T. , "A brief tutorial on the development of measures for use in survey questionnaires", *Organizational Research Methods*, 1998, 1 (1).

120. Hite, J. M. , "Evolutionary Processes and Paths of Relationally Embedded Network Ties in Emerging Entrepreneurial Firms", *Entrepreneurship Theory and Practice*, 2005, 29 (1).

121. Hite, J. M. , W. S. Hesterly, "The evolution of firm networks: From emergence to early growth of the firm", *Strategic Management Journal*, 2001, 22 (3).

122. Hmieleski, K. , M. , Baron, R. A. , "Entrepreneurs' optimism and new venture performance: a social cognitive perspective", *Academy of Management Journal*, 2009, 52 (3).

123. Hoang, H. , and B. Antoncic, "Network – based Research in Entrepreneurship: A Critical Review", *Journal of Business Venturing*, 2003, 18 (2).

124. Honig, B. , and Davidsson, P. , "The Role of Social and Human Capital Among Nascent Entrepreneurs", *Paper presented at the Annual Meeting of the Academy of Management*, Toronto, Canada, 2000.

125. Jack, S. , "Approaches to studying networks: Implications and outcomes", *Journal of Business Venturing*, 2010, 25 (1).

126. Jack, S. L. , & Anderson, A. R. , "The Effects of Embeddedness

on the Entrepreneurial Process", *Journal of Business Venturing*, 2002, 17 (5).

127. James, S. Coleman, "Social Theory, Social Research, and a Theory of Action", *The American Journal of Sociology*, 1986, 91 (6).

128. James, A., "Demystifying the role of culture in innovative regional economies", *Regional Studies*, 2005, 39 (9).

129. Jansen, J. J. P., Van Den Bosch, F. A. J., & Volberda, H. W., "Managing potential and realized absorptive capacity: How do organizational antecedents matter", *Academy of Management Journal*, 2005, 48 (6).

130. Jansen, J. J. P., Van Den Bosch, F. A. J., & Volberda, H. W., "Exploratory innovation, exploitative Innovation, and performance: Effects of organizational antecedents and environmental moderators", *Management Science*, 2006, 52 (11).

131. Jaworski, B. J., & Kohli, A. K., "Market orientation: Antecedents and consequences", *Journal of Marketing*, 1993, 57 (3).

132. Jenssen, J. I., "Social networks, resources and entrepreneurship", *International Journal of Entrepreneurship and Innovation*, 2001, 2 (2).

133. Joel, P. Karen, P., "Network firms of organization", *Annual Review Social*, 1998 (24).

134. Julie, M. Hite, William, S. Hesterly, "The Evolution of Networks: form Emergence to Early Growth of Firm", *Strategic Management Journal*, 2001, 22 (3).

135. Kathleen, M. Eisenhardt, "Better Stories and Better Constructs: The Case for Rigor and Comparative Logic", *The Academy of Management Review*, 1991, 16 (3).

136. Katila, R., & Ahuja, G., "Something old, something new: A longitudinal study of search behavior and new product introduction", *Academy of Management Journal*, 2002, 45 (6).

137. Keim, G., & Zeithaml, C., "Corporate Political Strategies and Legislative Decision Making: A Review and Contingency Approach", *Academy of Management Review*, 1986, 11 (4).

138. Kingston, W., "Innovation", "Creativity and Law: Studies in In-

dustrial Organization", Kluwer, Dordrecht, 1990.

139. Kleinschmidt, E. J. , Brentani, U. D. , & Salomo, S. , "Performance of global new product development programs: A resource – based view", *The Journal of Product Innovation Management*, 2007, 24 (5).

140. Knack Stephen, and Philip Keefer, "Does Social Capital Have an Economic Payoff a Cross – Country Investigation", *Quarterly Journal of Economics*, 1997, 112 (4).

141. Koka, & Prescott, "Strategic Alliance as Social Capital: A Multidmiensional View", *Strategic Management Journal*, 2002, 23 (9).

142. Koza, M. P. , & Lewin, A. Y. , "The Co – Evolution of Strategic Alliances", *Organization Science*, *Special Issue: Managing Partnerships and Strategic Alliances*, 1998, 9 (3).

143. Krackhardt, D. , "The strength of strong ties: The Importance of Philos", N. Nohria, R. Eccles, eds. , "Networks and Organizations: Structures", Form and Action. Harvard Business Press, Boston, MA, 1992.

144. Lane, P. J. , & Lubatkin, M. , "Relative Absorptive Capacity and Interorganizational learning", *Strategic Management Journal*, 1998, 19 (5).

145. Larson, A. , Starr, J. A. , "A network model of organization formation", *Entrepreneurship: Theory and Practice*, 1993, 17 (2).

146. Laursen, K. , Salter, A. , "The Paradox of Openness: Appropriability and the Use of External Sources of Knowledge for Innovation", *Academy of Management Conference*, 2005.

147. Lavie, D. , & Rosenkopf, L. , "Balancing exploration and exploitation in alliance formation", *Academy of Management Journal*, 2006, 49 (4).

148. Lazer, D. , and Friedman, A. , "The Network Structure of Exploration and Exploitation", *Administrative Science Quarterly*, 2007, 52 (4).

149. Lee, C. , Lee, K. , and Pennings, J. M. , "Internal Capabilities, External Networks, and Performance: A Study on Technology – Based Ventures", *Strategic Management Journal*, 2001, 22 (6 – 7).

150. Lee, T. W. , "On Qualitative Research in AMJ", *Academy of Man-*

agement Journal, 2001, 44 (2).

151. Leonard – Barton, D. , "A dual methodology for case studies: Synergistic use of a longitudinal single site with replicated multiple sites", *Organization Science*, 1990, 1 (3).

152. Levinthal, D. A. , & March, J. G. , "The myopia of learning", *Strategic Management Journal*, 1993, 14 (2).

153. Li, H. , & Zhang, Y. , "The Role of Managers Political Networking and Functional Experience in New Venture Performance: Evidence from China's Transition Economy", *Strategic Management Journal*, 2007, 28 (8).

154. Li, Y. , Vanhaverbeke, W. , Schoenmakers, W. , "Exploration and Exploitation in Innovation: Reframing the Interpretation", *Creativity and innovation management*, 2008, 17 (2).

155. Li, H. , Meng, L. , and Zhang, J. , "Why Do Entrepreneurs Enter Politics? Evidence from China", *Economic Inquiry*, 2006, 44 (3).

156. Licht, Amir, N. , and Siegel, Jordan, I. "The Social Dimensions of Entrepreneurship", Oxford Handbook of Entrepreneurship, Mark Casson and Bernard Yeung, eds. , Oxford University Press, 2006.

157. Lin, B. W. , Chen, J. S. , "Corporate technology portfolios and R & D performance measures: A study of technology intensive firms", *R & D Management*, 2005, 35 (2).

158. Lin, C. , Lin, P. , & Song, F. , "Property Rights Protection and Corporate R & D: Evidence From China", *Social Science Electronic Publishing*, 2009, 93 (1).

159. Lin, Nan. , "Building a Network Theory of Social Capital", *Connections*, 1999, 22 (1).

160. Lumpkin, G. T. , Dess, G. G. , "Linking Two Dimensions of Entrepreneurial Orientation to Firm Performance: The Moderation Role of Environment and Industry Life Cycle", *Journal of Business Venturing*, 2001, 16 (5).

161. Lumpkin, G. T. , and Dess, G. G. , "Clarifying the entrepreneurial orient at ion construct and linking it to performance", *Academy of Management Review*, 1996, 21 (12).

162. Lundvall, B. A. , "Innovation as an interactive process: From user –

producer interaction to the national system of innovation", *Technical Change and Economic Theory*, 2008.

163. Maak, T., "Responsible Leadership, Stakeholder Engagement, and the Emergence of Social Capital", *Journal of Business Ethics*, 2007, 74 (3).

164. Madhok, A., The Nature of Multinational Firm Boundaries: Transaction Costs, Firm Capabilities and Foreign Market Entry Mode", *International Business Review*, 1998, 7 (3).

165. Mahmood, I. P., Zhu, H., Zajac, E. J., "Where can capabilities come from? Network ties and capability acquisition in business groups", *Strategic Management Journal*, 2011, 32 (8).

166. Man, T. W. Y., Lau, T., Chan, K. F., "The Competitiveness of small and Medium Enterprises: A Conceptualization with Focus on Entrepreneurial Competencies", *Journal of Business Venturing*, 2002, 17 (2).

167. March, J. G., "Exploration and exploitation in organizational learning", *Organization Science*, 1991, 2 (1).

168. Martin, J., "Cultures in Organizations: Three Perspectives", New York: Oxford University Press, 1992.

169. Mateja, Drnovsek, Otmar Zorn, and Marjana Martincic, "Responsible Entrepreneurs: The Network Effects", *Journal of Enterprising Culture*, 2008, 16 (3).

170. McEvily, B., & Zaheer, A., "Bridging ties: A source of firm heterogeneity in competitive capabilities", *Strategic Management Journal*, 1999, 20 (12).

171. McGahan, A. M., Porter, M. E., "How much does industry matter, really", *Strategic Management Journal*, 1997, 18 (S1).

172. McGee, J. E., Sawyerr, O. O., "Uncertainty and information search activities: a study of owner managers of small high-technology manufacturing firms", *Journal of Small Business Management*, 2003, 41 (4).

173. Mcgrath, Vanoe, C., Graye, "With a little advice from their friends: Exploring the advice network of software entrepreneurs", *Journal of Creativity and Innovation Management*, 2003, 12 (1).

174. McPherson, M., Smith – Lovin, L., & Cook, J. M., "Birds of a feather: Homophily in social networks", in K. S. Cook, & J. Hagan (Eds.), *Annual review of sociology*, *Palo Alto*, 2001.

175. Millward, L. J., and Hopkins, L., "Psychological contracts, organizational and job commitment", *Journal of Applied Social Psychology*, 1998, 28 (16).

176. Mitchell, J., Clyde, " The Concept and Use of Social Networks, in Social Network in Urban Situations", edited by J. C. Mitchell, Manchester, Eng: Manchester University Press, 1969.

177. Mitnick, B., "Choosing Agency & Competition", in B. Mitnick (Ed.), *Corporate Political Agency*, *Newbury Park*, CA: Sage, 1993.

178. Moore, S. M., Daniel, C., Paquet, Catherine Paquet, Laurette Dubé, and Lise Gauvin, "Association of Individual Network Social Capital with Abdominal Adiposity, Overweight and Obesity", *Journal of Public Health*, 2009, 31 (1).

179. Moore, S. M., Daniel, et al., "Not all Social Capitalis Good Capital", *Health & Place*, 2009, 15 (4).

180. Moorman, R. H., and Harland, L., "Temporary employees as good citizens: factors influencing their OCB performance", *Journal of Business and Psychology*, 2002, 17 (2).

181. Morone, P., Taylor, R., "Knowledge diffusion dynamics and network properties of face – to – face interactions", *Journal of Evolutionary Economic*, 2004, 14 (3).

182. Mosakowski, "Entrepreneurial Resources, Organizational Choices", and "Competitive Outcomes", *Organization Science*, 1998, 9 (6).

183. Nahapiet, J., & Ghoshal, S., "Social capital, intellectual capital, and the organizational advantage", *Academy of Management Review*, 1998, 23 (2).

184. Nerkar, A., "Old is Gold? The Value of Temporal Exploration in the Creation of New Knowledge", *Management Science*, 2003, 49 (2).

185. Niv Ahituv, & Nava Carmi, "Measuring", "The Power of Information in Organizations", *Human Systems Management*, 2007, 24 (4).

186. Nohria, N., Gulati, R., "Is slack good or bad for innovation?", *A Cademy of Management Journal*, 1996, 39 (5).

187. Nooteboom, B., "Learning & Innovation in Organizations and Economies", New York: Oxford University Press, 2000.

188. Nooteboom, B., et al., "Empirical Tests of optimal Cognitive Distance", *Journal of Economics Behaviour & Organization*, 2005, 58 (2).

189. Nooteboom, B., Gilsing, V., Vanhaverbeke, W., et al., "Network embeddedness and the exploration of novel technologies: Technological distance, betweenness centrality and density ", *Center Discussion Paper*, 2006.

190. O'Malley, L. Story, V. O'sullivan, V. "Marketing in a Recession: Retrench or Invest?", *Journal of Strategic Marketing*, 2011, 19 (3).

191. Ostgaard, T. A., Birley, S., "New venture growth and personal networks", *Journal of Business Research*, 1996, 36 (1).

192. Oswald Jonesa, and Dilani Jayawarna, "Resourcing new businesses: social networks, bootstrapping and firm performance", *Venture Captial*, 2010, 12 (2).

193. Owen – Smith, J., & Powell, W. W., "Knowledge networks as channels and conduits: The effects of formal structure in the Boston biotechnology community", *Organization Science*, 2004, 15 (1).

194. Ozcan, S., "Examining slack – innovation relationship long – itudinal evidence from US farm equipment industry (1966 – 2001) [EB /OL]", *Working paper: http://www. druid. dk /up loads/ tx_ picturedb /ds*2005 – 1497. *pdf*, 2005, 2011 – 8 – 10.

195. Ozer, M., & Markoczy, L., "Complementary or alternative? The effects of Corporate Political strategy on innovation", *Journal of Strategy and Management*, 2010, 3 (3).

196. Ozgen, E., and Baron, R. A., "Social sources of information in opportunity recognition: effects of mentors, industry networks, and professional forums", *Journal of Business Venturing*, 2007, 22 (2).

197. Ozman, M., "Inter – firm networks and innovation: a survey of the literature", *Economics of Innovation and New Technology*, 2009, 18 (1).

198. Park, S. H., &Y. Luo, " Guanxi and organizational dynamics: or-

ganizational networking in Chinese firms", *Strategic Management Journal*, 2001, 22 (5).

199. Parmigiani, A., Mitchell, W., "How Buyers Shape Supplier Performance: Can Governance Mechanisms Substitute for Technical Expertise in Management Outsourcing Relationships?", *Fuqua School of Business Duck University Working Paper*, Version SMC4, 2006.

200. Pedersen, T., K. Laursen, "Linking Customer Interaction and Innovation: The Mediating Role of New Organizational Practices", *Organization Science*, 2011, 22 (4).

201. Peng, M. W., & Luo, P., "Managerial Ties and Firm Performance Transition Economy: The Nature of a Micro – Macro Link", *Academy of Management Journal*, 2000, 43 (3).

202. Peng, M. W., & Heath, P. S., "The Growth of the Firm in Planned Economies in Transition: Institutions, Organizations, and Strategic Choice", *Academy of Management Review*, 1996, 21 (2).

203. Penrose, E. T., "The theory of the growth of the firm", New York: Oxford University Press, 1959.

204. Peter Witt, "Entrepreneurs' networks and the success of start – ups", *Entrepreneurship and Regional Development*, 2004, 16 (5).

205. Philip Koellinger, "Why are some Entrepreneurs moreinnovative than others", *Small Business Economics*, 2008, 31 (1)

206. Pia Arenius, Maria Minniti, "Perceptual Variables and nascent entrepreneur ship", *Small Business Economics*, 2005, 24 (3).

207. Pietrobelli, C., & Rabellotti, R., "Upgrading in Clusters and Value Chains in Latin America. The Role of Policies", *IDB. Sustainable Development Department Best Practices Series*, 2004.

208. Podolny, J. M., & Page, K. L., "Network forms of organization" *Annual Review of Sociology*, 1998, 24 (1).

209. Porter, M. E., "Clusters and The New Economics of Competition", *Harvard Business Review*, 1998, 11 (6).

210. Portes, A. "Social Capital: Its Origins and Applicationsin Modern Sociology", *Annual Review of Sociology*, 1998, 24 (1).

211. Priem, R. L. , Bulter, J. E. , " Is the Resource – based "View" a Useful Perspective for Strategic Management Research", *Academy of Management Review*, 2001, 26 (1) .

212. Rampersad, G. , Quester, P. , & Troshani, I. , "Managing innovation networks: Exploratory evidence from ICT, biotechnology and nanotechnology networks", *Industrial Marketing Management*, 2010, 39 (5) .

213. Robert, A. , Baron, Jintong Tang, "The role of entrepreneurs in firm – level innovation: Joint effects of positive affect, creativity, and environmental dynamism", *Journal of Business Venturing*, 2011, 26 (1) .

214. Rosenkopf, L. , & Nerkar, A. , "Beyond local search: Boundary – spanning, exploration, and impact in the optical disk industry", *Strategic Management Journal*, 2001, 22 (4) .

215. Rothwell, R. , "Successful Industrial Innovation: Critical Factors for the 1990s", *R&D Mangement*, 1992, 22 (3) .

216. Rowley, T. , Behrens, D. , Krackhardt, D. , "Redundant Governance Structures: Ananalysis of Structural and Relational Embeddedness in the Steel and Semiconduetor Industries", *Strategic Management Joumal*, 2000, 21 (3) .

217. Sarah, L. Jack, "The Role, Use and Activation of Strong and Weak Network Ties: A Qualitative Analysis", *Journal of Management Studies*, 2005, 42 (6) .

218. Schumpeter, J. A. , "The theory of economic development", Cambridge, MA: Harvard University Press, 1934.

219. Science, Special Issue: Managing Partnerships and Strategic Alliances, 1998, 9 (3) .

220. Sheremat M. A. , "Centrifugal and centripetal forces in radical new product development under time pressure", *Academy of Management Review*, 2000, 25 (2) .

221. Sidhu, J. S. , Commandeur, H. R. , and Volberda, H. W. , "The Multifaceted Nature of Exploration and Exploitation: Value of Supply, Demand, and Spatial Search for Innovation", *Organization Science*, 2007, 18 (1) .

222. Simsek, Z. Ciaran, Heavey, John, F. Veiga, & David Souder, "A

Typology for Aligning Organizational Ambidexterity's Conceptualizations, Antecedents, and Outcomes", *Journal of Management Studies*, 2009, 46 (5).

223. Slater S. F. , Narver J. C. , "Market orientation and learning organization", *Journal of Marketing*, 1995, 59 (3).

224. Smith, K. G. , Collins, C. J. , Clark, K. D. , "Existing knowledge, knowledge creation capability, and the rate of new product introduction in high – technology firms", *Academy of Management Journal*, 2005, 48 (2).

225. Soda, G. , A. Usai, and A. Zaheer, "Network memory: The influence of past and current networks on performance", *Academy of Management Journal*, 2004, 47 (6).

226. Soh, P. H. , "Network patterns and competitive advantage before the emergence of a dominant design", *Strategic Management Journal*, 2009, 31 (4).

227. Sonata Staniuline, "Entrepreneurs' Networking for New Venture", *Management of Organizations*, 2011, 59 (19).

228. Sorenson, O. , "Social networks and industrial geography", *Journal of Evolutionary Economics*, 2003, 13 (5).

229. Steier, L. , "Entrepreneurship and the Evolution of Angel Networks", *Organization Studies*, 2000, 21 (1).

230. Stephen, P. , Borgatti, Daniel, S. , Halgin, "On Network Theory", *Organization Science*, 2011, 22 (5).

231. Story, V. , Hart, S. , & O'Malley, L. , "Relational resources and competences for radical product innovation", *Journal of Marketing Management*, 2009, 25 (5).

232. Stuart, T. E. , & Sorenson, O. , "Strategic networks and entrepreneurial ventures", *Strategic Entrepreneurship Journal*, 2007, 1 (3 – 4).

233. Subramaniam, M. M. A. Youndt, "The Influence of Intellectual Capital on the Types of Innovative Capabilities", *Academy of Management Journal*, 2005, 48 (3).

234. T. Rowley, D. Behrens , & D. Krackhardt, "Redundant governance structures: An analysis of structural and relational embeddedness in the steel and semiconductor industries", *Strategic Management Journal*, 2000, 21 (3).

235. Taylor, D. F. , "The relationship between firm investments in technological innovation and political action", *Southern Economic Journal*, 1997, 63 (4).

236. Teece, D. J. , "Explicating Dynamic Capabilities: the nature and micro foundations of (sustainable) enterprise performance", *Strategic Management Journal*, 2007, 28 (13).

237. Thornhill, S. , "Knowledge. Innovation and Firm Performance in Highand Low - Technology Regimes", *Journal of Business Venturing*, 2006, 21 (5).

238. Ticby, N. M. , Tushman, M. L. , Fombrun, C. , "Social Network Analysis for Organizations", *Academy of Management Review*, 1979, 4 (4).

239. Triandis, Harry, "Individualism & Collectivism: New Directions in Social Psychology", Boulder, Co: Westview Press, 1995.

240. Tsai, W. , "Klowledge transfer in intraorganizational networks: Effects of network position and absorptive capacity on business unit innovation and performance", *Academy of Management Journal*, 2001, 44 (5).

241. Tsang Ericwk, "Can Guanxi be a Source of Sustained Competitive Advantage for Doing Business in China", *Academy of Management Executive*, 1998, 12 (2).

242. U. Staber, H. Aldrich, "Trade Associations stability and public policy", in R. H. Hall, R. E. Quinn, Eds. , *Organizational and Theory and Public Policy*, London: Sage Publications, 1983.

243. Uotila, J. , Maula, M. , Keil, T. , & Zahra, S. A. , "Exploration, exploitation, and firm performance: Analysis of S & P 500 corporations", *Strategic Management Journal*, 2009, 30 (2).

244. Uzzi Brian, Ryon Lancaster, "Relational Embeddedness and Learning: The Case of Bank Loan Managers and Their Clients", *Management Science*, 2003, 49 (4).

245. Uzzi, B. , "Social structure and competition in interfirm networks: The paradox of embeddedness", *Administrative Science Quarterly*, 1997, 42 (1).

246. V. Gilsing, B. Nooteboom, "Density and strength of ties in innovation

networks: an analysis of multimedia and biotechnology", *European Management Review*, 2005, 2 (3).

247. Valente, "Network models of the diffusion of innovations", Hampton: Hampton Press, 1995.

248. Van de Ven, A. H., & Poole, M. S., "Explaining development and change in organizations", *Academy of Management Review*, 1995, 20 (3).

249. Van Looy, B., Martens, T., and Debackere, K., "Organizing for Continuous Innovation: On the Sustainability of Ambidextrous Organizations", *Creativity and Innovation Management*, 2005, 14 (3).

250. Vanhaverbeke, W., Duysters, G., and Noorderhaven, N., "External technology sourcing through alliances or acquisitions", *Organization Science*, 2002, 13 (6).

251. Vanhaverbeke, W., Gilsing, V., & Duysters, G., "Exploration and exploitation in technology – based alliance networks", *ECIS Working Paper*, 2005.

252. Vicky M. Story, Lisa O'Malley, Susan Hart, "Roles, role performance, and radical innovation competences", *Industrial Marketing Management*, 2011, 40 (6).

253. W. Tsai, "Social structure cooperation within a multiunit organization: Coordination competition and intraorganizational knowledge sharing", *Organization Science*, 2002, 13 (2).

254. Wang, C. L., Ahmed, P. K., "The Development and Validation of the Organizational Innovativeness Construct Using Confirmatory Factor Analysis", *European Journal of Innovation Management*, 2004, 7 (4).

255. Wernerfelt, B., "A resource – based view of the firm", *Strategic Management Journal*, 1984, 5 (2).

256. Williamson, O. E., "Transaction Cost Economics: How It Works, Where It Is Headed", *De Economist*, 1998, 146 (1).

257. X. Wu, and Y. Wei, "The Analysis on Competitive Advantage of Firm in the Context of Synergic Development: Based on the Perspective of Social Captial", *International Engineering Conference Singapore*, 2004.

258. Xiao, Z. X., & Tusi, A. S., "When brokers may not work: The

cultural contingency of capital in Chinese high – tech firms", *Administrative science quarterly*, 2007, 52 (1).

259. Xin, K. R., & Pearce, J. L., "Guanxi: Connections as Substitutes for Formal Institutional Support", *Academy of Management Journal*, 1996, 39 (6).

260. Yalcinkaya, G., Calantone, R. J., & Griffith, D. A., "An examination of exploration and exploitation capabilities: Implications for product innovation and market performance", *Journal of International Marketing*, 2007, 15 (4).

261. Yang, M. M., "Gifts, favors and banquets: The art of social relationships in China", Ithaca, New York: Cornell University Press, 1994.

262. Yin R. K., "Case Study Research: Design and Methods", *Thousands Oaks: Sage Publication*, 1994.

263. Yin, R. K., "Case study research: Design and methods (3rded.)", *Thousand Oaks, California: Sage*, 2003.

264. Yli – Renko, H., Janakiraman, R., "How customer portfolio affects new product development in technology – based entrepreneurial firms", *Journal of Marketing*, 2008, 72 (5).

265. Yoo, DG. M., Baker WE, "The Small World of American Corporate Elite", *Strategic Organization*, 2003, 1 (3).

266. Yoo, M., "The Ties that (un) Bind: Social Networks and Entrepreneurship in High Technology Industries", *Sociology & Business Administration in the University of Michigan*, 2003.

267. Zahra SA, Bogner WC, "Technology strategy and software new venture's performance: Exploring effect of the competitive environment", *Journal of Business Venturing*, 2000, 15 (2).

268. Zahra, S. A., "Environment, corporate entrepreneurship and financial performance, a taxonomic approach. J. Bus", *Venturing*, 1993, 8 (3).

269. Zander, U., Kogut, B., "Knowledge and the speed of the transfer and imitation of organizational capabilities: An empirical test", *Organization Science*, 1995, 6 (1).

270. Zhao Liming, & Aram John, D., "Networking and growth of young

technology – intensive ventures in China", *Journal of Business Venturing*, 1995, 10（5）.

271. Zhou, Q., Chen, C. Y., Wu, X., "An empirical research on the relationship between enterprises'technology innovation vitality and performance", *International Conference on Management Science & Engineering*, 2008.

272. Zollo MM, Winter SG, "Deliberate learning and the evolution of dynamic capabilities", *Organization Science*, 2002, 13（3）.

273. 白璇、李永强、赵冬阳：《企业家社会资本的两面性：一项整合研究》，《科研管理》2012 年第 3 期。

274. 边燕杰：《公司的社会资本及其对公司业绩的影响：社会网络分析》，载徐淑英、刘忠明主编《中国企业管理的前沿研究》，北京大学出版社 2004 年版。

275. 蔡宁、潘松挺：《网络关系强度与企业技术创新模式的耦合性及其协同演化》，《中国工业经济》2008 年第 4 期。

276. 蔡新蕾、高山行、杨燕：《企业政治行为对原始性创新的影响研究》，《科学学研究》2013 年第 2 期。

277. 陈国权、王晓辉：《组织学习与组织绩效：环境动态性的调节作用》，《研究与发展管理》2012 年第 1 期。

278. 陈钦约、蔡双立：《企业家社会网络：特征、演化及创业贡献》，《中南财经政法大学学报》2009 年第 5 期。

279. 陈晓萍、徐淑英、樊景立：《组织与管理研究的实证方法》，北京大学出版社 2008 年版。

280. 陈翊、张一力：《社会资本、社会网络与企业家集群——基于宁波与温州的比较研究》，《商业经济与管理》2013 年第 10 期。

281. 储小平：《家族企业的成长与社会资本的融合》，经济科学出版社 2004 年版。

282. 戴维奇、林巧、魏江：《集群内外网络嵌入与公司创业》，《科学学研究》2011 年第 4 期。

283. 戴维奇、林巧：《本地与超本地制度网络、公司创业与集群企业升级》，《科学学与科学技术管理》2013 年第 1 期。

284. 戴勇、朱桂龙、肖丁丁：《内部社会资本、知识流动与创新》，《科学学研究》2011 年第 7 期。

285. 党兴华、刘景东：《技术异质性及技术强度对突变创新的影响研究》，《科学学研究》2013 年第 1 期。

286. 邓学军：《企业家社会网络对企业绩效的影响研究：基于知识的视角》，博士学位论文，暨南大学，2009 年。

287. 樊霞、任畅翔、刘炜：《产学研合作与企业独立研发关系的进一步检验——基于企业 R&D 投入门槛效应的分析》，《科学学研究》2013 年第 1 期。

288. 樊懿德：《社会资本与企业竞争优势》，博士学位论文，中国人民大学，2005 年。

289. 范钧：《促进中小企业发展对策研究：社会资本视角》，浙江大学出版社 2011 年版。

290. 范志刚：《基于企业网络的战略柔性与企业创新绩效提升机制研究》，博士学位论文，浙江大学管理学院，2010 年。

291. 房路生：《企业家社会资本与创业绩效关系研究》，博士学位论文，西北大学，2010 年。

292. 费孝通：《乡土中国》，三联书店 2008 年版。

293. 冯仑：《冯仑管理日志》，中信出版社 2010 年版。

294. 冯仑：《野蛮生长》，中信出版社 2007 年版。

295. 耿新、张体勤：《企业家社会资本对组织动态能力的影响》，《管理世界》2010 年第 6 期。

296. 耿新：《企业家社会资本对新创企业绩效影响研究》，博士学位论文，山东大学，2008 年。

297. 耿新：《企业家社会资本对新创企业绩效影响研究》，经济管理出版社 2010 年版。

298. 龚军姣、王俊豪：《企业家能力与城市公用事业进入壁垒研究》，《经济学家》2011 年第 11 期。

299. 勾丽：《产业集群背景下企业关键资源、战略能力与成长绩效的关系研究》，博士学位论文，浙江大学，2010 年。

300. 郭爱芳：《企业 STI/DUI 学习与技术创新绩效关系研究》，博士学位论文，浙江大学，2010 年。

301. 郭海、李垣、廖貅武、段熠：《企业家导向、战略柔性与自主创新关系研究》，《科学学与科学技术管理》2007 年第 1 期。

302. 哈尔·R. 范里安：《微观经济学：现代观点》，费方域等译，格致出版社 2006 年版。

303. 郝秀清、仝允桓、胡成根：《基于社会资本视角的企业社会表现对经营绩效的影响研究》，《科学学与科学技术管理》2011 年第 10 期。

304. 贺小刚：《企业家能力、组织能力与企业绩效》，上海财经大学出版社 2006 年版。

305. 贺小刚：《企业家社会关系与高科技企业成长》，《经济管理》2006 年第 15 期。

306. 贺远琼、田志龙、陈昀：《环境不确定性、企业高层管理者社会资本与企业绩效关系的实证研究》，《管理学报》2008 年第 3 期。

307. 胡恩华、郭秀丽：《我国产学研合作创新中存在的问题及对策研究》，《科学管理研究》2002 年第 1 期。

308. 胡平、王文、丁伟忠：《西安地区私营企业家社会网络特征分析》，《管理学报》2010 年第 7 期。

309. 黄亮：《社会网络对企业家战略执行能力影响的实证分析》，《商业研究与管理》2011 年第 4 期。

310. 黄振辉：《多案例与单案例研究的差异与进路安排》，《管理案例研究与评论》2010 年第 2 期。

311. 江诗松、龚丽敏、魏江：《转型经济背景下后发企业的能力追赶：一个共演模型》，《管理世界》2011 年第 4 期。

312. 江雅雯、黄燕、徐雯：《市场化程度视角下的民营企业政治关联与研发》，《科研管理》2012 年第 10 期。

313. 江雅雯、黄燕、徐雯：《政治联系、制度因素与企业的创新活动》，《南方经济》2011 年第 11 期。

314. 姜卫韬：《中小企业自主创新能力提升策略研究：基于企业家社会资本视角》，《中国工业经济》2012 年第 6 期。

315. 焦豪：《双元型组织竞争优势的构建路径：基于动态能力理论的实证研究》，《管理世界》2011 年第 11 期。

316. 杰弗里·菲佛、杰勒尔德·R. 萨兰基克：《组织的外部控制》，闫蕊译，东方出版社 2006 年版。

317. 凯瑟琳·M. 埃森哈特、梅丽莎·E. 格瑞布纳、张丽华、何威译：《由案例构建理论的机会与挑战》，《管理世界》2010 年第 4 期。

318. 科尔曼：《社会理论的基础》，邓方译，社会科学文献出版社 1999 年版。

319. 李宝梁：《私营企业主的思想形态与行为方式分析：社会网的观点》，社会科学文献出版社 2001 年版。

320. 李怀祖：《管理研究方法》，西安交通大学出版社 2004 年版。

321. 李慧斌、杨雪冬：《社会资本与社会发展》，社会科学文献出版社 2000 年版。

322. 李剑力：《探索性创新、开发性创新与企业绩效关系研究》，《科学学研究》2009 年第 9 期。

323. 李孔岳、钱锡红、谢琳：《私营企业关系运作、组织变迁与家属制度研究》，中山大学出版社 2011 年版。

324. 李孔岳：《关系格局、关系运作与私营企业组织演变》，《中山大学学报》（社会科学版）2007 年第 1 期。

325. 李孔岳：《私营企业关系网络与企业成长》，《学术研究》2007 年第 12 期。

326. 李平、曹仰峰：《案例研究方法：理论与范例——凯瑟琳·艾森哈特论文集》，北京大学出版社 2012 年版。

327. 李淑芬：《企业家社会资本对集群企业竞争优势的影响研究》，博士学位论文，吉林大学，2011 年。

328. 李忆、司有和：《探索式创新、利用式创新与绩效：战略和环境的影响》，《南开管理评论》2008 年第 5 期。

329. 李永强、杨建华、白璇、车瑜、詹华庆：《企业家社会资本的负面效应研究：基于关系嵌入的视角》，《中国软科学》2012 年第 10 期。

330. 林南：《社会资本——关于社会结构与行动的理论》，张磊译，上海人民出版社 2005 年版。

331. 刘春玉：《集群企业二元式创新的网络环境研究》，《软科学》2008 年第 5 期。

332. 刘兰剑：《创新的发生——网络关系特征及其影响》，科学出版社 2010 年版。

333. 刘林平：《企业的社会资本：概念反思和测量途径——兼评边燕杰、丘海雄的企业的社会资本及其功效》，《社会学研究》2006 年第 2 期。

334. 刘苹、蔡鹏、蒋斌：《企业家社会网络对企业绩效的影响机制》，《财经科学》2010 年第 9 期。

335. 刘仁军：《关系契约与企业网络转型》，《中国工业经济》2006年第 6 期。

336. 刘志成、吴能全：《中国企业家行为过程研究》，《管理世界》2012 年第 6 期。

337. 卢谢峰、韩立敏：《中介变量、调节变量与协变量——概念、统计检验及其比较》，《心理科学》2007 年第 4 期。

338. 吕淑丽：《企业家社会资本对企业创新绩效的研究综述》，《管理现代化》2007 年第 5 期。

339. 罗党论、唐清泉：《政治关系、社会资本与政策资源获取：来自中国民营上市公司的经验证据》，《世界经济》2009 年第 7 期。

340. 罗家德、叶勇助：《中国人的信任游戏》，社会科学文献出版社 2007 年版。

341. 罗家德：《社会网分析讲义》，社会科学文献出版社 2005 年版。

342. 罗家德：《中国商道——社会网与中国管理本质》，社会科学文献出版社 2011 年版。

343. 罗珉、夏文俊：《网络组织下企业经济租金综合范式观》，《中国工业经济》2011 年第 1 期。

344. 罗珉、高强：《中国网络组织：网络封闭和结构洞的悖论》，《中国工业经济》2011 年第 11 期。

345. 罗纳德·伯特：《结构洞竞争的社会结构》，任敏等译，格致出版社 2008 年版。

346. 马富萍：《高层管理者社会资本对技术创新绩效的作用机制研究——基于资源型企业的实证》，博士学位论文，武汉大学，2011 年。

347. 马汀·奇达夫、蔡文彬：《社会网络与组织》，王凤彬、朱超威等译，中国人民大学出版社 2007 年版。

348. 帕萨·达斯普特、伊斯梅尔·撒拉格尔丁：《社会资本——一个多角度的观点》，张慧东、姚莉等译，中国人民大学出版社 2005 年版。

349. 彭新敏：《企业网络对技术创新绩效的作用机制研究：利用性—探索性学习的中介效应》，博士学位论文，浙江大学，2009 年。

350. 彭新敏：《企业网络与利用性—探索性学习的关系研究：基于创

新视角》,《科研管理》2011 年第 3 期。

351. 乔健:《关系刍议》,载杨国枢、文崇一主编《社会与行为科学研究的中国化》,"中央研究院"民族学研究所,1982 年。

352. 秦海霞:《关系网络的建构:私营企业主的行动逻辑》,博士学位论文,上海大学,2005 年。

353. 任胜钢、吴娟、王龙伟:《网络嵌入结构对企业创新行为影响的实证研究》,《管理工程学报》2011 年第 4 期。

354. 桑吉夫·戈伊尔:《社会关系网络经济学导论》,吴谦立译,北京大学出版社 2010 年版。

355. 盛亚、王节祥、吴俊杰:《复杂产品系统创新风险生成机理研究——利益相关者权利对称性视角》,《研究与发展管理》2012 年第 1 期。

356. 盛亚:《技术创新利益相关者管理》,光明日报出版社 2009 年版。

357. 盛亚:《企业管理创新》,浙江大学出版社 2005 年版。

358. 苏敬勤、崔淼:《工商管理案例研究方法》,科学出版社 2010 年版。

359. 苏敬勤、林海芬:《管理者社会网络、知识获取与管理创新引进水平》,《研究与发展管理》2011 年第 6 期。

360. 孙国强、朱艳玲:《模块化网络组织的风险及其评价研究》,《中国工业经济》2011 年第 8 期。

361. 孙晶:《政治关联、多元化战略与企业成长性》,博士学位论文,浙江大学,2012 年。

362. 孙俊华:《企业家社会资本与多元化战略》,博士学位论文,南京大学,2008 年。

363. 谭福河、王新刚:《创业家的社会角色:表现、冲突与调适》,浙江大学出版社 2009 年版。

364. 汤长安:《高技术集群企业技术能力成长与演进》,经济科学出版社 2010 年版。

365. 唐文军:《私营企业家社会关系网络研究》,博士学位论文,西南财经大学,2009 年。

366. 田志龙、高勇强、卫武:《中国企业政治策略与行为研究》,《管理世界》2003 年第 12 期。

367. 王凤彬、陈建勋：《动态环境下变革型领导行为对探索式技术创新和组织绩效的影响》，《南开管理评论》2011 年第 1 期。

368. 王凤彬、李奇会：《组织背景下的嵌入性研究》，《经济理论与经济管理》2007 年第 3 期。

369. 王海花、谢富纪：《企业外部知识网络能力的结构测量——基于结构洞理论的研究》，《中国工业经济》2012 年第 7 期。

370. 王耀德、李俊华：《双元性组织创新平衡机制"四力五维"模型的构建》，《科学学与科学技术管理》2012 年第 4 期。

371. 韦影：《企业社会资本与技术创新：基于吸收能力的理论与实证研究》，浙江大学出版社 2010 年版。

372. 维杰·萨思：《公司的企业家精神：高层管理者和业务创新》，邢华译，中国人民大学出版社 2008 年版。

373. 卫武：《企业政治策略与企业政治绩效的关联性研究》，浙江大学出版社 2007 年版。

374. 魏江、戴维奇、林巧：《管理者社会连带影响企业绩效的机理：以组织创新为中介变量》，《科学学与科学技术管理》2009 年第 2 期。

375. 魏江、沈璞、樊培仁：《基于企业家网络的企业家学习过程模式剖析》，《浙江大学学报》（人文社会科学版）2005 年第 2 期。

376. 温忠麟、侯杰泰、张雷：《调节效应与中介效应的比较和应用》，《心理学报》2005 年第 2 期。

377. 邬爱其：《集群企业网络化成长机制：理论分析与浙江经验》，中国社会科学出版社 2007 年版。

378. 吴宝：《企业融资结网与风险传染问题研究：基于社会资本的视角》，博士学位论文，浙江工业大学，2012 年。

379. 吴军、夏建中：《国外社会资本理论：历史脉络与前沿动态》，《学术界》2012 年第 8 期。

380. 吴明隆：《SPSS 统计应用实务——问卷分析与应用实务》，重庆大学出版社 2010 年版。

381. 谢洪明：《互惠网络程度对企业技术创新绩效的影响：外部社会资本的中介作用》，《研究与发展管理》2012 年第 3 期。

382. 向永胜：《文化嵌入对集群企业创新能力的作用机制及协同演进研究》，博士学位论文，浙江大学，2012 年。

383. 向永胜：《集群企业内外商业、技术网络关系嵌入对创新能力的作用研究》，《科学学与科学技术管理》2013 年第 3 期。

384. 项国鹏：《转型经济中的企业家制度、战略能力和企业绩效》，浙江大学出版社 2009 年版。

385. 徐二明：《企业战略与创新》，中国人民大学出版社 2009 年版。

386. 徐蕾：《知识网络双重嵌入对集群企业创新能力提升的机理研究》，博士学位论文，浙江大学，2012 年。

387. 薛捷、张振刚：《基于知识基础、创新网络与交互式学习的区域创新研究综述》，《中国科技论坛》2011 年第 1 期。

388. 杨俊：《基于创业行为的企业家能力研究》，《外国经济与管理》2004 年第 4 期。

389. 杨小凯、黄有光：《专业化与经济组织》，经济科学出版社 1999 年版。

390. 姚俊：《关系与结构的双重视角：一项工作绩效与社会网络关系的实证研究》，《社会》2009 年第 2 期。

391. 叶静怡、薄诗雨、刘丛、周晔馨：《社会网络层次与农民工工资水平》，《经济评论》2012 年第 4 期。

392. 伊丽莎白·切尔：《企业家精神：全球化、创新与发展》，李欲晓、赵琛徽译，中信出版社 2004 年版。

393. 殷（Yin，R.）：《案例研究：设计与方法》，周海涛等译，重庆大学出版社 2010 年版。

394. 殷德生：《社会资本与经济发展：一个理论综述》，《南京社会科学》2001 年第 7 期。

395. 于海波、郑晓明、方俐洛、凌文辁：《中国企业开发式学习与利用式学习平衡的实》，《科研管理》2008 年第 6 期。

396. 于永慧、丘海雄：《产业集群与企业边界的嵌入性研究》，经济科学出版社 2010 年版。

397. 曾德明、文金艳、禹献云：《技术创新网络结构与创新类型配适对企业创新绩效的影响》，《软科学》2012 年第 5 期。

398. 曾萍、宋铁波：《政治关系与组织绩效的关系研究》，《管理学报》2012 年第 3 期。

399. 曾萍、宋铁波：《政治关系真的抑制了企业创新吗？——基于组织学习与动态能力视角》，《科学学研究》2011 年第 8 期。

400. 张方华：《企业社会资本与技术创新绩效：概念模型与实证分析》，《研究与发展管理》2006 年第 3 期。

401. 张根明、徐婧：《企业家认知因素对技术创新行为及绩效影响的实证研究》，《科技进步与对策》2011 年第 15 期。

402. 张华、席酉民、丁琳：《社会网络对个体创造力的作用机理研究》，《科学与科学技术管理》2008 年第 11 期。

403. 张建君、张志学：《中国民营企业家的政治战略》，《管理世界》2005 年第 7 期。

404. 张婧、赵紫锟：《反应型和先动型市场导向对产品创新和经营绩效的影响研究》，《管理学报》2011 年第 9 期。

405. 张其仔：《社会资本的投资策略与企业绩效》，《经济管理》2004 年第 16 期。

406. 张其仔：《社会资本论：社会资本与经济发展》，社会科学文献出版社 1997 年版。

407. 张文宏：《社会资本：理论争辩与经验研究》，《社会学研究》2003 年第 4 期。

408. 张文宏：《阶层地位对城市居民社会网络性质的影响》，《社会》2005 年第 4 期。

409. 张文宏：《中国社会网络与社会资本书 30 年（上）》，《江海学刊》2011 年第 2 期。

410. 张霞、毛基业：《国内企业管理案例研究的进展回顾与改进步骤》，《管理世界》2012 年第 2 期。

411. 张振刚：《创新型企业创新路线图制定的理论与实践》，华南理工大学出版社 2012 年版。

412. 赵文红、李垣、彭李军：《中国企业家成长的网络模式及转型》，《西安交通大学学报》（社会科学版）2004 年第 12 期。

413. 赵文红、原长弘：《企业影响政府/行业的能力于新产品绩效关系研究》，《科学学研究》2011 年第 6 期。

414. 郑春颖：《企业家关系网络与企业集群演化失败的互动关系研究》，《经济与管理研究》2011 年第 9 期。

415. 郑登攀、党兴华：《网络嵌入性对企业选择合作技术创新伙伴的影响》，《科研管理》2012 年第 1 期。

416. 智勇、倪得兵、曾勇：《企业家社会关系网络、资源交换与企业经济业绩》，《管理工程学报》2011 年第 1 期。

417. 中国科学与科学政策研究会：《第七届中国科技政策与管理学术年会论文集》，（出版者不详），2011 年。

418. 周雪光：《组织社会学十讲》，社会科学文献出版社 2003 年版。

419. 周小虎：《企业社会资本与战略管理》，人民出版社 2006 年版。

420. 周小虎：《中国社会网络与社会资本书报告（2007—2008）》，经济管理出版社 2008 年版。

421. 朱朝晖：《探索性学习、挖掘性学习和创新绩效》，《科学学研究》2008 年第 4 期。

422. 朱晓霞、彭正龙：《基于企业家社会网络关系的小企业成长实证研究》，《中国经济 60 年道路、模式与发展：上海市社会科学界第七届学术年会文集》，（出版社不详），2009 年。

后　记

花开花谢，春去春又来，不知不觉，在浙江工商大学的攻博已过六载，2013年3月博士论文驻笔之际，漫步在墨湖边，湖面波光粼粼，岸上柳絮纷飞，但自己从不曾在此驻足欣赏停留片刻，负笈三年，千日有余，几乎全部都沉浸在工作和学习中，为了自己心底的那个梦，我不停地转换着老师与学生的角色，不停地在下沙和位于城北的浙江树人大学间来回奔波，苦乐兼半，冷暖自知。

岁月总是走得匆忙，不待停留。夜半，我常回首，扼腕亦然，惋惜亦然，奈何奈何？莫过于懂得，莫过于珍惜。

2013年，我已近不惑之年，同年6月，仍是农村的插秧播种之际，我在浙江工商大学下沙校区穿上了红黑二色博士服，且手持优秀博士学位论文荣誉证书时，我又坐在墨湖边，点了一根烟，看着宁静的学生生活区，映入眼帘的是一片生机盎然，让人倍感清新。

其实，从我本科毕业到博士毕业已经经历过十五次桃花盛开与败落了。第一个五分之一年，我踌躇满志、指点江山、激扬文字，怀着满腔热情经商，从安徽市场转战广东深圳市场，在杭州胡庆余堂药业有限公司的药品销售业务中摸爬滚打；后五分之四，即2000年伊始，我有幸成为一名大学教师，学校承载了我心底的那份梦想、追求与执着，在这最青春和最宝贵的十多年间，从京杭大运河畔的浙江树人大学校区，到浙江工商大学杭州教工路校区，再到浙江工商大学下沙高教园区的学正街校区，母校浙江工商大学见证了我无悔的追求和努力……我只有选择感恩，因为只有在感恩之中灵魂才能得到救赎。

饮其流者怀其源，学其成时念吾师。由于我是"企业"出身，理论功底薄弱，我的学术之路走得甚为艰难，太多的惆怅和迷茫，博士生导师盛亚教授总是不断地鼓励我，并且手把手教我学术；每篇习作发给他后，回复速度之快总让我吃惊，看着满页的红色批注框，常常感动得说不出话，因为我知道老师眼睛不好；老师常教导我要围绕问题多看书，不要在单一学科内绕圈，让我逐渐树立起"跨学科学习，精专深研究"的研究理念。博士论文倾注了老师大量心血：选题是我国教育部、浙江社科基金等课题所关注的领域，但老师从开题报告的文献综述到定稿的文字勘误都亲力亲为，时刻向我诠释了学术研究的严谨和魅力。恩师有着永不泯灭的激情：他很少打车，经常坐401路公交来下沙主持团队每周学术例会，且从不间断，可谓是坚忍不拔；恩师宽以待人：他不喜饭局，经常与学生一起去食堂就餐，谈谈生活；恩师最讲原则：在这浮华社会，坚持原则有多难也许只有置身其中方能体会。还有许多许多，只想说，有些事，有些人，遇上了便注定终身难忘。犹有报恩方寸在，不知通塞竟何如。

同时，感谢"技术与服务管理研究中心"团队的师长李靖华教授、范钧教授、韦影博士等，在周例会的日子，我没齿难忘。也感谢与我磋商探讨的在浙江大学攻博的王节祥师弟、浙江树人大学姜文杰教授、山东财经大学耿新博士、浙江万里学院彭新敏教授、浙江经贸职业学院向永胜博士与其他同门师兄弟们、母校其他教师和员工们，以及无私帮助过我的朋友们。衷心感谢在本书调研和数据收集过程中给予大力支持和帮助的浙江省科技厅与浙江省经营管理协会的朋友们，正是你们的帮助，促成了我学业上的进步，给我枯燥的研究带来了温暖与动力。斜日苇汀凝立处，远波微飏翠如苔，学术之路原本孤独而沉静，而同窗之谊却是令其光彩焕然的空谷回音；学术之路注定漫无涯泗，唯有踏实躬行和不灭之热情才是对此最好的回应。

感谢浙江省社科后期资助项目资助、浙江省现代服务业研究中心支持、浙江树人大学中青年学术团队项目以及浙江树人大学人才引进项目资助，以及中国社会科学出版社编辑部的热情帮助，在此向他们表示由衷的谢意。

顾念梁间燕，深怜涧底松。本书稿的完成更与家人的支持密切相关。在此，我还要感谢我的家人，感谢父母对我多年的养育之恩，感谢爱妻君芳于我的关爱之情，感谢岳父母对我研究的支持和帮助。你们默默支持，不索回报。还有我可爱的儿子，每次查阅资料和写作，他就悄悄地"躲"开了，每到周三，他就知道爸爸要出去开会……与其他孩子相比，他少了许多父亲陪伴的时光，我真的很愧疚……但有你们的陪伴，我很幸福。

　　由于本人学术水平有限，加之浙江省社科规划后期课题等的时间要求，本书存在众多不足，但后续的研究已经跟上，在未来的研究成果中，我会尽力改进。谨以拙文，献给所有爱我的人和我爱的人。

吴俊杰

2016 年 1 月于杭州